Hoffman
Das Arbeitsbuch zum NLP

Kay Hoffman

Das Arbeitsbuch zum NLP

Wahrnehmungsschulung
Bewußtwerdung
Selbstmanagement

KAILASH

KAILASH
Eine Buchreihe herausgegeben von Hajo Banzhaf

Die Deutsche Bibliothek – CIP-Einheitsaufnahme
Hoffman, Kay:
Das Arbeitsbuch zum NLP : Wahrnehmungsschulung – Bewußtwerdung – Selbstmanagement / Kay Hoffman. – München : Hugendubel, 1998
(Kailash)
ISBN 3-89631-231-6

© Heinrich Hugendubel Verlag, München 1998
Alle Rechte vorbehalten

Umschlaggestaltung: Zembsch' Werkstatt, München
Produktion: Tillmann Roeder, München
Satz: SatzTeam Berger, Ellenberg
Druck und Bindung: Huber, Dießen
Printed in Germany

ISBN 3-89631-231-6

Inhalt

Vorwort 9
Zu diesem Buch 11

Einführung 13
Die Grundannahmen des NLP 14
NLP-Tips 15
Die Grundfragen des NLP 15

Angewandtes NLP 17
Lernen durch Herausforderung 18
Wie können wir Kreativität entwickeln? 21
Der Probschritt in die Zukunft (Future-Pace) 22
Ökologie von Zukunftsphantasien (Öko-Check) 22

Lernen als geistiges Abenteuer (in Anlehnung an Gregory Bateson) .. 22
Die Lernpyramide der Dilts'schen Ebenen 23
Die Lernpyramide als Stufenmodell 24
Lebenslanges Lernen und der Aufbau der Persönlichkeit 28
Persönlichkeiten und Personen verstehen lernen 29
Das Leben als Raum des Lernens 32

Wege zum Unbewußten durch Trance 32

Wege aus der Alltagstrance 37
Selbsterkenntnis durch Beobachtung der eigenen Meta-Programme ... 39
Programme erkennen, Gewohnheiten durchbrechen 42

Grundlegende Schritte im NLP 43

Zustände erkennen, unterscheiden, neu erzeugen 49
Innere Zustände der »Assoziation« und der »Dissoziation« 49
Übung zur Unterscheidung von inneren Zuständen 49

Die Technik des »Ankerns« (Anchoring) 50
Anker bewußt setzen 51
Übung »Auf der Suche nach Ressourcen« 52
Die Technik des Selbstankerns zum eigenen Nutzen 53
Übung »Sich selbst im Glück verankern« 53
Übung »Anker lichten lernen« 55
Übung »Ressourcen schicken« 55
Ritual des magischen Kreises (moment of excellence) 55
Die Verkettung glücklicher Umstände 56
Zustände bewußt unterscheiden und trennen lernen (Separator setzen) ... 58

Gute und schlechte Regelkreise (loops)	58
Hilfen, die aus dem Teufelskreis führen	59
Technik zur Integration von Plus und Minus	60
Übung »Mangel und Fülle miteinander verbinden«	61
Die Wahrnehmungspositionen des NLP (perceptual positions)	61
Übung »Zustände in der Ich-Position, Du-Position«	62
Arten der Wahrnehmung unterscheiden	63
Heilmeditation »Dem Fremden eine Heimat geben«	64
Das Reinigen der Sinne	65
Die feinen Unterschiede kennenlernen (Submodalitäten-Arbeit)	68
Augenübung zur Neuorganisation der inneren Landschaft	69
Der Zaubertrick des schnellen Wechsels (swish)	70
Grundmuster des schnellen Stimmungswechsels	73
Streß-Management	74
Die Trennung von visuellem Reiz und körperlicher Streß-Reaktion	75
Übung »Streß-Abbau«	75

Neue Wege finden 79

Bewegungsexperiment »Wandelnd sich wandeln – die Macht der Gewohnheit brechen«	79
Wahrnehmungsmuster erkunden	80
Innere Konflikte beheben, Kongruenz schaffen, Integrität wahren	85
Die praktische Arbeit mit Glaubenssätzen	86
Integritäts-Check	87
Regelkreise des Verhaltens verbessern	88
Das Grundmuster eines unwiderstehlichen Ziels entwerfen	89
Grundmuster zur Erzeugung geeigneter Vorbilder für neues Verhalten	90
Bewegungsexperiment »Mit der eigenen Kraft mitgehen«	90
Bewegungsexperiment »Wechselspiel und Balance«	91
Glaubenssätze und Bewegung	92
Bewegungsexperiment »Glaubenssatz-Spaziergang«	94
Augenübung »Blickfeld für neue Aussichten«	94
Die Kunst, aus fernen Wünschen nahe Zielvorstellungen zu machen	95
Warum über Wunder sprechen?	97
Konfliktmanagement mit NLP	97
Ablauf des Konfliktmanagements im Falle von inneren Konflikten	98
Tanz der verhandelnden Hände (Kurzform des Konfliktmanagements)	100
Die gute Absicht hinter unseren Handlungen finden (meta-outcome und core-intention)	101
Bewegungsmeditation »Suche nach dem innersten Kern«	105
Strategie-Arbeit	105
Beispiele für Strategien	106
Einige grundsätzliche Richtlinien für den erfolgreichen Verlauf von Strategien	109

Prozesse der Veränderung 111
Der eigenen Kreativität eine Chance geben 112

Das Teile-Modell im NLP 114
Selbstmanagement mit Hilfe des Teile-Modells 115
Das innere Parlament einberufen 119

Auf Visionssuche mit NLP (Walt-Disney-Technik) 121

NLP-Zeitmanagement »Zurück in die Zukunft und vorwärts in die Vergangenheit« 125
Die Zeit als System 126
Zeitlinien und Lebensräume 126
Zeit neu erleben 130

Die Neuorganisation von negativen Erfahrungen aus der Vergangenheit (Time-Line-Reframing) 132
Die Heilung der Vergangenheit (Re-Imprinting) 133

NLP-Beziehungs-Arbeit »Sich im anderen spiegeln« (Meta-Mirror) 136
Ein Beziehungsdrama umschreiben 139

Kommunikation mit abgelehnten Teilen des eigenen Selbst 142

Trauerarbeit 145

Glossar 149

Literatur 173

Die Autorin 176

Vorwort

NLP (= NeuroLinguistisches Programmieren) – hinter diesen geheimnisvollen Kürzeln verbirgt sich eine Methode, die in den letzten Jahren immer mehr Anhänger gefunden hat. Gleichzeitig aber wächst auch die Kritik – oft aufgrund von Einzelfällen, die mit der persönlichen Auslegung und Anwendung der Trainer zu tun hat, manchmal aber auch wegen des P im NLP, das für Programmieren steht, und da liegt der Verdacht auf Manipulation nahe. Dem NLP wird immer wieder vorgeworfen, *quick fixes* anzustreben, indem es zu schnell und zu leicht Probleme zu lösen verspricht, die in ihrer Tiefe und Weite jedoch nicht genügend ausgelotet, sondern einfach behoben würden. Die Veränderungsarbeit durch NLP leistet im modernen Alltag gute Dienste, funktioniert aber nicht immer und nicht bei jedem. NLP ist auch nicht bei allen Problemen das einzig richtige Heilmittel.

NLP ist für mich dort eine wichtige Bereicherung geworden, wo mit Humor die liebgewonnenen Gewohnheiten und zur zweiten Natur gewordenen Verhaltensmuster hinterfragt werden, ohne sie sofort und radikal verändern zu wollen. Ich verdanke meinen Lehrern die wertvolle Erfahrung, daß NLP eine Art des Philosophierens sein kann. Es ist nämlich schon viel damit getan, ab und zu aus der gemütlichen Alltagstrance aufzuwachen und den frischen Wind neuer Orientierungsmöglichkeiten, die Weite des Überblicks, den Sinn für die Freiheit, mit Alternativen spielen zu können, kennen und genießen zu lernen.

Wenn ich zum Beispiel gelernt habe, mit Ach und Krach mein Alltagspensum an Aufgaben zu bewältigen, dann kann mir NLP helfen, dies leichter, schneller und sogar lustvoller zu tun. NLP bietet Techniken an, die als erfolgreiche Programme der Selbstumwandlung angewendet werden können. Dabei ist zu bedenken, daß wir uns, ob wir dies wollen oder nicht, und ob uns dies bewußt ist oder nicht, ständig an Programme halten, denn jede Einschätzung, Beurteilung, Auswahl, Entscheidung, jeder Denkvorgang erfordert eine Abfolge von geistigen Vorgängen, die als Programme in sich geordnet sind. Uns selbst zu programmieren heißt nicht mehr und nicht weniger, als die Programme, die wir gelernt haben und an die wir uns gewöhnt haben, so zu verändern, daß sie den Aufgaben, die bewältigt werden sollen, optimal entsprechen.

Programmierung geschieht im Dienste der Optimierung – und meist unbewußt. Wenn wir davon ausgehen, daß Gedanken und Worte ebenso wie Erinnerungen, innere Bilder, Vorstellungen, konditionierte Reflexe und Gewohnheiten Programme sind, dann ist jede Verbesserung, die wir auf der Ebene des Handelns und Verhaltens erzielen, das Ergebnis einer effektiven Lernstrategie, durch die wir uns ständig neu und immer besser auf die alltäglichen Aufgaben im Leben einstellen. Wir lernen ständig dazu – auf mehr oder weniger gezielte, elegante, angenehme, zeitsparende Weise. Was tun wir denn anderes, als uns ständig selbst zu programmieren? Und warum sollten wir, wenn das so ist, nicht das bestmögliche Programm wählen? NLP fordert dazu heraus, sich auf solche Konfrontationen mit dem Bestmöglichen einzulassen und bietet die Möglichkeit, sich ständig neu zu entscheiden, neu einzustellen, neu zu sortieren, zu organisieren. NLP gibt den Anstoß, neu zu wählen – vorausgesetzt, es besteht der Wille dazu und die Lust daran, wählen zu können. Für wen das Motto gilt: »Wer die Wahl hat, hat die Qual«, wird sich zunächst überfordert fühlen und sich lieber mit dem Gewohnten zufriedengeben. Aber ausgehend von den eigenen Gewohnheiten ist es durchaus möglich, die Techniken des NLP zu erproben und für sich selbst zu nutzen, ohne die Erfahrung zu verraten, den Lebensstil aufzugeben und die Entscheidungen, die man im Leben schon getroffen hat, wieder rückgängig machen zu müssen, sondern sich Schritt für Schritt an das Neue heranzutasten.

NeuroLinguistisches Programmieren ist keine Ideologie und auch kein Glaubenssystem, keine Schule oder festgelegte Methodik. NLP ist vielmehr ein *set of tools*, ein Werkzeugkasten voller nützlicher Werkzeuge, wenn es darum geht:

- alle Sinne zu aktivieren,
- Erfahrungen und Gedanken zu ordnen und
- sich neu zu organisieren, so daß mehr Wahlmöglichkeiten zur Verfügung stehen und dadurch größere Flexibilität erreicht wird, und sich die Kommunikation mit sich selbst, mit dem Partner oder mit anderen Menschen verbessert.

NeuroLinguistisches Programmieren bedient sich der Nerventätigkeit, der Sprachbegabung des Menschen, der Lernfähigkeit und der Aufgeschlossenheit neuen Wahlmöglichkeiten gegenüber, um gezielt erwünschte Veränderungen bewirken zu können.

- **Neuro** steht für neuronale Programme. Das Nervensystem selbst erbringt schon wichtige Leistungen, um uns eine sinnliche Erfahrung der Welt zu vermitteln. Alle Lernerfahrungen beruhen auf Wahrnehmung und sind zunächst durch die entsprechende Nerventätigkeit bedingt. Ohne Sinne kein Sinn.

- **Linguistisch** hat mit Sprache im weitesten Sinne zu tun, insofern als die sinnliche, also neuronal bedingte Erfahrung nicht unmittelbar zugänglich und verfügbar ist, sondern codiert, das heißt in ein System der Zeichen, Symbole, Begriffe gebracht wird, um gespeichert und bei Bedarf abgerufen werden zu können.

- **Programmieren** hat mit der möglichen Veränderung von neuronalen und linguistischen Programmen zu tun. Dazu müssen die Programme bewußt gemacht, untersucht, geprüft und bewertet werden. Wahlmöglichkeiten werden in Betracht gezogen, und, wenn nicht vorhanden, als Ressourcen, also als erstrebenswerte Eigenschaften und Fähigkeiten, »gelernt«.

Positive Qualitäten müssen nicht angeboren sein. Sie können auch erworben werden. Der Mensch lernt am besten durch Nachahmung. Im NLP spricht man von »Modellieren«. NLP ist durch ein Lernen am Beispiel entstanden. Die Gründer Richard Bandler und John Grinder orientierten sich am erfolgreichen Verhalten bestimmter Therapeutinnen und Therapeuten, die zu ihrer Zeit wesentliche Fortschritte in der Psychotherapie erzielten. Wie sie das machten, war ihnen oft selbst nicht bewußt. Durch NLP begegnen wir ihren besonderen Fähigkeiten, mit Menschen so umzugehen, daß diese ihr schlummerndes Potential entdecken, ihre Selbstheilungskräfte aktivieren, ihr Wissen erweitern und einsetzen, ihre Wunschträume verwirklichen und ihre Beziehungen harmonisch gestalten konnten. Wir können nun an diesen erfolgreichen Vorgehen teilhaben und sie auf unser eigenes Aufgabengebiet übertragen. NLP ist also sowohl ein Meta-Modell, insofern es andere Modelle beschreiben und vermitteln kann, als auch ein Anwendungsmodell, das erfolgreiche Modelle in die eigene Alltagspraxis des Anwenders übersetzt und umsetzbar macht.

NLP wird immer mehr dort angewandt, wo es um Lernen, Handeln, Verkaufen, Entwerfen, also um das Übertragen von der Theorie in die Praxis und um das Anwenden von Methoden im Alltag geht. Insbesondere in den Bereichen von Schulung, Organisation, Management, Teamarbeit, persönlichem Erfolg und überzeugendem Führungsstil. Intuition, Vision, Initiative und Kreativität können durch NLP »erarbeitet« werden.

Zu diesem Buch

Dieses Buch gibt Auskunft, was NLP eigentlich ist, es regt aber auch dazu an, die hier aufgeführten Techniken auf ihre Wirksamkeit hin an sich selbst zu überprüfen. Diese Techniken können alle gefahrlos angewendet werden und verstehen sich als Know-How für:

– mehr Erfolg in der Praxis,
– mehr Gelingen in Kontakt und Kommunikation und
– mehr Verantwortungsbewußtsein.

Diese Techniken ersetzen weder den Besuch beim Arzt noch die Hilfe und Begleitung eines Therapeuten.

Lesen Sie dieses Buch wie eine Gebrauchsanleitung zum Lösen von Alltagsproblemen und nehmen Sie die Probleme, die zu lösen Sie sich vorgenommen haben, als einmalige Chance, neuartige Methoden und Techniken zu testen. Dabei müssen Sie nicht von A bis Z vorgehen, so wie Sie auch im Leben die Probleme nicht nach Alphabet sortiert angehen. Erlauben Sie sich, Lust am Erfolg zu verspüren, und feiern Sie jeden Fehler oder Rückfall als eine wunderbare Freiheit und Gelegenheit, noch eine Ehrenrunde im alten Verhaltensmodus zu drehen! NLP ist keine Verhaltensdressur, sondern ein Spiel mit Optionen und Alternativen.

Dieses NLP-Buch ist als ein Arbeitsbuch konzipiert, das Sie befähigt, mit sich selbst ins reine zu kommen und Ihre Alltagsangelegenheiten zu ordnen. Es mag sein, daß NLP-Kenner manche besondere NLP-Technik nicht finden und sie vermissen. Um das Buch anschaulich zu gestalten, habe ich bewußt sowohl auf die NLP-Begriffe verzichtet als auch die Feinheiten der Wahrnehmungsstrategien ausgelassen. Da es mein Hauptanliegen war, dem Laien durch NLP praktikable Mittel der Selbsterkenntnis an die Hand zu geben, gab ich den Übungen den Vorrang, die sich mit ethischen Fragen der Lebensgestaltung beschäftigen. NLP ist eine Fundgrube, was die nuancenreiche Ausgestaltung innerer und äußerer Szenarios betrifft. NLP hilft aber auch, das Denken auf ethische Fragen auszurichten. Es trägt zum Know-How einer zeitgemäßen Auseinandersetzung mit Wertvorstellungen und Bedingungen für Integrität bei.

München, Juli 1998
Kay Hoffman

Einführung

Dieses Buch befaßt sich mit neuen Wegen und Prozessen des Denkens. Denken muß sich nämlich nicht immer in den altbekannten Bahnen und Schritten vollziehen. Es gibt auch eine Art des Denkens, die das Unbewußte einbezieht und im Zustand leichter Trance geschieht. Manchmal sind die Ergebnisse dieses Denkens sogar umfassender, schneller, treffender und treten zum richtigen Zeitpunkt ein. Das heißt nicht, daß dem guten alten Verstand eine Absage erteilt werden soll. Es heißt nur, daß es an der Zeit ist, das Denken mit anderen Fähigkeiten des menschlichen Gehirns zusammenarbeiten zu lassen. Es ist mir ein Anliegen, die oft scharf gezogene Grenze zwischen Rationalismus und Irrationalität zu verwischen und durch Brücken des achtsamen, aber auch neugierigen Experimentierens zu verbinden. Der Kybernetiker und Konstruktivist Heinz von Foerster hat neue Richtlinien für Ästhetik und Ethik aufgestellt. Sie lassen sich wie folgt zusammenfassen:

> 1. Der ästhetische Imperativ ist: Willst du erkennen, lerne zu handeln.
> 2. Der ethische Imperativ ist: Handle stets so, daß weitere Möglichkeiten entstehen.
> 3. Daraus folgt: So konstruieren wir im Miteinander unsere Wirklichkeit.

Grundlage dieser Richtlinien ist die Entscheidung, die Beziehung zwischen dem Ich und dem Du als zentrale Bezugsgröße anzunehmen und sich danach auszurichten. Identität ist eben diese Beziehung, die die Gemeinschaft, in der ich mich verwirkliche, zur Wirklichkeit werden läßt. Ich kann es auch ablehnen, dieses dialogische Prinzip der Relativität anzunehmen und als Voraussetzung für das Erleben meiner Wirklichkeit anzuerkennen. Dann bin ich der Mittelpunkt des Universums, meine Wirklichkeit sind meine Träume und Alpträume, meine Rede ist ein Monolog, und meine Logik monologisch (statt dialogisch).

Es gibt im NLP einige Grundsätze, die Grundannahmen genannt werden und zunächst ziemlich gewagt klingen. Sie sind jedoch weniger Glaubensinhalte, an die geglaubt werden muß, sondern Arbeitshypothesen, mit denen gearbeitet werden kann. Wir tun so, als ob wir diese Thesen schon bewiesen hätten. Durch diesen Vertrauensvorschuß erfüllt sich die These vielleicht von selbst, gleich einer sich selbst erfüllenden Prophezeiung. Und da es sich um gute Prophezeiungen handelt, deren Erfüllung allen nützt, ist es nur zu wünschen, daß unser Vertrauen nicht enttäuscht wird. Diese Lösungsorientierung trägt dazu bei, daß manches möglich wird, was man gerade noch für unmöglich gehalten hat. Dank der Grundannahmen im NLP läßt sich vieles denken, was an sich undenkbar gewesen wäre, hätte man diesen Gedanken nicht eine Chance gegeben, sich zu verwirklichen.

Die Grundannahmen des NLP

1. Jeder Mensch ist ein eigenes Universum und hat dementsprechend jeweils ein ganz eigenes Modell der Welt.
2. Die Landkarte ist nicht das Land. Das heißt übertragen: Die Wirklichkeit ist immer das, wofür ein Mensch sie hält. Daraus folgt: Das Verhalten eines Menschen richtet sich nach seinem Modell der Welt und nicht danach, wie die Welt »wirklich« ist.
3. Es gibt keine richtigen oder falschen Modelle der Welt, sondern lediglich solche, die hilfreich (nützlich, passend, angemessen) oder weniger hilfreich (also behindernd, beschränkend, verwirrend, überaltert, unangemessen) sind, unser Leben so zu gestalten, wie wir uns das wünschen.
4. Veränderung ist möglich, wenn wir sie wirklich wollen. Die Entscheidung für die Veränderung muß jedoch bewußt geschehen. Unbewußte Entscheidungen prägen unsere Gewohnheiten und wirken sich manchmal als Gegenkräfte zu den uns bewußten Zielen aus.
5. Menschen haben bereits die nötigen Ressourcen für jede erwünschte Veränderung in sich. Berater und Lehrer sind lediglich Katalysatoren, die die notwendigen Ressourcen zu entdecken und zu aktivieren helfen, ebenso wie sie den schon (unbewußt) vorhandenen Lösungen dazu verhelfen, sich (bewußt) realisieren zu können. Sie sind sich selbst der beste Berater. Wenn Sie jedoch mit anderen kommunizieren, erweitern Sie Ihren Monolog zu einem Dialog und erhalten zusätzliche Informationen.
6. Menschen wählen die beste ihnen zur Verfügung stehende Möglichkeit. Wenn sie eine bessere Möglichkeit erkennen (oder ihnen etwas Besseres als Wahlmöglichkeit bewußt wird), werden sie die Chance der Verbesserung nutzen. Diese Chance ist der Dialog.
7. Hinter jedem noch so problematischen (unangemessenen, schädlichen, eingeschränkten, verwirrten) Verhalten steckt eine gute Absicht. Als mein eigener Berater oder für andere Menschen entscheide ich mich bewußt für diesen Vertrauensvorschuß, weil er eine positive Auswirkung auf die neu organisierte Wirklichkeit hat.
8. Die Kunst, Kontakt herzustellen und Kommunikation aufzunehmen, bedeutet, einem Menschen in seinem Modell der Welt begegnen zu können.
9. Die Bedeutung jeder (beabsichtigten oder unbeabsichtigten, bewußten oder unbewußten) Botschaft ist die Reaktion, die sie auslöst. Deshalb ist jedes Feedback eine wichtige Information und ein wertvolles Geschenk, vorausgesetzt der Sender erreicht den Empfänger und der Empfänger ist bereit, aus dem Feedback zu lernen.
10. Je mehr »Sprachen« (im Sinne von kontext-gebundenen Ausdrucksweisen, also Sprachspielen im Sinne von Ludwig Wittgenstein) ein Mensch spricht, desto größer ist die Wahrscheinlichkeit, daß er sich verständlich machen kann. Je flexibler also jemand ist und je größer das Repertoire seiner Kommunikationsmöglichkeiten ist, desto mehr steigen die Chancen, daß er die gewünschte Reaktion von seinem Gegenüber (Partner, Kind, Schüler, Kunde) erhält.

NLP-Tips

Wenn Ihre Botschaft den Empfänger nicht erreicht bzw. falsch ankommt, versuchen Sie es auf einem anderen Weg, in einer anderen Tonart, mit einem anderen Bild. Erlauben Sie sich, auch auf die Gefahr, vor sich selbst als inkonsequent dazustehen, etwas anderes zu versuchen, statt sich an Altem festzuklammern.
Gestalten Sie Ihre Kommunikation so anschaulich und sinnlich wie möglich. Sagen Sie jedoch nicht immer wieder dasselbe, sondern sagen Sie das, was Sie sagen wollen, auf verschiedene Weisen, auch wenn Ihnen dies überflüssig erscheint. Es macht die Botschaft, die Sie übermitteln wollen, plastischer und hat bessere Chancen, den Empfänger auf einem seiner vielen Kanäle zu erreichen.

Die Grundfragen des NLP

Es gibt im NLP, das sich an der Kybernetik, der Systemtheorie und dem Konstruktivismus orientiert, bestimmte Grundfragen, die ich mir selbst stellen kann, ohne sie beantworten zu müssen. Diese Fragen lösen einen inneren Suchprozeß aus, der Orientierung schafft und mich in einer systemischen Weise selbst organisieren läßt, ohne daß mir jeder der Zwischenschritte bewußt wird. (Systemisch heißt, auf ein System bezogen, z.B. ein soziales System wie eine Familie, von dem ich ein Teil bin und an dem ich mitwirke. Jede Person kann als System gesehen werden, wobei sich die einzelnen Teilpersönlichkeiten als Subsysteme auf die Ganzheit, die Identität und Kongruenz schafft, ausrichtet.)

- Wie entsteht Wirklichkeit?
- Was steuert den Menschen?
- Wer entscheidet, was wirklich ist?
- Und wie wird das entschieden?
- Wie entscheide ich mich selbst?
- Welche Auswirkungen haben meine Entscheidungen?
- Wie komme ich mit den Entscheidungen anderer zurecht?
- Wie beeinflussen vergangene Entscheidungen die gegenwärtige Lage?
- Wie kann die Gegenwart in die Zukunft hinein wirken?
- Was, wann, wofür und wie muß ich mich entscheiden, um in die Zukunft hineinzuwachsen, die ich mir wünsche?
- Wie ist die Wirkung mentaler Inhalte (Bilder, Gedanken, Erinnerungen, Vorstellungen) zu erklären und wie kann ich den therapeutisch-kreativen Umgang mit ihnen verbessern, um so eine Wirklichkeit zu erwirken, an der ich gerne teilhaben möchte?
- Was muß ich glauben, wollen bzw. voraussetzen oder grundsätzlich annehmen, um ein optimales Zusammenwirken aller Teile des Systems, in dem ich mich gerade verwirkliche, erreichen zu können?
- Wie kann ich also meine gewohnten (und meist einschränkenden) Glaubenssätze bewußt verändern, um nicht reaktiv gemäß meiner Konditionierungen zu handeln?
- Welche Art von Bewußtsein bildet die Grundlage für meine Entscheidungen, die ich in immer neuen Situationen treffe?

Einführung

NLP entstand Anfang der siebziger Jahre aufgrund einiger Fragen. Die Gründer von NLP (Bandler, Grinder, Dilts) stellten diese Fragen an Menschen, deren erfolgreiches Handeln sie modellieren wollten.

- Worin besteht gelungene Kommunikation?
- Was macht Gesundheit aus?
- Was machen diejenigen Menschen, die eine Therapie mit Erfolg beenden? Wie unterscheiden sie sich von anderen? Wie verhalten sie sich? Wie kommunizieren sie?
- Warum sind manche Menschen auf einem bestimmten Gebiet erfolgreicher als andere?

Diese Fragen konnten häufig nicht beantwortet werden, weshalb sie allgemeiner und weiter formuliert wurden.

- Wie kommt es, daß wir uns manchmal gut fühlen und Zugang zu unserem Potential haben, während wir uns an anderen Tagen hilflos fühlen und so verhalten, als könnten wir nichts und hätten nie etwas gelernt?
- Wie kommt es, daß wir manchmal alles Wissen, das wir für eine bestimmte Aufgabe benötigen, parat haben, während wir es manchmal vergessen zu haben scheinen, obwohl wir wissen, daß wir es gelernt und auch schon angewandt haben?

Diese Fragen wurden zum Leitfaden einer Recherche, deren Ziel es war, Prinzipien des Lernens und des Lehrens ausfindig zu machen. Die oft nur mangelhafte oder fehlende Einweisung in den Lernprozeß selbst, der es erst ermöglicht, die zu lernende Materie aufzunehmen, sich zu eigen zu machen und zu integrieren, führte zu dem Entschluß, mehr über die Möglichkeit des Lehrens als einer Fähigkeit und einem Handwerk in Erfahrung zu bringen. Warum sollte es nicht erfolgreiche Denkstrategien geben, die das Vermitteln von Lerninhalten oder Informationen erleichtern bzw. zum Erfolg führen? So entstand die Idee, eine Methode erfolgreicher Kommunikation auszuarbeiten. Diese Methode heißt NLP und beruht auf zahlreichen Modellen erfolgreichen Handelns. Mit dem NLP sollte keine neue Therapieform entwickelt werden. Es ging darum, das Rüstzeug für ein kommunikatives Verhalten und Handeln zu schaffen, das leicht zu erlernen und mit jeder Methode der Therapie, der Pädagogik, der Seelsorge oder des Verkaufs vereinbar ist. Ständig werden neue Fach- und Lebensbereiche entdeckt und modelliert, um auch anderen Menschen, die sich in diesen Bereichen noch nicht gut auskennen, Hilfestellung und die Möglichkeit eines motivierenden Einstiegs zu geben. Und alle sind aufgefordert mitzudenken. Immer wieder wird die Frage gestellt: Wie muß die Welt (von uns) gestaltet werden, damit alle dazu gehören wollen? Nichts ist für immer und ewig festgelegt. Es gibt keine Führer, nur Lehrer, für die wir uns entscheiden. Es handelt sich um keine Glaubenslehre. Es gibt keine Priester, die ein bestimmtes Wissen verwalten. Die Fähigkeit, eine Änderung des Verhaltens und damit Änderung der Welt, der Wirklichkeit, der Zukunft zu erwirken, wird durch Einsicht und Erkenntnis gefördert. Dazu trägt der NLP-Baukasten mit seinen wohlsortierten Teilen bei.

Angewandtes NLP

NLP als Anwendungsmodell kann dazu verführen, die Techniken zu verwenden, ohne ihren Wert als Lernhilfen zu erkennen, so daß sie wie Kochrezepte oder Strickmuster unabhängig vom Kontext der Wirklichkeit ausgeführt werden. Dies führt zwar zu einer scheinbaren Unabhängigkeit und man geht kein Risiko ein, verbaut sich jedoch dadurch neue Möglichkeiten. Lebenslanges Lernen heißt also die Werkzeuge, die dazu gedient haben, das Gelernte in Griff zu bekommen und zu erfassen, immer wieder neu auf ihre Tauglichkeit zu überprüfen; immer wieder neu die Dinge in die Hand zu nehmen, um sie zu begreifen. Das heißt Handeln. Handeln in diesem Sinne schließt ein, auch die Begriffe immer wieder neu zu überprüfen und sich bewußt machen, daß sie nur Werkzeuge sind – Werkzeuge, die aus dem lebendigen Prozeß einen Namen werden ließen, um besser damit umgehen zu können. Diese Begriffsbildung wird üblicherweise Substantivierung genannt. Aus einem Prozeß wird ein Substantiv, ein Ding. Dies wird in der Philosophie Verdinglichung von Prozessen genannt. Im NLP, das seine Wurzeln unter anderem auch in der philosophischen Linguistik hat, spricht man von »Nominalisierung«. Im NLP geht es darum, die Dinge, die zur Verfügung stehen, als Werkzeuge zu gebrauchen, um sie dann zu relativieren und in den Prozeß eines Erlebens zu überführen. Alle Modelle und ihre spezifischen Bezeichnungen sind nur von vorläufiger Wahrheit, nämlich solange sie sich bewähren. Dieses Konzept des fortwährenden Lernens ist ein wichtiger Punkt des NLP. Es leitet sich unter anderem von den Lerntheorien ab, die der Kulturanthropologe Gregory Bateson entwickelte. Alle hier aufgeführten Anwendungsmodelle lassen sich am besten unter dem Aspekt des Lernens verstehen (das heißt eines schöpferischen, »generierenden« Verhaltens – und nicht des Befolgens von bereits Gelerntem). Es ist ein praktischer Aspekt, der Fragen aufwirft, wie NLP-Modelle und NLP-Wissen für den einzelnen nutzbar gemacht, in seinen Alltag integriert und im jeweiligen Kontext der Aufgabenstellung umgesetzt werden können.

Neuro
– Wie lassen sich die Netzwerke der Nerven in Körper und Gehirn nutzen?
– Wie werden Reize *(stimuli)* verarbeitet, und wie kommt Information zustande? Wann ist eine Information eine Information?
– Wie findet eine Reaktion auf einen Reiz statt, und auf welche Reize reagieren wir mit welchen Konsequenzen?
– Was muß geschehen, um uns in einen bestimmten Bewußtseinszustand *(state)* zu versetzen?

Linguistisches
– Wie definieren wir unsere Erfahrung durch Sprache, und wie ist unsere Erfahrung durch die Sprache, die wir benutzen, definiert?
– Wie definieren wir unsere Beziehungen durch Sprache, und wie sind unsere Beziehungen durch die Sprache, die wir benutzen, definiert?

- Wie beeinflußt Sprache das Erleben und das Erleben die Sprache?

Programmieren
- Wie werden Denkgewohnheiten und Verhaltensmuster als Programme installiert? Wie etablieren sich bestimmte Muster und Gewohnheiten?
- Welche Prozesse verbinden externe und interne Stimuli (also Reize aus der Außenwelt und aus dem Innenleben) mit Gedanken und mit welchen Konsequenzen für das Wahrnehmen von innen und außen?
- Welche Prozesse verbinden vorhandene Gedanken, Urteile, Interpretationen oder Vorannahmen mit neuen Reizen? Und wie verbinden sich Gedanken mit bestimmten Bewußtseinszuständen?
- Wie bewirke ich Veränderungen? Und welche Rolle spielt dabei die Entscheidung für Veränderung, die ich bewußt oder unbewußt treffe? Nach welchen Kriterien entscheide ich mich? Was motiviert mich dazu?

Ziel des NLP ist nicht, fertige Anschauungsmodelle (Theorien) mitsamt den Beweisen für die »Wahrheit« (als etwas, das sich bewährt) einer Theorie oder eines Modells zu liefern, sondern dazu aufzufordern, erfolgreiches Verhalten zu »erzeugen« (*to generate*), zu etablieren und eventuell noch besser, schneller, sicherer, eleganter, ökonomischer und ökologischer zu machen. NLP orientiert sich an dem, was funktioniert. Feedback ist in diesem Zusammenhang des »kybernetischen Lernens«, d.h. Lernen durch dynamische Vernetzung der informationsverarbeitenden Regelkreise, unerläßlich, da nur so die optimale Funktionsweise herausgefunden werden kann. Wenn ich mich zum Lernen entschieden habe, gibt es keine Fehler, sondern nur Feedback. Jedes Feedback startet einen neuen Regelkreis des Lernens, durch den ich mich verbessern werde. Natürlich gibt es auch Zeiten und Räume, in denen ich nichts dazulernen, sondern einfach so sein möchte, wie ich bin. Je mehr ich mich bewußt für diese Aus-Zeiten entscheide und bewußt die Lernfunktion abschalte, desto mehr bekomme ich Lust am Lernen. Und es geschieht, daß ich gerade dann dazulerne, wenn ich eigentlich meinte, nichts mehr lernen zu können, zu müssen, zu dürfen oder zu wollen.

Lernen durch Herausforderung

Folgende Geschichte veranschaulicht den NLP-Lernstil, der zu einem Großteil auf die anthropologischen Forschungen von Gregory Bateson zurückgeht: Bateson erforschte das Lernverhalten von Delphinen, die in einem Trainingsbecken trainiert wurden. Die Art des Trainings unterschied sich jedoch grundsätzlich von den üblichen Versuchen, bei denen Konditionierung eine Rolle spielt. Es ging bei dem Training also nicht darum, eine ganz bestimmte Verhaltensweise des Delphins zu »konditionieren«, also durch Belohnung zu verstärken, sondern die Intelligenz von Delphinen zu erforschen, indem diese herausgefordert wurde. Die Intelligenz zeigte sich durch das »Erzeugen« neuer Verhaltensweisen. Der Delphin zeigte also keine Kunststücke, die ihm anerzogen und aufgezwungen worden waren, sondern seine Fähigkeit, sich in einer Art zu bewegen, die beim Publikum als Kunststück eingeschätzt und genossen wurde. Er produzierte sich in einer Art und Weise, die seiner Natur entsprach. Alles, was er auf Herausforderung hin zu produzieren lernte, hatte er schon einmal im freien Spiel seiner Möglichkeiten als Verhalten gezeigt. Dieses als besonders markierte Verhalten wurde belohnt. Gleichzeitig hatte er gelernt, daß eine bestimmte Weise der Produktion im Kontext von Shows von ihm gefordert wurde. Er benahm sich also nicht immer so. Er konnte unterscheiden zwischen dem Aufenthaltsbecken, in dem er gefüttert und gepflegt wurde, und dem Trainingsbecken, das zugleich auch das Showbecken war, in dem er sich produzierte. Dort bekam er kleine Fische als Belohnung für sein produktives Verhalten. Im Aufenthaltsbecken waren die Fische Futter und somit das Zeichen für das Aufrechterhalten einer Beziehung. Und noch etwas war anders – die Trainer hatten nicht nur eine persönliche, emotionale Beziehung zu ihren Tieren, sondern trainierten unter Voraussetzung bestimmter Grundannahmen der Delphin-Forschung, z. B. der erhöhten Lernfähigkeit und der außerordentlichen Intelligenz des Delphins. Der Trainer ging also nicht nur davon aus, dem Delphin etwas besonders Intelligentes beibringen zu können, sondern etwas über die Intelligenz von Delphinen in Erfahrung zu bringen, was sich eventuell auch auf das menschliche Verhalten und entsprechend konzipierte Trainingsweisen übertragen ließe.

Der Lehrer lernt durch die Art seiner Schulung von seinem Schüler, der durch die Art seines Lernens den Lehrer beeinflußt. Der Einfluß des Schülers wirkt sich wiederum auf die Schulung aus. So entsteht ein Lernen aufgrund wechselseitiger Beeinflussung. Sowohl Trainer als auch Delphin, Schüler als auch Lehrer müssen sich auf eine höhere Ebene der Lernprozesse einlassen, um Erfolg zu haben. Die Zusammenhänge sind komplexer, die Ergebnisse vielfältiger, das Verhalten nicht durch Wiederholung, sondern durch Erzeugung von Neuem gekennzeichnet. Neues kann nicht durch mechanische Wiederholungen von Stereotypen, sondern nur durch kreative Verhaltensweisen erzeugt werden. Wie wird ein solches Verhalten erzeugt, das die natürlichen Fähigkeiten nicht verändert, sondern auf eine Weise verstärkt, so daß viele Auswahlmöglichkeiten erzielt werden?

Die Delphine lernten im Trainings- und Showbecken, daß dieses Becken ein besonderer Ort war und ihr Aufenthalt eine besondere Bedeutung hatte. Die Delphine vollführten ihre natürlichen Bewegungen. Und da war eine Bewegung, die belohnt wurde. Sofort lernten die Delphine, daß diese bestimmte Bewegung eine besondere Bedeutung hatte, die durch die Pfeife als Botschaft markiert und mit kleinen Fischen belohnt wurde. Sie machten also fortan jedesmal diese bestimmte Bewegung, wenn sie aus dem Aufenthaltsbecken in das Trainings- und Showbecken gelassen wurden. Nach einigen Tagen machten sie die Bewegung, aber es erfolgte keine Botschaft, daß dies etwas Besonderes sei, und keine Belohnung. Nach einer Frustrationsphase kehrten sie zu ihrer natürlichen Bewegungsfreude und der Vielfalt ihrer Bewegungsmöglichkeiten zurück. Nun wurde plötzlich aus dieser Vielfalt eine andere Bewegung herausgegriffen, durch die Pfeife als etwas Besonderes markiert und belohnt. Also machten sie fortan diese Bewegung. Nach einigen Tagen wurden ihre Erwartungen wieder nicht erfüllt. Und wieder machten sie das, was sie sonst auch immer taten. Und eines Tages, als sie wieder einmal nach einer Phase der Frustration, die sich durch die scheinbare Unentschiedenheit der Trainer einstellte, vom Aufenthaltsbecken ins Trainings- und Showbecken gelassen wurden, erwarteten sie sich nichts Besonderes und vollführten eine Reihe von außergewöhnlichen Bewegungsformen, die den Trainern besonders schön und unterhaltsam erschien. Für diese breite Palette von Variationen wurden sie nun belohnt und vollführten dieses Repertoire an natürlichen Bewegungsmöglichkeiten, wann immer sie ins Showbecken gelassen wurden. Das Training war abgeschlossen. Die Delphine hatten gelernt, daß es einen Kontext gibt, innerhalb dessen sie eine Show machen sollten, und vielleicht nahmen sie sogar das begeisterte Publikum wahr, das applaudierte. Auch im Aufenthaltsbecken erhielten sie Fische als Futter, nur hatten die Fische dort eine andere Bedeutung als die Fische, die sie als Belohnung im Showbecken für ihre Kunststücke erhielten. Die Delphine lernten also, was NLP den Menschen lehrt:

- In bestimmten Kontexten wird außergewöhnliches Verhalten herausgefordert.
- Dieses außergewöhnliche Verhalten ist natürlich, aber es ist insofern ungewöhnlich, als die Stereotypisierung der einmal gelernten und festgelegten Gewohnheiten durchbrochen wird.
- Dieses Verhalten ist mehr als ein Verhalten. Es ist eine Haltung, eine Einstellung. Sie wird das Verhalten in anderen Kontexten mitbestimmen.
- Menschen haben die Möglichkeit, sich bewußt für diese Einstellung oder Haltung zu entscheiden. Es ist die Entscheidung dafür, sich nicht von Gewohnheiten und Erwartungen leiten zu lassen, sondern dem Neuen – wir könnten auch von einer Überraschung, einem Einfall, einer Idee, einer Vision, sogar von einem Wunder oder von dem Wunderbaren im Leben sprechen – eine Chance zu geben.
- Das Neue ist natürlich, also nicht gekünstelt. Es entspricht also den Möglichkeiten eines Menschen. Das Spektrum und die Vielfalt der Auswahlmöglichkeiten wird erweitert. Das Bekannte wird durch Neues ergänzt und erweitert.
- Es gibt Kontexte, in denen Menschen nichts Besonderes tun müssen und sich trotzdem wertvoll fühlen. Sie müssen sich nicht bewähren, nichts verdienen, sie sind so, wie sie sind, und nehmen sich selbst so an, wie sie sind.
- Beide Kontexte – »Show-time« und »Aus-Zeiten« sind wichtig.

Wir können zwei Arten von Belohnung unterscheiden:

1. Die Belohnung, die ein besonderes Verhalten markiert. Dazu braucht es ein Verhalten, das spontan entsteht, als wertvoll erkannt und als lohnenswert markiert wird. Darauf folgt die Belohnung. Ohne spontane Erzeugung neuen Verhaltens und ohne präzise Markierung (Feedback) gibt es kein Lernen.
2. Die Belohnung, die »unverdient« die Beziehung zwischen Lehrer und Schüler verstärkt. Das ist das »Futter«, das den Kontext des Lernens erst ermöglicht und seine unersetzbare Grundlage ausmacht. Es basiert auf wechselseitigem Vertrauen, das beide Seiten sich entgegenbringen und das beinhaltet, daß das Gelernte sinnvoll ist. Beide, Lehrer wie Schüler, sind in einem gemeinsamen Prozeß des Lernens verbunden. Dieser Prozeß sollte für beide Seiten so lohnend sein, daß er in sich schon eine Belohnung darstellt und zu weiterem Lernen motiviert.

Fazit: Der ideale Lernprozeß organisiert sich in einer Weise, die beiden Beteiligten Gewinn bringt und darüber hinaus von einer Beobachterposition (zum Beispiel von der Warte des Publikums aus) als wertvoll erlebt wird. Dabei kommt der Fähigkeit zur Selbstorganisation eine entscheidende Rolle zu, da der Prozeß zum größten Teil nicht kontrolliert gesteuert wird, sondern sich im besten Falle wie von selbst vollzieht. Jede natürliche Entwicklung hat ihr eigenes »angeborenes« (innate) Ziel, das vom Organismus selbst angesteuert wird. Dies ist das Ideal eines Lernprozesses, innerhalb dessen ein System sich selbst so organisiert, daß es durch entsprechende Rückmeldungen an das System (Selbstkorrektur durch Feedbackschleifen innerhalb von kybernetischen, d.h. selbststeuernd ausgerichteten Regelkreisen) immer weiter lernen kann.

Wie können wir Kreativität entwickeln?

Nehmen Sie sich 10 Minuten Zeit und richten Sie die zwei Räume »Show-time« und »Aus-Zeit« ein. Wählen Sie zwei Orte in Ihrer Wohnung oder Ihrem Büro, und markieren Sie sie mit Zetteln, auf denen »Show-time« und »Aus-Zeit« steht. Notieren Sie, welche Merkmale Sie den zwei Räumen zuordnen, welche Gefühle Sie damit verbinden, und wie Sie den Übergang von dem einen zum anderen erleben. Versetzen Sie sich in die Lage der »kreativen« Delphine, die spielerisch ihr Potential entdecken und sich produzieren, wenn im Show-time-Becken eine Show angesagt ist. Welche Bedingungen müßten für Sie gegeben sein, um ebenso spielerisch Ihre Kreativität ausloten und zeigen zu können? Notieren Sie auch, welche Bedenken, Widerstände oder Ängste sich in Ihnen regen.

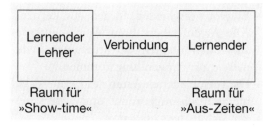

Nehmen Sie nun vier Positionen ein, die Sie durch vier Zettel »markieren« und im Raum verankern. Sie haben nun, zusammen mit den beiden vorhergehenden »Räumen«, sechs »Raum-Anker« vor sich liegen.

1. Position = Lernender (erhält Feedback): Vergegenwärtigen Sie sich, daß das ganze Leben ein Lernprozeß ist und Sie durch alles etwas dazulernen können, wenn Sie dazulernen wollen.
2. Position = Lehrender (gibt Feedback): Vergegenwärtigen Sie sich, daß Sie sich ständig in Interaktion mit anderen befinden, auch wenn Sie sich dessen vielleicht nicht immer oder auch gar nicht bewußt sind. Ihr Verhalten wird ständig interpretiert und hat für andere eine Bedeutung.
3. Position = beteiligter Beobachter, der den Lernprozeß beobachtet und daran Anteil nimmt, auch wenn er nicht unmittelbar und aktiv daran beteiligt ist. Er hat jedoch durch seine mitfühlende Anteilnahme (Empathie) Zugang zu den Informationen, die emotional mit der 1. und 2. Position verbunden sind. Dies ist eine der beiden Arten von Meta-Position. Sie befindet sich außerhalb der 1. und 2. Positionen, ist aber mit beiden Parteien in Verbindung.
4. Position = unbeteiligter Beobachter, der mit allem nichts zu tun hat und einfach ein Augenzeuge ist. Er sieht das Ganze von außen, bleibt neutral, weil er kein Interesse (*inter-esse* heißt wörtlich: dazwischen sein) an der Situation hat.

Unterscheiden Sie genau zwischen diesen vier Positionen und versetzen Sie sich nacheinander in jede dieser Positionen. Stellen Sie sich vor, Sie sind ein Delphin, ein Delphin-Trainer, ein Delphin-Beobachter, der Delphine liebt und viel von dem Delphin-Training hält, oder jemand, der zufällig diese Show im Fernsehen sieht. Übertragen Sie dann das Geschehen auf Ihren Alltag. Gehen Sie zwischen den Positionen hin und her und erfahren Sie sich als Lernender im Alltag. Erfahren Sie sich als jemand, der sich seiner Auswirkungen auf andere im Alltag bewußt ist und die Rolle eines »Lehrers« übernimmt. Erfahren Sie sich sowohl auf der involvierten als auch auf der neutralen Meta-Ebene. Was, wenn überhaupt, lernen Sie aus diesem Experiment, was Sie damals (als diese Alltagssituation passierte) noch nicht gelernt hatten?

Haben Sie neue Erkenntnisse durch das Wechseln der Positionen?

Der Probeschritt in die Zukunft (Future-Pace)

Können Sie das, was Sie früher einmal oder jetzt gelernt haben, auch in Zukunft anwenden? Stellen Sie sich eine Alltagssituation in der Zukunft vor, in der Sie das Neugelernte anwenden möchten. Spielen Sie in Ihrer Phantasie durch, wie sich das anfühlen und welche Auswirkungen das haben wird. Bei welcher Gelegenheit werden Sie dies anwenden können, und woran werden Sie erkennen, daß das Gelernte auch in diesem Kontext wertvoll ist? Machen Sie jetzt symbolisch einen Schritt in die Zukunft und spielen Sie das Experiment noch einmal durch. Besteht der Wert, der gestern ein Wert war, auch noch heute, wenn Sie an morgen denken? Und wird sich morgen dieser Wert auch als zukunftsbeständig erweisen? Woran werden Sie zuerst merken, daß es funktioniert, was Sie gelernt haben?

Ökologie von Zukunftsphantasien (Öko-Check)

Ist das, was Sie in einem früheren oder in einem jetzigen experimentellen Kontext gelernt haben, im gegenwärtigen Kontext Ihres Alltags brauchbar? Ist es ökologisch verträglich, d.h. bedeutet es auch für alle anderen Beteiligten einen Gewinn? Gibt es Einwände, die beachtet werden sollten? Wenn nicht, dann haben Sie einen reinen Lerngewinn gemacht. Wenn Einwände bestehen, haben Sie zumindest die Ökologie beachtet und ökologische Schäden vermieden. Sie haben außerdem daraus gelernt, wie es sich auswirkt, die Rechnung ohne den Wirt zu machen. Und machen Sie die Rechnung noch einmal als Wirt.

Lernen als geistiges Abenteuer (in Anlehnung an Gregory Bateson)

Bei den folgenden NLP-Übungen können Sie davon ausgehen, daß Sie immer sich selbst ein Lehrer oder eine Lehrerin sind, ebenso wie Sie einen Teil in sich haben, der zum Schüler bzw. zur Schülerin wird, sobald Sie durch NLP etwas Neues lernen möchten. Manchmal können Sie Abstand zu sich selbst gewinnen, indem Sie wohlwollend und wertschätzend Ihren Lern- oder Lehrprozeß beobachten. Sie wissen ja, daß Lehren und Lernen in gewisser Weise die zwei Seiten ein und derselben Medaille sind. Beobachten Sie auch alle anderen Beteiligten mit einer unbestechlichen, aber aufgeschlossenen Haltung der Gelassenheit. Erlauben Sie sich ab und zu, in eine wertfreie, vorurteilslose und neutrale Position zu gehen, um Abstand von den Inhalten zu gewinnen und sich ganz auf das Formale konzentrieren zu können. Zusätzlich zu dem, *was* geschieht, bekommen Sie einen Blick dafür, *wie* etwas geschieht.

- Es gibt verschiedene Arten des Lernens. Alle Arten haben ihren Wert – entsprechend den Inhalten und Situationen, in denen sie zur Anwendung kommen.
- Die verschiedenen Arten des Lernens sind hierarchisch angeordnet und unterscheiden sich in der Qualität.
- Es ist wichtig zu erkennen, auf welcher Stufe sich Lernen vollzieht und wie sich das Gelernte im Leben auswirkt.
- Wenn Verhalten geändert werden soll, also etwas Neues gelernt werden muß oder eine Umschulung ansteht, gilt der Grundsatz, daß dies leichter und schneller geht, wenn das Lernen auf der nächst höheren Stufe geschieht.

- Aus diesem Grundsatz erfolgt die Weisung: Wenn Sie durch ein bestimmtes Verhalten nicht das erreichen, was Sie möchten, dann machen Sie nicht mehr von demselben Modell Gebrauch und verdoppeln Ihre Anstrengung (quantitativer Ansatz), sondern überlegen, was Sie anders machen können, und welche Alternativen Ihnen zur Verfügung stehen, so daß sich ein radikaler Unterschied und damit eine völlig neue Qualität ergibt (qualitativer Ansatz).
- Während das »Lernen durch Gewöhnung« kontinuierlich Erfahrungen ansammelt und sich langsam und organisch erweitert, ist das »Lernen durch Einsicht« tatsächlich etwas, was plötzlich und sprunghaft eintreten kann. Diese Einsicht ist auf verschiedene Rahmenbedingungen von Problemen, Aufgaben und Herausforderungen übertragbar. Dadurch wird Zeit gewonnen. Diese Art des Lernens ist wegen ihres schnellen Erfolgs besonders attraktiv und wird immer mehr im Alltag gefordert.
- Da wir vielschichtige Wesen sind, leben wir auf mehreren Ebenen mit verschiedenen Zeitmaßen. Der Organismus verlangt vielleicht nach Gewöhnung, während der Geist sich nach dem Quantensprung sehnt. Und beides will beachtet werden, um gesund zu werden bzw. zu bleiben. Das Wort »gesund« ist verwandt mit dem englischen *sound* = nüchtern, vernünftig, real, und bedeutet, der Vielschichtigkeit Rechnung zu tragen.
- Die Faszination, die von plötzlichen Aha-Erlebnissen und geistigen Quantensprüngen ausgeht, ist zwar verständlich, aber nicht immer nützlich oder gesund. Wir kommen hier in den Bereich des Mystischen, des bedeutungsschwangeren Numinosen (von *nous* = Zeichen, Geist), aber setzen uns auch der Gefahr der Hybris, der Vermessenheit und Maßlosigkeit aus. Gefahr ist dann gegeben, wenn die »niederen«, organischen Stufen des Lernens verachtet und aus dem Lebensprozeß ausgegrenzt werden, weil man sie überwunden zu haben glaubt.
- Die Macht der Gewohnheiten wird durch das menschliche Bedürfnis nach Ekstase (vom Gewöhnlichen abheben) ausgeglichen. Der Mensch ist beides zugleich: ein Gewohnheitstier, im wahrsten Sinne des Wortes, und ein Wesen, das über sich nachdenkt, die Fähigkeit zur Einsicht besitzt und sich sowohl nach der Vernunft, die aus der Einsicht resultiert, richtet, als auch scheinbar irrational sich nach Intensität, nach Inspiration, nach einer Überhöhung des Gewöhnlichen ausrichtet wie eine Pflanze nach dem Licht.
- Die Anerkennung dessen, was ist, bringt Einsicht
  - in das, was zu verändern möglich scheint,
  - in das, was zu verändern unmöglich erscheint,
  - und in den Unterschied zwischen beidem.

Aber diese Einsicht, die aus der Anerkennung kommt, ist nur möglich, wenn ich den Rahmen der Betrachtung so sehr erweitere, daß ich im Angesicht der Ewigkeit aus dem Zustand der momentanen Bedingtheit herausgehoben bin und die Gesamtheit des Lebens betrachte – nicht nur Einzelaspekte und Teilbereiche. Diese Art der Betrachtung ist dem Menschen möglich, da er um seine eigene Endlichkeit weiß.

Die Lernpyramide der Dilts'schen Ebenen

Nach den Lernebenen von Gregory Bateson entwickelte Robert Dilts ein eigenes Stufenmodell. Dieses Modell der Lernebenen, nach dem eine Persönlichkeit bestimmt wird, macht einen wichtigen Teil des NLP aus, wie es heute vermittelt wird. Manchmal wird von den logischen, manchmal von den neurologischen Ebenen gesprochen, wobei sich der Bereich der allgemeinen Persönlichkeitsentwicklung von dem Bereich der Psychosomatik unterscheiden ließe. Dilts hat den einzelnen Ebenen nämlich bestimmte Entsprechungen im Organismus zugeordnet, so daß Symptome sich als Abbildungen von oder Hinweise auf Störungen des Lernverhaltens deuten lassen. Nach Dilts lassen sich folgende Grundannahmen formulieren:

- Kommunikation mit dem Unbewußten ist das Wesen von Gesundheit.
- Das Unbewußte steuert die Heilung. Der Respekt vor dem Unbewußten schafft die notwendigen Vorbedingungen, damit sich die Weisheit des selbstregulierenden Organismus verwirklichen kann.
- Heilung kommt zustande, wenn unvereinbar scheinende Pole in Kontakt und Kommunikation miteinander treten können.
- Wir sind auf offene, gereinigte und aktive Sinne angewiesen. Sie erst ermöglichen es, daß wir uns der Rückmeldungen, die wir erhalten, bewußt werden.

Die Ebenen werden als Dreieck oder Pyramide abgebildet. Die Spitze der Pyramide ist gekennzeichnet durch den Begriff der Spiritualität und bezeichnet die großen Zusammenhänge, innerhalb derer sich das menschliche Leben vollzieht. Wenn wir die Pyramide von oben nach unten durchwandern, ist unser Ausgangspunkt ein übergeordnetes Ganzes – nennen wir es Sinn, Lebensentwurf, Lernerfahrung der Seele in diesem Leben, Bedeutung des Einzelschicksals in einem größeren Ganzen, die durch Einordnung und Hingabe erfahren wird. Je mehr wir nach unten absteigen, desto konkreter wird das Denken.

Die Basis sind die Umweltbedingungen, die wir tagtäglich erleben. Auf dem Weg von oben nach unten durchschreiten wir Bereiche, die uns vielleicht noch nie so richtig bewußt wurden: Bereiche der Identität und Bereiche des Innenlebens, die durch Wertvorstellungen und Glaubenssätze – auch solche, die uns nicht bewußt sind, aber die dennoch in unserem Unbewußten verankert sind und Auswirkungen auf uns haben – gestaltet sind. Wir lernen die Geographie unseres Innenlebens (Selbst) erspüren und lernen die Gestalt, die wir Ich nennen, kennen. Wir durchwandern unser Selbst wie ein Haus mit verschiedenen Stockwerken, die je nach ihrer Funktion unterschiedlich bewohnt und eingerichtet sind.

Die Lernpyramide als Stufenmodell

Dieses Gedankengebäude bewegt sich also nicht nur in der Horizontalen, sondern auch entlang der vertikalen Achse. Dadurch wird ein Aufstieg möglich. Das Aufsteigen geschieht durch Denken, und zwar durch das logische Unterscheiden von Klassen. Daher der Name »logische Ebenen«. Jede Ebene bringt eine ganz neue Art der Welterfahrung, eine neue Sichtweise, eine neue Lernaufgabe, neue Herausforderungen. Auf jeder Ebene ist Veränderung möglich. Wenn Veränderung in der Spitze der Lernpyramide ansetzt, dann fällt es sehr viel leichter, sich umzustellen, umzulernen, und es geht schneller, als wenn ich an der Basis ansetze und mich durch alle Einzelbedingungen meiner Existenz hindurcharbeite. Trotzdem ist die genaue Beobachtung und Beschreibung der Basis unerläßlich, um wichtige Informationen zu erhalten. Keine der Stufen sollte ausgelassen werden. Wenn sich eine Abneigung gegen die eine oder andere Stufe bemerkbar macht, ist dies ein Hinweis darauf, daß man gerade hier noch viel Neues über sich selbst lernen kann.

Beginnen wir jetzt also an der Basis, um allmählich aufzusteigen und durch entsprechende Fragen in die Bereiche größerer Ordnungen vorzustoßen:

1. Die Ebene der Umweltbedingungen, des Umfeldes, Kontextes. Sie erschließt sich durch die Fragen: Was geschieht hier? Wo sind wir? Wann ist das geschehen? Wer ist noch dabei? In welchem Rahmen passierte es?
   a) Es geht um alles das, worauf wir reagieren (Reiz-Reaktions-Modell des Lernens). Wann reagieren wir, wo geschieht es, in welcher Situation, im Beisein welcher Personen, in welcher Umgebung?
   b) Auf der psychologischen Ebene findet eine Auseinandersetzung statt mit Notwendigkeiten und Begrenzungen, also Bedingungen, die eventuell nicht geändert werden können, weil sie von außen vorgegeben sind. Hier ist unsere Anpassungsintelligenz gefordert.
   c) Auf der neurologischen Ebene des Organismus geht es um die Sinne, also jene Rezeptoren, die uns in Verbindung bringen mit der Außenwelt und durch die wir uns in ihr zurechtfinden. Durch die Evolution haben hier die Gattungen der Lebewesen entsprechende Sinnesorgane ausgebildet, um den Anforderungen der Umwelt gerecht werden zu können. Hier gilt das Gesetz Darwins: Wer sich am besten anpaßt (durch seine Sinne am besten informiert ist), der hat die besten Überlebenschancen.
2. Die Ebene des Verhaltens. Sie erschließt sich durch die folgenden Fragen: Was tue ich? Was tun die anderen? Was wird hier getan? Welches Verhalten läßt sich beobachten?
   a) Es geht um konkrete Handlungen, die wir ausführen, unabhängig von unseren Fertigkeiten und Fähigkeiten. Es geht um Handlungen meist unbewußter Art, um Verhaltensmuster, Gewohnheiten, Gesten, Gebärden, die wir unwillkürlich machen, die wir sehr früh gelernt haben, indem wir sie bei jemandem abgeschaut haben, und die uns so sehr zur zweiten Natur geworden sind, daß wir meinen, sie machen unseren Charakter aus. Verhalten prägt sich aus, indem es (unbewußt) gelernt wird.
   b) Auf der psychologischen Ebene finden hier Veränderungen in bezug auf Handlungen statt. Wenn ich bestimmte Handlungen gewohnt bin und sie unbewußt immer wieder ausführe, obwohl ich eingesehen habe, daß sie mir oder den anderen nicht guttun oder behindernde, schädigende oder sogar destruktive Konsequenzen haben, dann ist es auf dieser Ebene möglich, umzulernen und die alten Handlungen zu unterlassen oder durch neue (bessere, angemessenere, nützlichere) zu ersetzen.
   c) Auf der neurologischen Ebene des Organismus geht es um die Motorik und alles, was damit verbunden ist, das Bewegungssystem von Muskeln und Sehnen, Bändern, bis hin zum Knochenbau und zu der durch ihn gegebenen Statik: Die Fähigkeit des Organismus, sich durch senso-motorische Intelligenz immer wieder neu zu organisieren, wird hier herausgefordert. Durch entsprechende Aufgaben, Übungen, Experimente und Spiele wird das alte (behindernde) Gleichgewicht gestört, um durch Neuorganisation einem neuen (besseren) Gleichgewicht Platz zu machen. Es können auch Verhaltensformen, die in der Entwicklung übersprun-

gen wurden, »nachgeholt« werden und einen heilenden Effekt auf das ganze System ausüben.

3. Die Ebene der Fähigkeiten. Sie erschließt sich durch die Fragen: Wie mache ich etwas? (statt: Was mache ich?) Wie wird hier etwas gemacht? Welche Qualität haben die Handlungen? Welche Fähigkeiten lassen sich beobachten?

 a) Es geht um die Klassen (»Sorten«) von Verhaltensweisen, von Fertigkeiten und Strategien, die wir in unserem Leben tatsächlich umsetzen. Es geht darüber hinaus um die Möglichkeiten, die mir zur Verfügung stehen, um etwas zu tun. Ich kann es auf die eine oder andere Weise tun – ich habe die Wahl. Je mehr Auswahl ich habe, desto eher kann ich genau das wählen, was der jeweiligen Situation entspricht und angemessen ist. Wenn ich nur eine Verhaltensweise gelernt habe und sie auf sehr viele Arten von Situationen anwende, kann es gut sein, daß mein Verhalten begrenzt ist und meine Handlungen unangemessen sind. Die Erweiterung meines Repertoires an Handlungsoptionen gibt mir Selbstbewußtsein, wenn ich das Gefühl habe, allen Situationen gewachsen zu sein.

 b) Auf der psychologischen Ebene finden hier Veränderungen in bezug auf die Richtung statt, die ich meinen Handlungen gebe. Ich bedenke die Konsequenz und stimme die Art und Weise, wie ich etwas mache, darauf ab, was ich damit bewirken möchte. Manchmal stellt sich heraus, daß ich etwas noch besser machen könnte, wenn ich bestimmte Ressourcen hinzuziehe bzw. etwas dazulerne oder etwas Neues ausprobiere. Experimente sind auch hier angesagt, sie fordern jedoch nicht die senso-motorische Intelligenz, sondern das Denken (das zu Einsicht, zu Kognition führt) heraus.

 c) Auf der neurologischen Ebene des Organismus geht es um das Verarbeiten von Informationen durch Vernetzung.

4. Die Ebene der Wertvorstellungen, Glaubenssätze *(beliefs)* und Überzeugungen. Sie erschließt sich durch die Frage: Warum?

 a) Es geht um die Frage, warum so und nicht anders gehandelt wurde oder gewohnheitsmäßig gehandelt wird. Dies schließt die Frage ein, ob bestimmte Verhaltensmöglichkeiten oder Fähigkeiten wissentlich eingesetzt bzw. nicht eingesetzt wurden, ob sie fehlten, weil sie nicht entwickelt wurden oder weil sie nicht zur Verfügung standen, z.B. blockiert waren.

 b) Auf der psychologischen Ebene finden hier Veränderungen in bezug auf die Leitideen, die unser Handeln ausrichten, statt. Die Arbeit mit Glaubenssätzen ist eines der wichtigsten Elemente des NLP, denn von unseren Glaubenssätzen, Wertvorstellungen und tiefsten Überzeugungen hängt es ab, wie wir uns entscheiden – ob bewußt oder unbewußt. Glaubenssätze prägen unsere Haltung und Einstellung, die wir zu wichtigen Themen des Lebens und zum Leben selbst einnehmen. Solche Glaubenssätze können sich als Einschränkungen (durch Verbote) oder Motivationen (durch Erlaubnis und Aufforderung) auswirken.

 c) Auf der neurologischen Ebene des Organismus betrifft dies das autonome Nervensystem, das die vegetativen Funktionen steuert und dadurch unbewußte Reaktionen auslöst. Herz und Kreislauf gelten als besonders betroffen. Das Nervensystem hat zwei wichtige Funktionen zu erfüllen: die Steuerung der Organismus-Umwelt-Interaktion und die Regulation der biologischen Lebensbedingungen im Körperinneren, die das »innere Milieu« bestimmen.

5. Die Ebene der Identität. Sie erschließt sich durch die Frage: Wer bin ich?
   a) Es geht um das grundlegende Selbstbild. Dieses kann an die tiefsten Werte oder einen inneren Auftrag gebunden sein, so daß sich das Selbstbild negativ verändert, wenn die Werte nicht beachtet oder der innere Auftrag nicht erfüllt wird. Auch das Fehlen von Werten und einem Gefühl für den Sinn des Lebens, für eine Lebensaufgabe, wirkt sich negativ auf das Selbstbild aus.
   b) Auf der psychologischen Ebene sind hier Veränderungen möglich in bezug auf Rollen, die gespielt werden, das Bild, das man von sich selbst hat und das man anderen gegenüber pflegt (Image), auf Körperausdruck und -haltung, auf unbewußte Signale, die ausgesendet werden, aber vor allem in bezug auf den Kontakt, den man zu sich selbst hat bzw. nicht hat. Stimmt das Selbstbild mit dem Bild, das andere sich von einem machen, überein? Stimmt das, was wir sagen und bewußt wollen, mit dem überein, was wir unbewußt an Botschaften aussenden? Fühlen wir uns authentisch, oder mangelt es an Selbstgefühl, Selbstbewußtsein, Glauben an uns selbst? Ist die Verbindung zu uns selbst abgebrochen? Vielleicht hat sie sich nie wirklich entfalten können. Oder ist sie nur unter bestimmten Umständen unterbrochen und gestört?
   c) Auf der neurologischen Ebene des Organismus betrifft dies das Immunsystem und lebenserhaltende Funktionen (z.B. die Zellbildung). Miteinander streitende Selbstbilder und Werte können schwere psychosomatische Störungen hervorrufen. Die Veränderungsarbeit mit Identitätsvorstellungen und Glaubenssätzen ist deshalb gerade in diesem Bereich so wichtig und wird immer wieder durch überraschende Erfolge bestätigt.

6. + 7. Die Ebene der Zugehörigkeit und Spiritualität, die Ebene des inneren Auftrags *(mission)*. Sie erschließt sich durch die Fragen: Wohin führt das? Für wen mache ich das? Was treibt mich? Zu wem oder zu was fühle ich mich zugehörig? Wohin gehöre ich? Welche Gesinnung habe ich? Welchen Geistes bin ich? Was möchte ich übermitteln oder hinterlassen *(transmission)*.
   a) Es geht zum einen um unsere familiäre, berufliche, gesellschaftliche, kulturelle (philosophische, politische, religiöse) Zuordnung. Wo gehöre ich dazu? Gehöre ich zu etwas, was größer ist als ich selbst? Zum anderen ist dies die Ebene, auf der die Sehnsucht nach Hingabe erfahren wird, die Sehnsucht, aufzugehen in einem größeren Zusammenhang, Teil zu sein von etwas, beteiligt zu sein. (Der Begriff der Zugehörigkeit wurde von dem deutschen NLP-Trainer Bernd Isert hinzugefügt, in Dilts' Modell kommt er nicht vor.)
   b) Auf der psychologischen Ebene finden hier Veränderungen in bezug auf neue Zuordnungen, Einordnungen, Umordnungen oder auch Ausschlüsse statt. In traditionellen Kulten und Ritualen werden solche Veränderungen bewirkt, wobei der soziale und religiöse Kontext die Bedeutung einer solchen Veränderung bestimmt. Jede Veränderung auf dieser Ebene hat tiefgreifende Auswirkungen auf alle anderen Ebenen. In ihr ist in gewissem Sinne alles enthalten, was auf den anderen Ebenen verwirklicht wurde, aber sie ist mehr als nur die Summe der anderen Ebenen. Veränderungen geschehen hier meist sprunghaft. Es gibt Beispiele jenes seltenen Lernens, das den Menschen radikal erfaßt und transformiert (religiöse Erlebnisse, Ekstasen, Visionen, mystische Einsichten, Erleuchtung).
   c) Auf der neurologischen Ebene des Organismus betrifft dies das Nervensystem.

Orientieren und organisieren Sie sich mit Hilfe des Stufenmodells und der Lernebenen. Lernen Sie anhand von sprachlichen Formulierungen die einzelnen Bereiche besser voneinander abzugrenzen, um so den Wechsel der Ebenen bewußt vollziehen zu können.

Einige Sätze können veranschaulichen, wie sich der Unterschied zwischen den Ebenen sprachlich gestaltet. Finden Sie dann Ihre eigenen Themen, die Sie durch die Ebenen hindurch »deklinieren«.

- Umwelt: Ein Schnupfen hat mich erwischt.
- Verhalten: Ich bin naß geworden und habe die Kleider nicht gewechselt.
- Fähigkeiten: Ich schaffe es doch immer wieder, genau dann heiser zu werden, wenn ich öffentlich sprechen soll.
- Glaubenssätze und Werte: Der Körper lügt nicht. Mein Schnupfen bedeutet, daß ich verschnupft bin im Sinne von »Ich habe die Nase voll«.
- Identität: Immer erwischt es mich. Ich bin ein leichtes Opfer für alle Infektionen.
- Zugehörigkeit: Ich gehöre zu denen, die es als erste erwischt.

Achten Sie bei allem, was Sie künftig sagen, auf die Formulierung. Wählen Sie die Wörter bewußt, denn je nachdem, wie Sie etwas sagen, motivieren oder demotivieren Sie sich bzw. andere:

Da hast du einen Fehler gemacht. Oder: Du bist ein Versager.

Das könnte besser sein. Oder: Das schaffst du nie.

Es stimmt, daß unser Vater relativ früh gestorben ist. Oder: In dieser Familie wird niemand alt.

Das hast du noch nicht begriffen. Oder: Du bist eben dumm.

Bei Ihnen zeigen sich die Symptome einer Erkrankung. Oder: Sie gehören halt zu dem Typ.

Darauf hast du dich nicht genügend vorbereitet, stimmt's? Oder: Manche lernen es nie.

Der Junge wurde beim Klauen erwischt. Oder: Die Jugendlichen klauen doch alle.

Ich sehe, daß du da Schwierigkeiten hast. Oder: Du bist ein Behinderter (mit Ausweis).

Lebenslanges Lernen und der Aufbau der Persönlichkeit

Die beste Art, einen anderen Menschen wirklich zu verstehen, ist, sich in ihn hineinzuversetzen. Doch es reicht nicht, sich nur auf einer Ebene der Existenz in seine Lage hineinzufühlen. Ein viel tieferes Verständnis können wir füreinander entwickeln, wenn wir uns auf unsere gemeinsame Basis besinnen: den Prozeß des lebenslangen Lernens. Alles, was an Verhalten, an Fähigkeiten, an Glaubenssätzen, an Selbstbildern und an Rollen, die wir übernommen haben, in uns ist und unser Selbst ausmacht, hat sich langsam, Schritt für Schritt entwickelt, indem sich ein Lernschritt nach dem anderen die Inhalte einverleibt hat und schließlich zu dem Gesamtergebnis geworden ist, als das sich ein Mensch jetzt präsentiert.

Das Streben nach Zielen ist ein uns angeborenes, universelles Phänomen, das bereits bei Säuglingen auftritt. Ein kleines Kind nimmt z.B. einen farbigen Gegenstand wahr, der seine Aufmerksamkeit erregt. Seine Hand macht eine Bewegung in die Richtung, verfehlt aber das Ziel. Die Hand pendelt scheinbar unkoordiniert von einer Seite zur anderen. Doch allmählich, aufgrund der sich selbst steuernden und ausrichtenden Lernprozesse, werden die nötigen Korrekturen immer kleiner und die Richtigkeit des Verhaltens immer größer, bis das Kind schließlich das ergreift, was es im Auge hatte. Das »muskuläre Gedächtnis« sorgt dafür, daß künftige Ziele der gleichen Art mühelos erreicht werden können. Die senso-motorische Intelligenz hat ein Lernen auf der Ebene des Verhaltens ermöglicht. Wir lernen nie aus.

Persönlichkeiten und Personen verstehen lernen

Legen Sie die sieben Stufen als sieben Schritte auf dem Boden aus. Markieren Sie sie mit Zetteln. Vergegenwärtigen Sie sich nun eine Person, die Sie nicht verstehen können und in die Sie sich hineinversetzen möchten. Stellen Sie sich vor, daß jeder Schritt, den Sie von der Basis beginnend machen, Sie zu einem erweiterten Verständnis für die andere Persönlichkeit bringt.

Stellen Sie sich vor, daß das Lernen mit der Verankerung in der Umwelt beginnt, durch die verschiedenen Ebenen aufsteigt und schließlich durch mancherlei Prägungen *(imprints)* hingelenkt und wieder abgelenkt die Spitze erreicht, die wir alle als Möglichkeit in uns haben. Manche Menschen nutzen das Potential ihrer visionären Kraft wenig oder auch gar nicht, aber wir alle haben sie, und wenn sie aktiviert wird, wirkt sich das nicht nur auf unser eigenes Leben, sondern auch auf die Partner-Beziehung, in der wir leben, und auf die Gemeinschaft, in die wir eingebunden sind, aus.

Und nun betrachten Sie sich selbst wie jemand anderen. Vergegenwärtigen Sie sich alle Lernschritte, die Sie durchlaufen mußten, um so zu werden, wie Sie jetzt sind.

Stellen Sie sich als eine solche Lernpyramide vor, in der alles, was Sie je gelernt haben, in Stufen angeordnet vor Ihnen liegt. Beachten Sie die Abfolge der Lernschritte und geben Sie eventuell jeder Lernebene, die Sie durchschreiten, eine bestimmte Farbe, einen Geruch, einen Geschmack, einen Klang, einen Satz, ein Symbol, oder verbinden Sie sie mit einer bestimmten Erinnerung bzw. etwas, was Sie gelernt haben.

1. Lernschritt: Umwelt wahrnehmen. Stellen Sie sich vor, Sie haben nur Ihre Sinne. Noch bewegen Sie sich kaum, Sie nehmen nur wahr. Ihre Sinne sind ganz weit offen, Sie selbst sind weit und offen, und durch Ihre Sinne kommt die Welt zu Ihnen hinein. Was nehmen Sie wahr? Wie riecht diese Welt? Wie schmeckt sie? Wie schaut sie aus? Was für einen Eindruck können Sie gewinnen, auch wenn Sie sich kaum bewegen können und nur auf Ihre Sinne angewiesen sind? Was hören Sie? Versuchen Sie nur zu sehen, zu hören, zu fühlen, ohne die Bilder, die Geräusche, die Empfindungen und Gefühle zu deuten. Nehmen Sie nur wahr, was passiert, aber enthalten Sie sich aller Urteile und Deutungen. Nehmen Sie die Welt so wahr, als würden Sie sie jetzt zum ersten Mal durch Ihre Sinne erleben.

2. Lernschritt: Verhalten durch Reaktion ausbilden. Nun lernen Sie langsam ein Verhalten, das Ihnen ermöglicht, die Welt weiter zu erkunden. Sie »begreifen« langsam, was es da alles gibt in dieser Welt. Fassen Sie einen beliebigen Gegenstand so an, als wollten Sie ihn zum ersten Mal be-greifen. Versuchen Sie, sich nicht auf vorherige Lernerfahrungen zu beziehen. Können Sie sich in Ihr jüngeres Selbst hineinversetzen, in den Säugling, der nach den Dingen greifen will und es noch nicht kann, das Kleinkind, das schon besser gelernt hat zu begreifen und nun auch weiß, wie es sich verhalten muß, um die Dinge im Griff zu haben? Erinnern Sie sich daran, wie Sie bestimmte Verhaltensmuster lernten, beispielsweise zu krabbeln, sich aufzurichten, den Arm auszustrecken, die Treppen hinaufzuklettern und auch wieder hinunter, den sicheren Tritt zu finden? Das alles sind Verhaltensweisen, die Ihnen heute selbstverständlich sind und die Sie automatisch ausführen.

3. Lernschritt: Aktiv werden, agieren. Sie erinnern sich vielleicht auch, wie es war, erste Fertigkeiten zu erwerben, Fähigkei-

ten zu entwickeln wie Radfahren oder Schwimmen zu lernen, und plötzlich zu wissen: Ich kann es! Und vielleicht erinnern Sie sich auch an die Anfangsschwierigkeiten und an Ihre Gefühle, als Sie dachten: »Das lerne ich nie!« und doch nicht aufgaben, und dann erstaunt waren, daß Sie es plötzlich konnten. Wie stolz Sie waren! Wie anders die Welt aussah, nachdem Sie etwas Entscheidendes gelernt hatten!

4. Lernschritt: Wertvorstellungen entwickeln. Und nun kann es gut sein, daß Ihnen bestimmte Sätze dazu einfallen, Sätze des Lobes, die Sie von anderen gehört haben, die Sie direkt lobten oder die lobend über Sie sprachen. Und sicher gibt es da auch Erinnerungen, wo das Gegenteil der Fall war, und Sie erleben mußten, wie sich negative Sätze des Tadels, der Mißachtung, vielleicht sogar der Verachtung in Ihnen festsetzten, weil Sie sie immer wieder gehört hatten. Und Sie erlauben sich jetzt, diese Sätze noch einmal ganz bewußt anzuhören und zu erkennen, welche Auswirkungen die positiven, aufbauenden und auch die negativen, bedrückenden Sätze auf Sie hatten. Und Sie beobachten, wie Sie auch aus diesen Sätzen gelernt haben, wie Ihr Lernstil und Ihr Lernverhalten, Ihre Lust am Lernen, Ihre Bereitschaft und Fähigkeit davon beeinflußt wurden.

5. Lernschritt: Ichgefühl, Selbstbewußtsein und eine eigene Identität aufbauen. Und nun erleben Sie sich selbst als Gesamtergebnis dieses Lernprozesses. Alle Lernerfahrungen haben dazu geführt, daß Sie das sind, was Sie sind, vorausgesetzt, Sie identifizieren sich damit. Wie würden Sie sich nennen? Stimmt dieser Name mit Ihrem Selbstbild überein?

6. Lernschritt: von der konkreten Erfahrung abstrahieren und symbolisch denken. Suchen Sie sich einen positiv besetzten Phantasienamen und stellen Sie sich vor, Sie finden eine (neue) Familie, eine Gemeinschaft, eine Gruppe, in der Sie so genannt werden. Was macht Sie zu einem vollwertigen Mitglied dieser Gruppe? Wie fühlt es sich an mit dem neuen Namen innerhalb dieser neuen Zusammenhänge, in der neuen Ordnung, in die Sie eingebunden sind, so daß Sie einen ganz neuen Eindruck von sich selbst gewinnen? Wozu würden Sie am liebsten gehören? Und wie würden Sie dann heißen? Wer wären Sie nun? Und Sie bemerken, was für einen Unterschied es macht, unter dem einen oder anderen Vorzeichen, unter dem einen oder anderen Namen dazuzulernen, wie unterschiedlich die Art und Weise ist, in der Sie das Gelernte integrieren und für sich nutzen können oder auch nicht.

7. Lernschritt: durch Nachdenken über sich selbst (Selbstreflexion) zu einem übergeordneten Ganzen gelangen. Und nun machen Sie noch einen weiteren bedeutsamen Schritt ins Ungewisse und Unbekannte, dem Sie aber voller Vertrauen entgegengehen, weil Sie wissen, daß Sie immer weiter lernen, solange Sie leben. Und Sie lassen sich überraschen, was Ihr Unbewußtes Ihnen als Geschenk mitgeben will. Sie können sich auch vorstellen, die Tür geht auf und eine Woge des Lichts überflutet Sie, ein tiefer beruhigender und heller, klarer Klang durchströmt Sie, eine Berührung findet statt. Sie fühlen sich gerührt und berührt. Es geht nur um Sie selbst, aber auch um Ihre Person eingebunden in den Kontext. Denn nun steigen Sie die Ebenen wieder herab.

8. Lernschritt: Integration aller Lernschritte. Sie stellen sich die Pyramide vor, an deren Spitze Sie angekommen sind. Sie haben eine besondere Lernerfahrung als Geschenk empfangen und sind bereit, sich auf den Rückweg zu machen. Sie können sich das als Abstieg (wie von einem Berg herunter oder als Gang zurück)

vorstellen, wobei sich eine interessante Erfahrung ergibt, wenn Sie rückwärts in die jeweiligen Ebenen einsteigen, als wären die Ebenen nun dreidimensional. Sie könnten den Raum, der mit den jeweiligen Lernerfahrungen angefüllt ist, als ein Kraftfeld körperlich erleben. Stellen Sie sich vor, die Lernerfahrungen wären in flüssiger Form gespeichert, und Sie könnten darin baden oder sie als Zaubertrank zu sich nehmen. Vielleicht sind die Erfahrungen auch als Geruch gespeichert und lassen sich durch Riechen einverleiben. Oder es sind bunte Stoffe, die Sie sich umhängen, deren Farben Ihnen sofort alles Wissen wieder verfügbar machen. Oder es sind Klänge, Zauberklänge: kaum würden Sie sie hören, wären Sie schon in Kontakt mit dem, was Sie gelernt haben, und das ist viel mehr als Ihnen vielleicht bewußt ist. Und Sie hören diesen tiefen Baßton, der die Summe aller Lernerfahrungen in einem lang anhaltenden und angenehm schwingenden, summenden, weich umhüllenden Klang, einem Klangteppich vereinigt. Sie müssen sich nur daraufsetzen und schon fliegen Sie, wie magisch angezogen, mit Ihrem Zauberklangteppich in das Reich Ihrer geheimsten Visionen. Und Sie wissen, daß Ihnen alle diese Mittel, die Ihnen das Wissen jederzeit zugänglich machen, zur Verfügung stehen, wenn Sie sie brauchen. Und mit diesem Wissen um eine mögliche Fülle kommen Sie zurück in Ihren Alltag und verankern diese besondere Lernerfahrung in Ihrem Bewußtsein.

9. Lernschritt: die Integration auf sinnlicher Ebene vollziehen. Stellen Sie sich nun noch einmal die Lernpyramide vor. Sie sind langsam hochgeklettert und sind dann wieder durch die verschiedenen Ebenen hinuntergeschwebt. Noch sind die Eindrücke dieser Reise in Ihnen wach. Vielleicht gibt es Gerüche in der Nase, einen Geschmack im Mund, ein Bild vor Augen und eine Stimme in den Ohren, die Sie jetzt bereichert und erfüllt wieder auf der untersten Ebene der Umwelt ankommen läßt. Verlassen Sie sich jetzt nur auf Ihre Sinne: Wie nehmen Sie Ihre Umwelt jetzt wahr? Hat sich etwas verändert? Ist Ihr Blick anders geworden, das Hörvermögen, das Gefühl für sich selbst, für den eigenen Körper? Wie erleben Sie sich jetzt? Wie sehen Sie den anderen Menschen, an den Sie denken, wie erleben Sie die anderen Menschen, mit denen Sie Ihre Umwelt teilen?

10. Lernschritt: Kurzform für Fortgeschrittene. Durchlaufen Sie noch einmal alle Ebenen der Pyramide, ganz schnell, als wären Sie federleicht, fast körperlos und als wüßten Sie schon alles, was Sie auf den verschiedenen Ebenen gelernt haben und wollten sich nur daran erinnern, wie es sich anfühlt, auf so vielen Ebenen ständig lernen zu können und wie verschieden die Möglichkeiten und Arten des Lernens sind. Durchfliegen Sie sie, und schweben Sie, wenn Sie an der Spitze angekommen sind, im Gleitflug wieder nach unten, durch die verschiedenen Lernebenen hindurch. Lernen Sie, sich innerhalb dieser Räume zu orientieren. Lernen Sie, den ganzen Prozeß des lebenslangen Lernens zusammenzufassen und so zu verdichten, daß Sie einen Schritt davon Abstand nehmen und ihn aus der Perspektive eines Beobachters (Meta-Position) betrachten könnten. Oder Sie könnten ihn zu einem einzigen Begriff zusammenfassen und ihn kurzerhand »Mein Lebenslernprozeß« nennen. Das hätte den Vorteil, daß Sie darüber denken und reden können wie über ein Ding, eine Tatsache, einen Begriff. Sie können sich selbst mehr und mehr einen Begriff davon machen, was es für Sie heißt, lebenslang zu lernen, und welche positiven Auswirkungen dies auf Ihren Alltag hat.

Das Leben als Raum des Lernens

Durch die vorangegangene Übung hat sich Ihnen eine neue Sichtweise eröffnet, mit der Sie auch andere Menschen betrachten können. Sie können voraussetzen, daß bei allen Menschen das Lernen ähnlich organisiert ist wie bei Ihnen. Wenn Sie nun Menschen beobachten oder an Menschen denken, stellen Sie sich also vor, jeder Mensch würde über eine ähnliche Pyramide verfügen wie Sie. Dabei ist Ihnen klar, daß dies nur ein Modell ist, das Ihnen aber hilft, die Gemeinsamkeiten zwischen Ihnen und den anderen herauszufinden – vor allem wenn es sich um einen Menschen handelt, der Ihnen eigentlich sehr fremd ist. Je höher Sie jedoch in der Pyramide steigen, desto mehr Gemeinsames können Sie entdecken. Auch wenn Sie zu einer ganz anderen Gruppe gehören als dieser Mensch, so haben Sie beide doch das Bedürfnis nach Zugehörigkeit. Wenn Sie nun stellvertretend für den anderen den Schritt in die Dimension des Geistigen tun, ist jedes Getrenntsein aufgehoben. Die mystische Erfahrung lehrt uns, daß der Geist die Eigenschaft hat, Einheit herzustellen – eine Einheit, die hinter oder über den vordergründigen Unterschieden steht. Diese Einheit ist auch als Energie zu spüren. Sie kann sich als Gefühl und/oder Körpergefühl (Empfindung) vermitteln. Es ist schwer, dafür Begriffe zu finden. Aber die großen spirituellen Traditionen haben diese Zustände oder Eigenschaften durch die drei Worte Kraft, Liebe und Weisheit (Gott Vater, Sohn und Heiliger Geist) gekennzeichnet. Man muß jedoch keineswegs daran glauben, um sein Leben unter diesen spirituellen Aspekten zu erleben. Ich kann mir auch einen sinnlichen Eindruck von dieser spirituellen Dimension machen, selbst wenn ich davon ausgehe, daß es sie gar nicht gibt. Es macht nämlich einen Unterschied, ob ich mir an der Spitze jeder individuellen Lernpyramide ein leuchtendes Licht, eine strahlende, wärmende Sonne, einen Glockenklang oder das Tönen einer angenehm allgegenwärtigen Stimme vorstelle oder einen dunklen unbewohnten Raum. Und es verändert meine Gedanken über eine andere Person, wenn ich mir vergegenwärtige, daß der Kontakt mit der spirituellen Instanz sich wohltuend auswirkt, sei es als Weisheit, sei es als Liebe oder als machtvolle Energie. (Energie heißt wörtlich: wirkende Kraft – sie ist also genau das, was wir brauchen, wenn wir wirklich Einfluß nehmen und etwas verändern wollen.) Die Einsicht, daß jeder Mensch ein höheres Selbst hat, ist die Krönung alles Lernens. Wenn ich einen Menschen verstehen will, kann ich mich mit seinem höheren Selbst verbinden. Selbst wenn sich dieser Mensch als etwas Besonderes betrachtet und das auch betont. So weiß ich doch, daß es solche Abgrenzungen in den spirituellen Dimensionen nicht mehr gibt. Um so mehr werde ich aber ein feines Gefühl für die Abgrenzungen im Kontakt und alltäglichen Umgang mit anderen entwickeln. Das ist die Achtsamkeit und der Respekt, der die Basis aller gelungenen Kommunikation ist.

Wege zum Unbewußten durch Trance

Der Erfolg der NLP-Techniken beruht auf dem gekonnten und eleganten Umgang mit Trance-Zuständen. Geführte Trancen (Trance-Induktionen) werden eingesetzt, um tiefer in Kontakt mit sich selbst, mit dem eigenen Unbewußten, mit dem eigenen Körper zu kommen. Viele Informationen, über die wir eigentlich verfügen, sind uns nicht zugänglich, weil sie uns unbewußt sind. Durch Trance können wir den Zugang zu diesem Wissen finden, das durch innere Suchprozesse abrufbar ist. Diese Suchprozesse verlaufen auf unbewußter Ebene, es sind offene Prozesse, deren Ergebnisse das Bewußtsein nicht erzwingen kann.

Kreativität und Intuition ebenso wie visionäre Einsichten sind ein Produkt solcher inneren Prozesse der Informationsverarbeitung. Durch angeleitete, kontrolliert und bewußt induzierte Trancen können solche Prozesse ausgelöst, unterstützt und beschleunigt werden. Im Grunde geschieht da etwas ähnliches wie im »normalen«, rational ausgerichteten und fokussierten Denken, insofern als Denken die Art der Informationsverarbeitung ist, die wir kennen und anerkennen. Immer mehr jedoch erschließt sich der Wert des »unbewußten Denkens« und wird auch da eingesetzt, wo bislang ausschließlich die Vernunft regierte, in lösungsorientiertem Vorgehen, bei Konflikten, bei Entscheidungen, auf der Suche nach neuen Ideen und Möglichkeiten. Dies betrifft das Kreativitäts-Training, die Ausbildung von Intuition und emotionaler Intelligenz, von visionärem Denken und den Umgang mit Chaos.

Sie können die NLP-Techniken, wie sie hier beschrieben werden, für sich nutzen, indem Sie sie als Trance-Induktionen auf Band sprechen und als Selbsthypnose anwenden.

Dabei haben Sie die Möglichkeit, sich selbst in Trance zu versetzen. Stellen Sie sich vor, Sie führen dabei Regie, wie Sie in Trance gehen, fallen, in Trance sind und wie Sie wieder aus der Trance herauskommen.

1. Nehmen Sie eine bequeme Haltung ein, so daß alle Muskeln des Körpers entspannen können. Wenn Sie nicht entspannen können, spannen Sie alle verspannten Muskeln kräftig an, und lassen Sie einen Muskel nach dem anderen los. Verbinden Sie das Loslassen mit einem Seufzen, Ächzen, mit einem Ton, der Ihnen signalisiert, daß etwas aus Ihnen herausfließen kann und abfällt.
2. Entspannen Sie besonders Ihr Gesicht. Schneiden Sie Grimassen, und entspannen Sie dann ganz bewußt die Gesichtsmuskeln. Streichen Sie mit der Hand von oben nach unten über Ihr Gesicht, als würden Sie eine Maske abnehmen. Stellen Sie sich vor, wie Ihnen die Maske abgenommen wird. Sie brauchen sie jetzt nicht. Atmen Sie dabei tief durch. Atmen Sie aus.
3. Konzentrieren Sie sich nur auf den ruhigen, gleichmäßigen Atemfluß, das Kommen und Gehen des Atems. Seufzen Sie wie ein Kind im Schlaf noch einmal auf, um sich dann noch mehr dem kontinuierlichen Strom des Atems zu überlassen.
4. Lassen Sie die Augenlider schwer werden, schwer und weich. Entspannen Sie den Fokus des Blicks, lassen Sie die Welt verschwimmen, sich an den Rändern auflösen, lassen Sie die blinden Flecken zu, Sie müssen nicht alles genau sehen und erfassen. Sie müssen nichts begreifen durch den Blick, Sie müssen sich nicht an der Welt festhalten durch das Sehen. Sie können die Welt loslassen. Sie ist da, auch wenn Ihre Lider schwer werden und die Augen sich schließen wollen. Lassen Sie die Tränen zu, lassen Sie die Welt fließen, tauchen Sie ein in den Fluß, der Sie trägt.
5. Genießen Sie diesen ungewöhnlichen Zustand des inneren Abstands und der Gelassenheit. Sie müssen nicht immer mit allem zu tun haben, Sie müssen sich nicht immer mit allem identifizieren. Es gibt Aus-Zeiten, und jetzt ist eine solche Zeit, in der Sie den Körper einfach ablegen können.
6. Erlauben Sie sich kleine unwillkürliche Bewegungen, die sich einstellen, wenn Sie noch tiefer entspannen. Das können Bewegungen des Schüttelns, des Ruckens und Zuckens sein. Nehmen Sie diese kleinen Bewegungen als Anzeichen dafür, daß Sie in Trance sind – auch wenn Sie es selbst nicht glauben.

Tips für die erfolgreiche Selbsthypnose:

1. Geben Sie sich selbst einen Rahmen für die Trance, setzen Sie sich eine zeitliche Be-

grenzung (5 bis 10 Minuten, auf keinen Fall mehr als 15 Minuten).
2. Sorgen Sie dafür, daß Sie während der Trance nicht gestört werden, wenn Sie mit veränderten Bewußtseinszuständen experimentieren. Geben Sie sich genügend Vertrauensvorschuß. (Reden Sie sich nicht ein, daß »das« zu nichts führen wird, blöd ist, Zeitverschwendung ist, etwas für Leute ist, die nichts Besseres zu tun haben.) Machen Sie das Experiment, oder lassen Sie es. Aber wenn Sie das Experiment machen, geben Sie sich selbst die besten Karten.
3. Zählen Sie sich in die Trance hinein, um sich aus der Trance auch wieder herausholen zu können, indem Sie zurückzählen. Das gibt dem Unbewußten klare Anweisungen. Es ist gut, wenn immer dieselbe Zahlenfolge verwendet wird, beispielsweise von 1 bis 10 zählen, um in die Trance hineinzugehen und von 10 bis 1, um aus der Trance zurückzukehren in den Alltag. Mit dem Wort Eins verbindet sich dann die Suggestion, klar und frisch wieder ganz da zu sein. Wiederholen Sie das Wort Eins dreimal.
4. Wenn Sie kein Gefühl für Zahlen oder gar ein negatives Verhältnis dazu haben, stellen Sie sich vor, Sie würden ein Treppe hinunter (in das Unbewußte) gehen, abtauchen, sinken, driften. Wenn Sie aus der Trance herauskommen, sehen Sie sich hochsteigen, auftauchen, wie Luftblasen an die Oberfläche zurückgelangen. Natürlich können Trancen auch als Höhenflüge erlebt werden, aber erfahrungsgemäß ist es am Anfang meist ein Absteigen und am Schluß, wenn es zurück in den Alltag geht, ein Hochkommen. Das (ernüchternde) Aufkommen auf dem Boden der Tatsachen kann ein sehr angenehmes Gefühl sein, wenn Sie es dazu machen. Es kann ein bestimmtes Körpergefühl sein, ein leichter Ruck, der sich durchaus erfrischend und klärend auswirkt. Er bewirkt, daß Sie tief durchatmen, sich räkeln und strecken, vielleicht die Hände reiben wollen. Wiederholen Sie die Bewegung »Aufkommen auf dem Boden« (z. B. ein Stampfen oder Durchschütteln) dreimal oder klatschen Sie dreimal in die Hände.
5. Beenden Sie Ihre Selbsthypnose. Achten Sie darauf, daß Sie wirklich wieder ganz im Alltagsbewußtsein angekommen sind. Es ist wie das Erwachen aus einem Traum: Reiben Sie sich die Augen. Schalten Sie um. Stellen Sie sich wieder auf die Anforderungen der Alltagswirklichkeit ein. Ziehen Sie sich Ihre Maske, Ihre Identität als abgegrenztes, individuelles Wesen wieder ganz bewußt an, auch wenn es noch so schön war, sich im Universum aufzulösen.

Trance ist das Ergebnis einer erfolgreichen Zusammenarbeit mit dem Unbewußten. Was auch immer Sie über Trance gehört haben, vergessen Sie es für den Zeitraum, in dem Sie eine Trance für sich nutzbar machen wollen. Treffen Sie eine wichtige Vereinbarung mit sich selbst, dem Partner oder mit der Gruppe, mit der Sie sich eine Trance erarbeiten wollen.

Gehen Sie von dem Bestmöglichen, das Sie sich vorstellen können, aus und definieren Sie das Unbewußte als einen Hort der selbstorganisierenden Weisheit, der Selbstheilungskräfte, der ökologischen Balance, der ungeahnten Kräfte und Potentiale, des Reichtums, der Kreativität. Finden Sie ein Symbol oder eine Metapher für diese Schätze, wie Schatztruhe, Jungbrunnen, magischer See der Verwandlung. Gehen Sie davon aus, daß dieses Symbol, diese Metapher im Rahmen der Trance wirksam und sich zu Ihrem Besten auswirken wird. Und nun eruieren Sie die Details der Trance, in die Sie gehen möchten. Fragen Sie nach dem Thema, das Sie bewegt und das Sie in Ihrer Trance behandelt wissen möchten.

Schritte zu einer maßgeschneiderten Trance:

1. DEFINITION. Definieren Sie folgende Begriffe für diesen Kontext, auch wenn Sie die Begriffe sonst anders definieren würden.
   – Trance = Kontakt mit dem Unbewußten.
   – Unbewußtes = ein Hort der Weisheit, Heilung, ökologischen Balance.
2. METAPHER. Finden Sie ein Symbol, eine Metapher, einen Mythos, der die Weisheit, den Reichtum, die Heilungskräfte zusammenfaßt und prägnant ausdrückt.
3. THEMA. Finden Sie nun heraus, was Ihr Thema sein soll. Welches Problem, welche Aufgabe oder Herausforderung beschäftigt Sie gerade? Welchen Schritt innerhalb Ihrer Entwicklung müssen Sie machen? Gibt es einen Wunsch, ein Ziel, dem Sie nachgehen wollen? Eine Vision, die Sie verwirklichen möchten? Vergegenwärtigen Sie sich schon jetzt, wie Sie sich nach Beendigung der Trance fühlen möchten. Welches ist der beste Zustand, in den Sie geraten möchten?
4. KONTEXT. Wo, in welcher Situation, an welchem magischen Platz in Ihrer Vorstellung oder an welchem positiv besetzten Ort in Ihrer Erinnerung möchten Sie die Trance beginnen lassen? Vielleicht gibt es einen ganz bestimmten Kontext, innerhalb dessen Sie sich selbst die größten Entwicklungschancen einräumen. Dies kann eine Umwelt in Ihrer Wunschwelt, in Ihrer Phantasie sein oder in einem märchenhaften, mythischen Kontext geschehen. Wo beginnt es? Wo sind wir, wenn wir in unsere Trance-Geschichte eingestiegen sind?
5. SINNESSPEZIFISCHE BESCHREIBUNG. Wie würden Sie diesen Ort, an dem Sie sein wollen, beschreiben? Achten Sie auf eine sinnesspezifische Beschreibung – was genau sehen, hören, schmecken, riechen und fühlen Sie? Malen Sie ein Bild, schreiben Sie ein Drehbuch, komponieren Sie eine Symphonie oder nehmen Sie mit einem Tonbandgerät jene Geräusche auf, die Sie am liebsten in Ihrer Trance hören möchten. Finden Sie Worte, die diese sinnesspezifischen Details beschreiben – Stichworte, Schlüsselworte, die in Ihrer Vorstellung sofort die ganze Szenerie lebendig werden lassen, sobald Sie sie hören.
6. VERHALTENSÄNDERUNG. Nachdem Sie nun in den Kontext Ihrer Trance eingestiegen sind, beginnt die eigentliche Geschichte. Etwas geschieht. Und es ist anders als sonst. An diesem Geschehen erkennen Sie, daß die Geschichte sich in der gewünschten Richtung entwickelt und Sie jetzt schon Anzeichen einer positiven Entwicklung erkennen können. Im Märchen oder Mythos ist es das Verhalten, das sich verändert. Es setzt sich ab von der üblichen und gewohnten Verhaltensweise. Der Held, der bis jetzt noch keiner war, betritt die Bühne und gibt sich zu erkennen als jemand, der etwas Besonderes tut. Woran würden Sie in Ihrem Verhalten erkennen, daß Sie einen entscheidenden Schritt in Ihrer positiven Entwicklung getan haben? Was wäre anders?
7. FÄHIGKEITEN. Geben Sie den Fähigkeiten, den Tugenden und Kräften, die Sie in Ihrer Trance erfahren, wecken, erinnern, vergegenwärtigen und verstärken wollen, einen Namen. Finden Sie passende Begriffe, die in Ihnen sofort eine adäquate Vorstellung wachrufen. Sie können dabei nominalisieren, also einen Prozeß, der durch einzelne Akte und Aktionen, durch Verhaltensweisen und Handlungen bestimmt ist, zusammenfassen und ihm einen Namen geben. Diese Namen (Nominalisierungen) sind dann wie Beschwörungsformeln, die Sie in Ihrer Trance nennen, um positive Vorstellungen und Leitbilder für sich nutzbar machen.

8. ENTSCHEIDUNG FÜR WERTE. Kommen Sie zum Kernstück der Trance. Nun geht es um die Affirmationen, die Sie hören und für sich wirksam werden lassen wollen. Welche Werte werden für Sie maßgebend sein, um Ihre Entwicklung in der gewünschten Richtung auszurichten? Welche Ideale, welche Motive, welche Vorbilder und Leitbilder bewegen Sie? Sie können sich jetzt entscheiden, wie Sie sich ausrichten möchten. Was soll in Zukunft für Sie ausschlaggebend sein? Nach welchen Kriterien werden Sie entscheiden, und welche Prioritäten werden Sie setzen? Im Märchen gibt es die wunderbare Formel: »Da faßte er sich ein Herz.« Mut als Folge einer Entscheidung, die der Held trifft, wird im Herzen gefühlt. Da ist beispielsweise ein Gefühl, daß im Lande Not herrscht und es so nicht weitergehen kann. Der Held entscheidet sich, etwas zu tun, koste es, was es wolle, denn diese Angelegenheit ist ihm so wichtig, daß er sogar sein Leben aufs Spiel setzt. Affirmationen sind Formeln, die diese inneren, im Herzen getroffenen Entscheidungen bestätigen. Sie wirken wie Zauberformeln, die von dem besseren, mutigen, zuversichtlichen Ich oder dem Helden-Ich an das Unbewußte weitergeleitet werden, damit das Unbewußte alle Kräfte aktivieren und einsetzen kann. Das Unbewußte braucht keine genauen Anweisungen, um hilfreich zur Seite stehen zu können.

9. DIE IDEALE IDENTITÄT. Das Helden-Ich identifiziert sich mit seinen zukünftigen Heldentaten. Durch diese Identifizierung werden die Potentiale aktiviert, die im Unbewußten nur darauf warten, herausgefordert zu werden. Positive Eigenschaften und Fähigkeiten (Ressourcen) kommen erst dadurch zum Einsatz. Finden Sie nun für sich ein Symbol, eine Metapher oder einen Mythos, der Sie motiviert. Stilisieren Sie Ihre Identität in eine Richtung, die etwas über den gewünschten Stil in Ihrem Alltag aussagt. Lassen Sie sich von Ihrem Unbewußten beschenken, indem Sie nun bereit sind, ein solches Symbol, eine Gestalt, einen Typ oder Archetyp, der aus der Tiefe Ihres Unbewußten aufsteigt, anzunehmen. (Dazu gehören auch Gestalten aus dem kollektiven Unbewußten, etwa Gottheiten und Engel oder Gestalten aus dem archaischen Selbst, etwa Krafttiere und Naturgeister.)

10. SYMBOL – METAPHER – MYTHOS – RITUAL. Zeichnen, gestalten Sie Ihren Mythos, der Sie beeinflussen wird. Singen und rezitieren Sie, schauspielern Sie, versetzen Sie sich in die Rolle, ahmen Sie die entsprechenden Bewegungen nach, finden Sie eine typische Haltung. Vielleicht gibt es eine bestimmte rituelle Handlung, die diese Gestalt als Idealgestalt ausweist. Finden Sie eine typische Handlung, vielleicht ist es nur eine Geste. Diese wird dann ein Ritual für Sie sein, das Ihnen Ihr Unbewußtes geschenkt hat und das Sie vollziehen können, wann immer Sie im Alltag der Hilfe Ihrer Ressourcen und Ihres hilfreichen Unbewußten bedürfen. (Im Märchen wird ein magischer Ring gedreht.)

11. RÜCKKEHR. Denken Sie nun an Ihre Rückkehr. Es gibt Anzeichen dafür, daß die Trance ihren Zweck erfüllt und das Unbewußte den Auftrag angenommen hat. Vielleicht fühlen Sie sich entspannt, gesättigt, gestärkt oder ermutigt. Notieren Sie diese Beschreibungen für gewünschte Zustände, in denen Sie sich nach der Trance befinden möchten und finden Sie ein Codewort, das diese Qualitäten zusammenfaßt. Machen Sie sich den Kontext, innerhalb dessen Sie in Trance gegangen sind, bei Ihrer Rückkehr wieder bewußt. Steigen Sie bewußt in Ihre alltägliche Gegenwart ein. Wo sind Sie? Wieviel Uhr ist es? Welches Datum haben wir?

12. FUTUTE-PACE UND ÖKO-CHECK. Setzen Sie vorher den Rahmen für Ihre Trance, in der Sie ungestört sein möchten. Nach Ihrer Rückkehr achten Sie darauf, daß die Trance »offiziell« abgeschlossen ist und überlegen Sie sich, wie sich die Trance in Ihrem Alltag auswirken soll. Bedenken Sie kurz diese Auswirkungen, die sich in Zukunft einstellen werden, und fragen Sie sich, ob die Konsequenzen des Auftrags, den Sie an Ihr Unbewußtes gegeben haben, »unterschreiben« können. Es kann sich dabei herausstellen, daß Sie größtenteils damit einverstanden sind, aber vielleicht ein Teil in Ihnen sagt, daß er Einwände hat. Diese Einwände können dann mit anderen NLP-Techniken behandelt bzw. ausgehandelt werden (siehe Verhandlungsmodell des NLP-Konfliktmanagements, S. 97).

Wege aus der Alltagstrance

Die alltägliche Erfahrung zeigt, daß nicht alle Trance-Zustände nützlich sind. Wer kennt sie nicht, jene Alltagstrance, in der wir stundenlang auf der Autobahn fahren, jedoch in der falschen Richtung? Oder wir verpassen die richtige Ausfahrt. Wir fahren den gewohnten Weg zur Arbeit, obwohl wir eigentlich ganz woanders hinfahren wollten. Um die verschiedenen Trance-Zustände unterscheiden zu können, bietet sich folgendes Modell an:

Das Modell unterscheidet zwischen den Ebenen willkürlich und unwillkürlich (Ich – Unbewußtes) und zwischen den Qualitäten eng und weit (Fokus).

a) willkürlich, kontrolliert, bewußt, Ich-Ebene
b) unwillkürlich, unkontrolliert, unbewußt, Es-Ebene
c) enger Fokus (Lichtstrahl)
d) weiter Fokus (Streulicht)

Dadurch ergeben sich vier verschiedene Zustände des Bewußtseins:

1. Konzentration auf eine Sache, das sogenannte Wachbewußtsein
2. zwanghafte Fixierung auf eine Sache; »Tunnelvision«, Besessenheit
3. kreatives, intuitives Angehen einer Sache; Offenheit und Weite
4. Überflutung durch unbewußte Inhalte; Traumbewußtsein

Die Alltagstrance kann eine Fixierung (2), ein traniger Zustand (3) oder ein Abgleiten in Illusionen und Tagträume (4) sein. Auch das Wachbewußtsein (1) kann eine Trance sein, nämlich eine Illusion, im sogenannten Wachbewußtsein wirklich wach zu sein. Das Erwachen aus der Trance des Lebens ist das Anliegen von Meditation.

Das NLP bietet Techniken an, die das Erwachen aus den ganz gewöhnlichen Alltagstrancen fördern. Es sind vorwiegend Techniken, die durch den achtsamen Gebrauch der Sprache wirksam werden. Unsere Sprache spiegelt die Vorstellung, die wir uns von der Welt machen. Gleichzeitig bestimmt das Modell der Welt unsere Sprache und kann darin erkannt werden. Diese Zusammenhänge geben sich jedoch nur dem zu erkennen, der als Beobachter außerhalb des Geschehens steht. Das altgriechische Präfix *meta* deutet diese Beobachter-Position an. Daher der Name der NLP-Technik »Meta-Modell«. Sie wird zur Rückgewinnung von Informationen eingesetzt, wenn die sprachliche Repräsentation nicht ausreicht, um die Wirklichkeit zu beschreiben, da unsere Sprache die Wirklichkeit nicht analog wiedergibt, sondern in ein Abbild, das auf das Wichtigste beschränkt ist, überträgt. Die Sprache erfaßt nur die Oberflächenstruktur, der Rest ist Andeutung. Meistens reicht die Andeutung aus, um dem Gegenüber die dahinterstehende Bedeutung zu erschließen, denn es besteht ein Konsens darüber, was bestimmte Worte, die im Grunde nur Kürzel sind, bedeuten. Ist jedoch dieser Rahmen des kulturabhängigen Konsens nicht gegeben, dann ist die Information unvollständig und Sprache nicht geeignet, um Information zu vermitteln. Sprache wird dann zur Falle und birgt die Gefahr, ein falsches oder unvollständiges Bild von der Wirklichkeit zu vermitteln, wobei dieses Bild mit seiner fixierten Bedeutung einer unmittelbaren Erfahrung im Weg stehen kann. Mißverständnisse entstehen und richten Schaden an. Außerdem gerät Sprache in den Verdacht, reine Theorie zu bleiben.

Das Meta-Modell mit seinen präzisierenden Fragen zeigt eine Möglichkeit auf, sich Gedanken darüber zu machen, was eigentlich wirklich geschehen ist und was tatsächlich wahrgenommen wurde. Dieses Hinterfragen des sprachlichen Ausdrucks führt zu einer gewissenhaften, selbstkritischen und reflektierenden Haltung. Das Hinterfragen kann das Denken enorm anregen und zu einem lebendigen Suchprozeß werden lassen. Es kann allerdings nicht die Tiefe und Intensität des Erlebens wiedergeben. Das Hinterfragen geschieht in einem dissoziierten Zustand und bewährt sich vor allem dort, wo eine allzu starke Assoziation oder Identifika-

Präzisierende Fragen

Fragen Sie bei unspezifischen Subjekten: Was? Wer?
Beispiele: Alles ist mir zuviel. – Was genau?
Keiner liebt mich. – Wer genau?
Fragen Sie bei unspezifischen Verben: Wie? Was?
Beispiele: Er berührte mich. – Wie genau?
Ich glaube/weiß nicht. – Was genau?
Fragen Sie bei Regeln: Was wäre wenn? Woran würden Sie es merken, wenn es eine Ausnahme gäbe?
Beispiele: Es geht nicht anders. Es ist so. – Was hindert mich daran, etwas anderes zu probieren? Was würde geschehen, wenn es anders ginge?
Fragen Sie bei Verallgemeinerungen: Wirklich immer? Wirklich alle? Überall?
Beispiele: Immer muß ich das machen. Alle wollen das. Überall ist es dasselbe.
Fragen Sie bei Kausalitäten: Wie genau bewirkt die Ursache die Wirkung?
Beispiel: Das macht mir Kopfweh. – Wie kommt es, daß ich meine, daß das der Grund meines Kopfwehs sei?
Fragen Sie bei nicht überprüften Äquivalenzen: Wieso bedeutet A dasselbe wie B?
Beispiel: Ich bin wie mein Vater. – Wie komme ich auf diesen Vergleich?
Fragen Sie bei Vergleichen: Im Vergleich wozu genau? Worauf bezieht sich die Aussage? Welches ist das Ursprungserlebnis, und wie ist es internalisiert worden?
Beispiel: Ich arbeite, als wollte ich ein Faß ohne Boden füllen. – Wieso ist diese Arbeit ein Faß ohne Boden? Was macht diese Arbeit zu einem Faß ohne Boden?
Fragen Sie bei Vorannahmen: Was läßt Sie das annehmen? Woher wissen Sie das so genau?
Beispiel: Ich nehme an, daß es jetzt wieder losgeht. Sicher geht es jetzt wieder los.
Fragen Sie beim »Gedankenlesen«: Wie kommt es, daß Sie besser wissen, was ich weiß, als ich selbst?
Beispiel: Ich weiß, was er jetzt denkt. – Woher weiß ich das?
Fragen Sie bei »verlorenen Zitaten«: Wer sagt das? Wo steht das geschrieben?
Beispiel: Wie man so schön sagt. – Wer sagt …? Wo steht …?

tion mit dem Erlebten negative Auswirkungen hat.

Das Hinterfragen unvollständiger Aussagen hilft, das Modell der Welt zu erweitern und reicher zu machen. Dies gilt vor allem für die eigene Person. Bevor ich anfange, andere Menschen mit Meta-Fragen zu bombardieren, kann ich bei mir selbst beginnen, meine eigene Kommunikation und damit mein Denken, mein Fühlen, mein Erleben und die Vermittlung dessen zu klären. Das Meta-Modell hilft mir, Informationen zu gewinnen, die Grenzen im eigenen Weltmodell zu erkennen, das Repertoire an Wahlmöglichkeiten zu erweitern, mehr Weltmodelle für möglich zu halten und rundherum offener, weiter, flexibler zu werden. Sprache ist ein Spiegel des Denkens. Das Denken bezieht sich auf den Umgang mit Gefühlen und die Art, wie wir uns fühlen. In Fühlung mit der Welt zu sein und zu bleiben, setzt eine wache Wahrnehmung voraus, die mehr Wahrheiten aufnehmen kann als nur die, die wir gewohnt sind. Unsere Sprache ist durchsetzt von Aussagen, die erklärungsbedürftig sind.

Selbsterkenntnis durch Beobachtung der eigenen Meta-Programme

Meta-Programme zeigen auf, wie unsere Wahrnehmung und unser Verhalten programmiert bzw. vorsortiert ist. Sie sind die Programme, die hinter den Programmen, und die Strategien, die hinter den Strategien stehen. Meta-Programme sind innere Strukturen, die bei der Verarbeitung und Speicherung von Information durchlaufen werden, um die Fülle des Erlebten zu »sortieren« *(sorting styles)*. Sie sind Filter der Wahrnehmung und wiederkehrende Charakteristika eines Menschen, die sich in vielfältigen Lebensbereichen und Verhaltensweisen offenbaren. Die Programme sind durch prägende Erfahrungen *(imprints)* entstanden und formen die Persönlichkeit. Das NLP bietet die Möglichkeit, die Flexibilität in bezug auf gewohnte Muster zu erhöhen, die grundlegenden Muster der Persönlichkeit bewußt zu machen und bei Bedarf zu verändern und zu erweitern.

Erkennen Sie, welche Programme Sie bestimmen:

– Wie motivieren Sie sich?

Sind Sie ein zielbewußter Typ, der immer etwas erreichen will und anstrebt, seine Visionen zu verwirklichen (»Hin-zu-Programm«)? Werden Sie magisch von Ihrem Ziel angezogen (Sogwirkung)? Oder sind Sie damit beschäftigt, das Schlimmste zu verhindern und streben weg davon, was auch immer Ihnen Angst macht (»Weg-von-Programm«)? Dann fühlen Sie sich nicht angezogen, sondern eher von Ängsten getrieben und gejagt (Schubwirkung). Wollen Sie Positives erreichen oder Negatives vermeiden, sind Sie eher lust-orientiert oder pflichtbewußt?

– Was treibt Sie an?

Hören Sie lieber auf Einladungen und Vorschläge und auf die Worte »wollen«, »dürfen«, »können«, oder kommen Sie erst dann in die Gänge, wenn Sie unter Druck stehen und sollen bzw. müssen? Gefällt es Ihnen, unter Möglichkeiten auswählen zu können, oder brauchen Sie den Druck, der aus der Notwendigkeit erwächst?

Handeln Sie aus eigener Entscheidung oder eher fremdbestimmt und von außen gedrängt?

Leben Sie vor allem für sich selbst, für andere, für eine Gruppe, die Familie, ein Team? Setzen Sie sich um einer Sache oder um der Menschen willen ein? Sind Sie öfter beteiligt oder beobachtend? Gestalten Sie Ihre Unternehmungen eher allein oder gemeinsam? Machen Sie sich von den Bedürfnissen, Meinungen und Entscheidungen anderer abhängig oder steht bei Ihnen Unabhängigkeit an erster Stelle?

– Wie verarbeiten Sie Informationen und Erlebnisse?
Verschaffen Sie sich lieber zunächst einen Überblick und informieren Sie sich dann über die Einzelheiten? Oder werden Sie gleich konkret? Formulieren Sie Ihre Aussagen eher allgemein und abstrakt oder werden Sie gerne spezifisch? Sind übergeordnete Punkte des Themas wichtig oder gehen Sie sofort ins Detail? Sprechen Sie metaphorisch, symbolisch, abstrakt oder verwenden Sie viele Beispiele, um möglichst anschaulich zu sein. Ist Ihre Sprache bildhaft? Achten Sie auf Logik? Beachten Sie das Thema oder gehen Sie zu den einzelnen Punkten über? Verarbeiten Sie Informationen »digital«, indem Sie Inhalte in Begriffe und Symbole übersetzen, oder geben Sie den Inhalt so wieder, wie Sie ihn »analog« aufgenommen haben? Machen Sie große Schritte in der Informationsverarbeitung und kommen sehr schnell zu abstrakten Theorien? Oder bevorzugen Sie die kleinen Schritte, die auf die feinen Unterschiede achten? Fragen Sie sich oft danach, was Sie vermißt haben und bemerken sofort Mängel? Vergleichen Sie viel? Oder achten Sie darauf, was ist dem, was Sie kennen, ähnlich, was stimmt mit dem überein, was Sie erwartet haben? Gehen Sie von dem aus, was da ist, oder was noch da sein könnte, aber nicht da ist, also fehlt? Ist Ihnen die Übereinstimmung mit den anderen und die Harmonie unter den Beteiligten wichtig oder betonen Sie die Unterschiede, gehen Sie gerne in Opposition? Bestätigen Sie das Vorhandene oder denken Sie gerne in Gegensätzen? Wenn Sie eher ein Genießer sind, fokussieren Sie wahrscheinlich das, was vorhanden ist und gehen davon aus, daß es reicht. Sie erleben das, was Ihnen geboten wird, als etwas Vollständiges. Wenn Sie einen Hang zur Kritik haben und das Negative fokussieren, haben Sie vielleicht nie genug und finden immer noch etwas, was Sie bemängeln können. Alles ist unvollständig und nicht perfekt. Es könnte immer noch besser sein. Dann wirken Sie auf die anderen wohl auch eher als jemand, der Trennungen und Unterscheidungen bevorzugt, anstatt, wie der Genießer, verbindend und integrierend zu wirken. Sie neigen dazu, jemanden vor die Wahl zu stellen und ihn mit einem »entweder – oder« zu konfrontieren, statt ein »sowohl – als auch« einzuräumen.

– Wie erleben Sie lebendige Prozesse?
Fragen Sie sich zwischendurch: »Wo stehe ich jetzt?« oder bedenken Sie mögliche Alternativen und fragen sich: »Habe ich die Wahl?« und »Könnte ich auch etwas anderes tun?« Ist Ihnen wichtiger zu wissen, wie Sie vorgehen und konzentrieren Sie sich auf den Prozeß oder beachten Sie auch während Ihres Involviertseins in einen Prozeß andere Optionen und fragen sich »Was wäre außerdem möglich?« Fragen Sie nach dem nächsten Schritt und danach, was jetzt ansteht oder was es sonst noch gibt? Fragen Sie sich also eher: »Was mache ich als erstes?« oder »Was steht mir sonst noch zur Verfügung?« Führen Sie immer alles zu Ende oder entscheiden Sie sich mittendrin auch einmal neu, wenn Sie plötzlich nicht mehr sicher sind, ob der eingeschlagene Weg der richtige ist? Nach welchem Muster sind Sie gestrickt? »Wiederholung des Gleichen« oder »Abwechslung suchend«? Schätzen Sie Vieles, Gleiches oder Ähnliches oder achten Sie auf Weniges, dafür Besonderes?

Beobachten Sie nun die Abfolge Ihrer Gedanken. Bevorzugen Sie es, daß eins nach dem anderen kommt und alles der Reihe nach geht oder können Sie mehrere Gedanken gleichzeitig nebeneinander bestehen lassen? Würden Sie sich als eher prozeß-orientiert oder ziel-orientiert einschätzen? Sind Sie auf das Ergebnis fokussiert oder finden Sie auch schon Befriedigung auf dem Weg dorthin. Sind Sie jemand, der gerne handelt oder jemand, der sich auch im Entwerfen und Ausdenken von Plänen und der Vorbereitung schon verwirklicht? Sind Sie spontan und handeln Sie entsprechend der Situation? Improvisieren Sie gerne? Oder handeln Sie wie geplant und machen sich abhängig von Ihrer Vorentscheidung, die Sie nicht widerrufen möchten? Gleichen Sie lieber aus, oder haben Sie einen Hang dazu, alles zu maximieren und zu optimieren, nötigenfalls auch zu verändern? Bleiben Sie meist auf derselben Ebene oder wechseln Sie die Ebene, wenn Ihnen dies Erfolg verspricht? Ist Ihnen Kontinuität wichtiger als Aufstieg? Wollen Sie sich steigern oder lieber dort bleiben, wo Sie immer schon waren? Sind Sie spielerisch und können das Ende offenlassen, oder ist es Ihnen ernst und das Ergebnis festgelegt? Möchten Sie auf Nummer Sicher gehen oder sind Sie risikobereit? Möchten Sie das Bestehende aufrechterhalten und Altes bewahren? Oder juckt es Sie, wann immer möglich, Veränderungen herbeizuführen? Sind Sie Neuem gegenüber aufgeschlossen? Ist Ihnen gesellschaftliche Anpassung wichtig? Ist es Ihnen wichtig, was die Norm und was normal ist, oder spielt dies eine untergeordnete Rolle?

– Wie ist Ihr Denken ausgerichtet?
Geht es mehr »in die Breite«, ist es also mehr quantitativ ausgerichtet, oder ist Qualität für Sie wichtig und gilt damit auch eine hierarchische Staffelung, die entlang einer vertikalen Achse zwischen »höher« und »weiter unten« unterscheidet? Ist Ihnen mehr oder weniger alles gleich wichtig, oder haben bestimmte Werte und Vorstellungen für Sie eindeutigen Vorrang?

– Was für einen Handlungsstil haben Sie?
Halten Sie sich selbst für mehr passiv und aufnahmebereit oder für aktiv? Ergreifen Sie die Initiative oder warten Sie darauf, daß es jemand anderes tut? Würden Sie sich als expressiv bezeichnen oder vermitteln Sie lieber Inhalte, die Ausdruck allgemeinen Gedankengutes sind bzw. von jemand anderem erdacht und ausgedrückt wurden? Ist Ihr Fahrstil eher defensiv oder eher offensiv?

Lassen Sie im Falle dieses Tests vernünftige Gedanken beiseite und antworten Sie entsprechend Ihrer Natur, also entsprechend Ihren Gewohnheiten und Meta-Programmen.

– Woher beziehen Sie Ihre Informationen?
Horchen Sie mehr in sich selbst hinein und achten darauf, was Ihnen Ihre Intuition, Ihr Gewissen oder Ihr Gefühl sagt? Oder ist Ihnen wichtig, was andere über Sie denken und was andere Ihnen sagen, was richtig bzw. falsch sei? Informieren Sie sich auf sachlicher Ebene, indem Sie externale Referenzen einholen, oder verlassen Sie sich allein auf das, was Sie glauben? Ist Ihnen äußeres Feedback wichtig oder scheuen Sie Kritik? Sind Sie »innenbestimmt« oder »außenbestimmt«, mehr auf das Innenleben oder auf die Beurteilung von außen, mehr auf das eigene Erleben oder auf die anderen, die Gesellschaft bezogen? Ziehen Sie sich bei äußeren Konflikten zurück oder setzen Sie sich mit Ihren Konfliktpartnern auseinander?

– Was ist Ihr vorrangiger Zeitbezug?
Leben Sie mehr in der Vergangenheit, in der Gegenwart oder in der Zukunft? (Von woher kommt die Erfahrung des Ziels?) Sagen Sie sich »Es soll wieder so werden wie damals« oder »Es soll bleiben, wie es ist« oder »Es soll ganz anders werden«?

Leben Sie im Hier und Jetzt? Sind Sie in Gedanken viel in der Zukunft, indem Sie ständig planen und vordenken? Oder schwelgen Sie gerne in Erinnerungen? Wie schätzen Sie Ihr Tempo ein? Sind Sie eher langsam oder schnell im Vergleich zu den anderen? Erleben Sie sich als jemand, der es liebt, geruhsam schwingend durch das Leben zu gehen und sich nicht aus der Ruhe bringen läßt, oder sind Sie jemand, dem eine ruckartige, sprunghafte Art der Fortbewegung ebenso wie des Denkens nachgesagt wird? Sind Sie »kurzzeitorientiert« oder »langzeitorientiert«? Haben Sie einen langen Atem oder werden Sie schnell ungeduldig?

Verlieren Sie schnell die Lust oder den Mut? Wie arbeiten Sie am liebsten: eher durchgängig und gleichmäßig oder in Abschnitten und Phasen? Kontinuierlich oder sporadisch, in Schüben?

Programme erkennen, Gewohnheiten durchbrechen

Dies sind die im NLP am häufigsten angeführten »Meta-Programme« (übergeordnete Muster, die die einzelnen Verhaltensweisen bestimmen). Sicher fällt Ihnen noch anderes dazu ein, wenn Sie einmal begonnen haben, sich selbst und die Menschen um sich herum zu beobachten, wie sie bewußt oder unbewußt bestimmten programmierten, gewohnheitsmäßigen Strategien folgen. Wenn Sie neugierig geworden sind, wie weit Sie selbst Ihren Gewohnheiten unterworfen sind bzw. inwieweit es Ihnen gelingt, die Macht der Gewohnheiten zu durchbrechen, dann können Sie beginnen, mit den Meta-Programmen zu experimentieren, indem Sie sich Aufgaben stellen, die das gewohnte Muster unterbrechen oder durchbrechen. Entwerfen Sie für sich selbst kleine Herausforderungen, die Sie dazu anregen, etwas Ungewohntes zu tun. Das Entwerfen oder Erfinden von solchen Aufgaben nennt man Tasking (*task* = Aufgabe), wobei das Aufgabenstellen allein schon ein Schritt der Bewußtwerdung und bewußten Gestaltung sonst automatisch ablaufender Verhaltensmuster darstellt. Indem Sie die unbewußten Strategien, von denen Sie bislang getrieben wurden, untersuchen und sich dafür entschieden haben, sie bewußt zu gestalten, handeln Sie strategisch. Sie lernen vom Unbewußten, wo es nützliche Strategien entwickelt hat. Und Sie verbessern die Strategien dann, wenn sie sich als veraltet, behindernd, beschränkend oder umständlich und reizlos erwiesen haben. Indem Sie die Strategie hinter der Strategie entdecken, indem Sie ein Gefühl für Meta-Strategien bekommen und damit gelassen umgehen können, erweitern Sie Ihre Flexibilität und Souveränität. Ersetzen Sie das Motto »Ich bin eben so!« durch das Motto »Ich kann auch anders!«.

Der bewußte Kontakt mit dem Unbewußten, der durch die kontrollierte Einübung von Trance-Zuständen erreicht wird, befähigt zu einer Weltsicht, die sich von der gewöhnlichen unterscheidet, insofern es nicht nur die Welt da draußen gibt, die wir für die Wirklichkeit schlechthin halten, sondern die vielen Welten, die jeder Mensch in seinem Kopf zusammenbaut. Auch das sind Wirklichkeiten. Wir befinden uns in einer multiperspektivischen und interdimensionalen Welt. Die NLP-Theorie bringt durch ihre Begrifflichkeit eine erste Orientierung in dieses Neuland.

»Psychogeographie«

Die Landkarte ist nicht das Gebiet. Unsere innere Landkarte bildet nicht die Welt ab, sondern nur das Modell der Welt, in dem wir die Welt abbilden. Sie ist die Abbildung einer Abbildung. Das Weltmodell, in dem wir leben, kann mit topographischer Vermessung nach außen gebracht und sichtbar gemacht werden. Die innere Landkarte bildet die »Psychogeografie« ab, die durch den jeweiligen Realitätstunnel, in dem ein Mensch lebt, bestimmt ist.

»V.A.K.O.G.«

Bei der Wahrnehmung der Welt bevorzugen die meisten Menschen ganz bestimmte Sinneskanäle (V.A.K.O.G.). Es sind diese Kanäle, auf denen sie besonders gut zu erreichen sind. So entsteht ein Weltbild auf dem visuellen Kanal. Der Ton, der die Musik macht, wird auf dem auditiven Kanal wahrgenommen. Ein Lebensgefühl vermittelt sich auf dem kinästhetischen Kanal. Der Duft der Freiheit spricht den Geruchssinn an und geht durch den olfaktorischen Kanal. Die Würze des Lebens und der Geschmack für die Dinge repräsentiert sich auf dem gustatorischen Kanal.

»Repräsentationssysteme«

Wenn wir Handlungen, Haltungen und Verhaltensweisen beschreiben, seien es tatsächlich vorgenommene oder auch nur in der Vorstellung vollzogene, so beschreiben wir dies in der Sprache der Repräsentationen (Abbilder). Beobachten Sie, wie die »Wirklichkeit« als Abbild in Ihnen repräsentiert ist. Welche bevorzugten Repräsentationssysteme können Sie erkennen? Zu allen Zeiten haben Menschen Systeme gefunden, um sich ein Bild von der Welt zu machen. In gemeinsamen Weltanschauungen vereinigen sich viele Weltbilder, die zu einem Modell oder System zusammenwachsen, so daß ein unausgesprochenes Einverständnis darüber herrscht, was die Welt, die Wirklichkeit, die Wahrheit ist. Darin sind alle Menschen vereinigt, die an der Weltanschauung teilnehmen.

NLP jedoch ist keine Weltanschauung, sondern ein Modell, das die menschliche Fähigkeit und Neigung des Modellbauens zum Inhalt hat, also ein Meta-Modell. NLP liefert ein Modell des Modellierungsprozesses selbst. Sowohl individuelle Aktionen und Interaktionen wie auch Gruppenprozesse aller Art, Korporationen und Systeme können modelliert werden, d.h. in ihrem Aufbau, in ihren sich bedingenden Wechselwirkungen als Programme entschlüsselt, zugänglich gemacht und gegebenenfalls umprogrammiert werden. Alle Techniken gleichen sich darin, daß sie Verhalten als Programme beschreiben und auf diese Weise transparent machen. NLP zeigt, wie Verhalten entsteht, und weist somit Wege auf, wie Verhalten verändert werden kann.

Grundlegende Schritte im NLP

Veränderung wird im NLP durch vier grundlegende Schritte ermöglicht:

1. Durch Identifizieren des gegenwärtigen Zustands (oder Ist-Zustand).
2. Durch Identifizieren des gewünschten Zustands (oder Soll-Zustand).
3. Durch Identifizieren der angemessenen Ressourcen (innere Zustände, Physiologie, Informationen und Fertigkeiten), die Sie brauchen, um vom gegenwärtigen zum erwünschten Zustand zu kommen.
4. Durch Aktivierung und Einsatz dieser Ressourcen, um alles, was sich dem Erreichen des Ziels entgegenstellt (Interferenzen), zu überwinden.

Für Veränderung bedarf es folgender Voraussetzungen:

1. Es bedarf eines starken Wunsches oder einer Motivation, die die Veränderung wirklich herbeiführen will.
2. Es bedarf des Wissens, wie die Veränderung herbeizuführen ist.
3. Und es bedarf einer Einstellung, in der Sie sich selbst und der Veränderung eine Chance geben.

Veränderungsarbeit orientiert sich an den Grundfertigkeiten:
1. Zustände der starken Motivation zu erzeugen und bewußt einzusetzen.
2. Wege zu finden, die das vorhandene Wissen in vorgegebene Bahnen lenken.
3. Eine Kooperation zwischen Bewußtsein und Unbewußtem einzuleiten, wobei die Form des direkten Zugriffs durch die Form indirekter und nicht-eingreifender Prozesse ergänzt wird. Die autoregulative Kraft und Autonomie des Unbewußten erhält die Chance, sich positiv auszuwirken, Wirklichkeit entsteht durch das Miteinander aller Beteiligten.

Folgende Grundfähigkeiten werden im NLP entwickelt und eingesetzt:

1. Wahrnehmungsfähigkeit: die Fähigkeit, relevante Informationen in der Gegenwart wahrzunehmen, aufzunehmen und zu behalten. Sensibilität, ein offener, nicht-wertender Geist und Konzentrationsfähigkeit sind hier gefragt.
2. Kommunikationsfähigkeit: die Fähigkeit, die Erfahrungswelt anderer zu verstehen, sich in ihre Lage hineinzuversetzen, die Erlebnisintensität und Erlebnisbereitschaft bei anderen zu aktivieren, andere also animieren zu können, und auf die Verhaltensweisen der anderen angemessen zu reagieren, also in Interaktion zu treten.
3. Beziehungsfähigkeit: die Fähigkeit, angemessene Verhaltensweisen in Beziehung zu Aufgabe, Rolle, Kultur, Kontext etc. erkennen und auswählen zu können.
4. Analytische Fähigkeiten: Fähigkeiten, eine große Ordnungseinheit in ihre Bestandteile zu zerlegen bzw. die großen Einheiten in kleinere Lerneinheiten aufzuteilen, diese Elemente zu kategorisieren, logisch zu vermitteln, praktisch zu veranschaulichen, so daß die Lernschritte nachvollziehbar werden.
5. Konzeptionelle Fähigkeiten: Fähigkeiten, Erfahrungen in Begriffe zu fassen, als Strukturen zu erfassen, also in Symbole, Zeichen und Sprache zu übersetzen. Sie in Beziehung zu parallelen oder übergeordneten Bezugsrahmen zu setzen und gegebenenfalls in Einklang zu bringen.
6. Prozedurale Fähigkeiten: die Fähigkeit, längere Prozesse in sequentielle Abläufe oder Schrittfolgen aufzugliedern, den Verlauf von Lernprozessen und Prozeßinstruktionen genau zu erinnern, die Wechsel präzise und im richtigen Timing vorzubereiten, einzuleiten, durchzuführen und die Prozesse wieder abzuschließen.
7. Alle diese einzelnen Fähigkeiten sollen in flexibler, souveräner und eleganter Weise zusammenspielen. Keine Fähigkeit ist »besser« oder wichtiger als die andere. Das harmonische Zusammenspiel, die Flexibilität und Breite des Verhaltensrepertoires macht die Qualität aus.

> In einem NLP-Training geht es darum,
> – ZUSTÄNDE zu erkennen, kontrolliert herbeizuführen und zu verändern.
> – WEGE aufzuzeichnen, Spuren zu sichern, Alternativen aufzuzeigen.
> – PROZESSE auszulösen, durchführen und abschließen zu können.

Es geht auch darum, Sprache bewußt zu nutzen und einzusetzen:

– ZUSTÄNDE sinnesspezifisch ohne Interpretation zu beschreiben. Übung: Beschreiben Sie alltägliche Momente so umfassend und so konkret wie möglich. Achten Sie darauf, keine Abstraktion und keine Interpretation vorzunehmen. Beschreiben Sie Verhaltensformen und vermeiden Sie Adjektive, durch die Sie dem Verhalten eine Eigenschaft »andichten«. Z.B. ist nicht jedes Kopfnicken eine Bejahung und nicht jedes Verziehen der Mundwinkel ist ein Lächeln.

Übung: Stellen Sie sich vor, Sie wären vom Mond und sähen alles mit neuen Augen. Oder Sie seien als Ethnologe und als Verhaltensforscher unterwegs, und machen Sie sich zur Aufgabe, nur das zu beschreiben, was Sie sehen, hören, riechen, schmecken, körperlich fühlen können. Denken Sie sich nichts dabei und dazu – sammeln Sie Eindrücke, die Sie möglichst unvoreingenommen wiederzugeben versuchen.

– WEGE durch Leitgedanken markieren. Geben Sie dem Ziel, zu dem der Weg führen soll, einen Namen. Üben Sie sich jetzt darin, konkrete Einzelfakten und Details zusammenzufassen und einen abstrakten Begriff dafür zu finden. Wie nennt man das, was Sie anstreben? Es könnte etwas sein, was Ihnen wichtig ist und einen Wert für Sie darstellt, eine Fähigkeit, vielleicht eine Tugend, auf alle Fälle eine Eigenschaft, die sich mit einem Wort umreißen läßt. Durch die Abstraktion von konkretem Verhalten beschreiben Sie den ganzen Prozeß mit einem einzigen Wort und machen ein Ding daraus. Dieses »Ding«, das durch das Dingwort gekennzeichnet ist, ist jedoch mehr als eine Beschreibung. Es funktioniert wie ein Wegweiser, es gibt Orientierung.

Übung: Finden Sie für Ihren Alltag eine Tugend, die Sie sich aneignen oder in sich verstärken möchten, geben Sie ihr einen Namen. Üben Sie sich darin, Nominalisierungen zu finden und schreiben Sie diese Nominalisierung auf, so daß sie in Ihrem Alltag wie Wegweiser wirken und Ihnen Orientierung geben können.

– PROZESSE wiederum sind so komplex, daß sie sich am besten durch Gleichnisse, Parabeln, Metaphern und Symbole ausdrücken lassen. So werden noch mehr Informationen transportiert und komplexe Zusammenhänge erfaßt, die sich nicht ausschließlich durch eine kausal-lineare Logik beschreiben lassen. Bei den Prozessen ist das Unbewußte maßgeblich beteiligt. Die Prozesse sind ein Ergebnis gelungener Kooperation von Bewußtsein mit dem Unbewußten und setzen voraus, daß ein bewußter Kontakt mit dem Unbewußten, – durch geleitete Trance-Induktionen entwickelt – besteht. Hier haben Sie die Möglichkeit, nicht nur an überlieferte Mythen zu glauben, sondern ganz bewußt den eigenen Mythos zu erschaffen, und zwar in der Weise, wie er dem Gesamten nützlich ist.

Übung: Lernen Sie, unbewußte Glaubenssätze, die oft in den Mythologisierungen und Mystifikationen von kollektiv gespeicherten Inhalten bzw. Haltungen versteckt sind, ausfindig zu machen und Ihre eigenen Glaubenssätze, für die Sie sich entschieden haben, in die Form von geeigneten »Geschichten«, also auch Zitaten, Anekdoten, Märchen und selbst geschaffenen Mythen zu bringen. Erfinden Sie Ihren persönlichen »Helden-Mythos«, indem Sie eine positive Entwicklung in Ihrem Leben beschreiben. Vielleicht wollen Sie bestimmte Mythen, die bis jetzt Ihr Leben in negativer Weise beeinflußten, auch anders zu Ende erzählen, oder den kollektiven Traum, den Mythen nacherzählen, anders zu Ende träumen.

Als optisch einprägsame Darstellung für visuell ausgerichtete Lernende können Kreise für innere Zustände, Blöcke mit Pfeilen in Form von Dreiecken für Wege, die von einem Block zum anderen führen, und Wellen für Prozesse der Einwirkung und Auswirkung stehen. Es wird anschaulich mit Kreisen, geraden Linien, Pfeilen, Blöcken, Dreiecken und Wellenlinien umgegangen. So ist es möglich, sich ein Bild zu machen. Es läßt sich mit diesen Elementen spielen, man kann sie aufstellen und umstellen. So können Verhältnisse konstruiert, ein Design entwickelt, ein Drehbuch inszeniert werden. Dabei ist es wichtig, sich immer daran zu erinnern, daß dies nur Abbildungen sind, die Modelle wiedergeben. Das Leben selbst bleibt ein Mysterium.

Bei einem NLP-Training sind folgende Kriterien zu beachten:
1. Das Kriterium der Zirkularität (systemisches Denken)
2. Das Kriterium der Beziehungsqualität (emotionale Intelligenz)
3. Das Kriterium der Prozeßhaftigkeit (energetisches Erleben)

1. Das Kriterium der Zirkularität (systemisches Denken): Dieses Denken löst das linear-kausale Denken ab bzw. ergänzt es,

indem es sich der Kreisläufe und Regelkreise von natürlichen Prozessen bewußt ist. Der Weg der Veränderung geht nicht nur von A nach Z und hört dort auf, sondern umkreist A ebenso wie Z, wobei A der Ausgangspunkt ist, der durch die alte, bisherige Ausrichtung geprägt ist, sozusagen mit dem Programm der alten Ordnung geladen ist, und Z das Ziel, das motiviert. Der Weg zum Ziel ist nicht gerade, sondern verläuft in Schleifen. Das Programm zum Erreichen eines Ziels entsteht während seiner Verwirklichung. Es ist keine festgelegte in sich abgekapselte Einheit, sondern entwickelt eine eigene Dynamik. Es ist einerseits durch die Vergangenheit bedingt, da es in sich die Summe vergangener Erfahrungen trägt. Andererseits aber wirkt es in die Zukunft hinein, insofern die Interpretation der vergangenen Erfahrungen als Tendenz »ausstrahlt«. Die Erfahrung als Prägung (imprint) bezieht sich nicht nur auf den Platz, auf dem sie auf der linearen Zeitlinie abgebucht wurde, sondern entwickelt ein Eigenleben. Imprint ist eben nicht wie ein statischer Input, sondern eine Information, die ihre a-kausale, nicht-lineare Wirkung entwickelt.

2. Das Kriterium der Beziehungsqualität (emotionale Intelligenz): Diese Qualität ist bestimmt durch lebendige Verhältnisse der Beteiligten in einem System. Lebendige Systeme sind im Unterschied zu anorganischen Systemen, wie sie in der Kybernetik beschrieben werden, von Beziehungen geprägt. Sie nehmen (bewußt oder unbewußt) Beziehung auf und stehen ständig in einem Beziehungsfeld. Sie verhalten sich zueinander, ob sie wollen oder nicht, und dieses Verhältnis ist nicht mechanistisch definierbar, weil es mit in sich geschlossenen und genau abgegrenzten Teilen zu tun hat, sondern fließend und in ständiger Variation, entsprechend den Beziehungsprozessen in einem Beziehungssystem, das ein Beziehungsfeld aufbaut. Eine Information ist nicht (bzw. nicht nur) ein Wissens-Partikelchen, das unabhängig von seiner Entstehung, seiner Bedeutung und seiner Zugehörigkeit zu einer Person in einem von Personen bestimmten Umfeld zur Geltung kommt. Die Geltung selbst ist das Ergebnis komplexer Zusammenhänge und Wechselwirkungen, die sich vor allem emotional zeigt. Die Beziehungsqualität ist also nicht etwas, was gemessen werden kann. In gewisser Weise ist sie »irrational«, weil sie sich dem rational logischen Denken entzieht. Das logische Denken denkt in Unterschieden und analytischer Zerteilung des Ganzen, das sich dem Bewußtsein als Erlebniseinheit präsentiert. Als solches Ganzes kann es in verschiedener Weise verarbeitet werden, so daß es im Bewußtsein als Repräsentation behalten werden kann. Emotionale Intelligenz geht von der Einheit aus, die allem Erleben zugrunde liegt, und sucht nach der entsprechenden Gestalt, die das Ganze in seinem Wesen zu erfassen vermag, nach der Essenz. Die Bedeutung von Mythen und Symbolen sind dabei nicht zu unterschätzen, weil sie sich für komplexe Informationszusammenhänge als tragfähig erwiesen haben. Ebenso sind Gefühle als Zwischenschritte einer komplexen Informationsverarbeitung nicht zu verachten, sondern zu kultivieren.

3. Das Kriterium der Prozeßhaftigkeit (energetisches Erleben): Ein Prozeß ist nicht nur gekennzeichnet durch das Eingebundensein in eine Abfolge (Sequenz), sondern auch durch die Konsequenzen, die aus den Sequenzen erfolgen. Eine Melodie kann als Abfolge einzelner Töne notiert werden, aber ihr Wesen erschließt sich erst als Gestalt, wenn das Ganze gehört und sich als Konsequenz aller Sequenzen zusammengefügt hat. Was ist Inhalt, was ist Form? Wir können versuchen, das Leben als Melodie zu hören. Alles ist ständig im

Übergang zu einer neuen Form. Lebendige Prozesse sind letztlich immer Transformationsprozesse, insofern als Leben bedeutet, von einer Form in die andere hineinzuwachsen und wieder aus ihr herauszuwachsen. Wachstum, Entwicklung, Beeinflussung durch anderes Wachstum und andere Entwicklungen, all dies vollzieht sich als Prozeß und läßt sich nicht greifen, geschweige denn begreifen. Jeder Begriff (und damit jedes Wort, jede sprachliche Abbildung) ist eine Verzerrung, eine Abkürzung, eine Reduktion auf eine Formel, die die lebendige Form ersetzen muß, um begrifflich erfaßt zu werden. »Prozeß-Orientierung« zeichnet sich durch jene offene Geisteshaltung aus, die alles für möglich hält, solange nicht das Gegenteil bewiesen wurde. Diagnosen im Sinne einer voreiligen Etikettierung können zu selbsterfüllenden Prophezeiungen und mächtigen Suggestionen werden, deren Auswirkungen immer mit einzuberechnen sind. Dies gilt für den Gebrauch von Worten und Begriffen ganz allgemein. Sprache macht Dinge aus Ereignissen und Verläufen, macht Geschichten aus Geschehnissen, und legt sie dadurch fest. Diese Festlegung muß wieder aufgelöst und verflüssigt werden durch das Erleben. Denn: Die Sprache ist ein Werkzeug von unersetzbarem Wert, aber sie birgt auch Gefahren und Fallen wie kein anderes Werkzeug, mit dem wir täglich umgehen. Bei der Ausrichtung von Prozessen, die versprechen, erfolgreich zu sein, sind wir insbesondere darauf angewiesen, eine Sprache zu verwenden, die das Unbewußte versteht, denn Prozesse führen nicht nur aufgrund der kognitiven Funktionen an das Ziel, sondern vor allem auch dadurch, daß der Kontakt mit dem Unbewußten hergestellt wird.

In Anwendung der NLP-Techniken ergeben sich aus diesen Kriterien folgende Richtlinien:

- *Loops* (Mehrweg-Schleifen der immer wieder und immer neu ansetzenden Versuche als Schritte in die richtige Richtung) installieren statt die Heilkraft von Einweg-Modellen (entweder der einmalige Versuch führt zum gewünschten Ergebnis oder er wird abgebrochen und nie wieder gestartet) verabsolutieren.
- Beziehungsdynamik beachten statt stabile, perfekte Verhältnisse anstreben – Perfektion entbehrt der Ausstrahlung, ebenso wie Präzision nicht jene Genauigkeit liefern kann, die durch prozeßhaftes Umkreisen und Reflektieren entsteht. Das Wort »präzis« leitet sich ab vom lateinischen *prae-cidere* = vorn abschneiden, während das Wort »prägnant« sich ableitet vom lateinischen *praegnans* = trächtig, im Sinne von bedeutungsträchtig (englisch: *pregnant* = schwanger).
- Wirkungen im Auge behalten statt durch vorgefaßte Vorstellungen den Blick verstellen.
- Symbole und Metaphern statt abstrakter Begriffe benutzen, da diese »Sprachbilder« das Unbewußte erreichen. Urbilder und Sprachbilder wirken wie Destillate oder Essenzen und schaffen eine ganzheitliche Abbildung von Erfahrungseinheiten, die das rechtshemisphärische Denken aufnehmen und intuitiv als Information weiterverarbeiten kann. Ein Zeichen, das als Symbol wirkt, läßt sich wie ein Hologramm in winzige Informations-Bits auflösen und verteilen – die Information wird »flächendeckend« über ein Feld, (z.B. über das Feld der offenen Zukunft) verteilt, so daß diese Information (z.B. eines Wunsches, Ziels, einer Vision) sich weit ausbreiten, ihre Botschaft aussenden und sich in einem der vielen möglichen offenstehenden Kontexte aktualisieren kann.

Zustände erkennen, unterscheiden, neu erzeugen

Übungen zu dem Erkennen und Verändern von Zuständen lassen sich gut mit Hilfe von Stühlen durchführen. Die Stühle entsprechen inneren Zuständen, die als äußere Orte im Raum verankert werden. So sind die verschiedenen Positionen, die sich verbinden, aber auch trennen lassen oder die ganz neu erdacht oder auch erinnert und vergegenwärtigt werden, zu überblicken. Die verschiedenen Bedeutungen, die diesen Positionen gegeben wurden, werden spielerisch den inneren Zuständen zugeordnet und durch das Sitzen auf dem einen oder anderen Stuhl aktualisiert. So gibt es vielleicht einen inneren Zustand, der für mich »Seligkeit« bedeutet. Ich stelle einen Stuhl für die »Seligkeit« auf und verbinde mich mit ihr, indem ich mich auf den Stuhl setze. So einfach geht es natürlich nicht. Aber während ich mit den inneren Zuständen und deren äußeren Repräsentationen, den Stühlen, experimentiere, mag mir einiges darüber zu Bewußtsein kommen, wie ich »Seligkeit« in meinem Leben verwirklichen kann.

Innere Zustände der »Assoziation« und der »Dissoziation«

Assoziiert bedeutet verknüpft. Eine Assoziation ist im NLP eine neuronale Verknüpfung. Wenn sich ein Mensch in einem assoziierten Zustand befindet, erlebt er die Situation im Hier und Jetzt als vollständige Repräsentation der Erfahrung mit allen Sinnen. Die Erfahrung ist insofern unmittelbar, als sie nur von den Eindrücken bestimmt wird, die man mit Augen, Ohren, Nase, Mund und Haut im Moment wahrnimmt. Nichts relativiert das momentane Erleben. Man ist »ganz drin« und geht »ganz darin auf«. Es gibt keinen Abstand von sich selbst. Keine kognitiven Verarbeitungsprozesse (wie die der Selbstbeobachtung, der Reflexion oder auch der Sorgen) schaffen Ablenkung oder Distanz. Der Genießer gibt sich ganz dem Genuß hin ebenso wie ein Mensch in Panik völlig darin aufgeht.

Dissoziiert heißt abgeschnitten, gepuffert oder nicht in direktem Kontakt befindlich. Ich kann sowohl von meinen Ressourcen abgeschnitten sein und im Lampenfieber oder durch Prüfungsangst vergessen, über welche Fähigkeiten und über welches Wissen ich eigentlich verfüge. Ebenso aber kann ich auch vor psychischen und physischen Schmerzen geschützt sein, wenn ich die Erfahrung nicht hautnah »an mich heran lasse« sondern auf Distanz gehe bzw. bleibe. Dissoziation ermöglicht einen souveränen Umgang mit schwierigen Situationen und ein realistisches Selbstbild. Dissoziation ernüchtert.

Übung zur Unterscheidung von inneren Zuständen

Nehmen Sie sich einen Stuhl und setzen Sie sich darauf. Das soll bedeuten: »Ich bin im assoziierten Zustand«. Wählen Sie eine angenehme Erinnerung, mit der Sie sich gerne assoziieren, indem Sie sich diese vergegenwärtigen. Und dann, wenn das Gefühl des assoziierten Sitzens wirklich sitzt und Ihnen das erinnerte Erlebnis so präsent ist, als wäre es eben geschehen, dann stehen Sie auf und treten hinter den Stuhl. Das soll heißen »Ich bin jetzt in einem dissoziierten Zustand. Ich habe mich distanziert«. Das Erlebnis ist jetzt wieder weit weg. Sie sehen es aus der Perspektive, die sich aus dem Abstand ergeben hat. Wie weit weg ist es jetzt?

Wie war es, sich im assoziierten Zustand zu befinden? Und woran merken Sie, daß sich jetzt Ihr Zustand verändert hat? Erleben Sie den assoziierten Zustand im Unterschied oder Gegensatz zum dissoziierten Zustand? Wechseln Sie zwischen den beiden Positionen. Mal sitzen Sie, mal stehen Sie. Welche Person sind Sie im assoziierten Zustand? Wie fühlt sich das an? Und wer sind Sie, wenn Sie aufstehen und hinter den Stuhl treten? Welche Position ist Ihnen vertrauter? Welche angenehmer? Welche wird von Ihnen im Alltag häufiger gefordert?

Wechseln Sie hin und her und beobachten Sie Ihre Empfindungen, Ihre Gefühle, Ihre Gedanken. Vielleicht bemerken Sie, daß Sie im Alltag öfter im dissoziierten Zustand sind, als würden Sie hinter bzw. neben sich stehen. Oder sind Sie jemand, der meistens assoziiert lebt und dem dieser Zustand der Dissoziation ungewohnt ist? Wie schätzen Sie das Verhältnis zwischen Ihrem assoziierten und Ihrem dissoziierten Zustand ein? Kennen sich die beiden Teile Ihrer Persönlichkeit? Vielleicht ist der eine wie der andere Zustand negativ besetzt, so daß Sie sich schämen oder schuldig, irgendwie »nicht richtig«, »nicht in Ordnung« fühlen, wenn Sie in einen dieser Zustände überwechseln – z.B. tagträumend »aussteigen« aus der Gegenwart oder emotional erregt zu sehr in eine Sache »einsteigen«, sich mitreißen und verwickeln lassen und den Überblick verlieren. Beide Zustände haben ihre Vor- und Nachteile. Die Kunst ist, sie bewußt in sich zu erzeugen und überzuwechseln, wenn es die Umstände erfordern.

Machen Sie für jeden der zwei Zustände eine Liste von Umständen, wo es gut und wo es schlecht ist, sich in dem jeweiligen Zustand zu befinden. Nehmen Sie dazu die entsprechenden Positionen ein, d.h. sitzen Sie, wenn Sie sich assoziieren wollen, und stehen Sie auf, treten Sie hinter den Stuhl, wenn Sie sich dissoziieren wollen. Wenn Sie Schwierigkeiten haben, sich wirklich zu assoziieren, so atmen Sie bewußt in den Unterleib und in den Beckenboden, dorthin, wo Ihr Körper Kontakt hat mit der Sitzfläche. Lassen Sie sich in den Sitz hineinsinken, stellen Sie sich vor, wie Sie tropfenweise dorthin fließen, wo »es sitzt« und »es stimmt«. Wenn Sie andererseits Schwierigkeiten haben, aus assoziierten Zuständen »auszusteigen«, dann üben Sie das bewußte und entschlossene Aufstehen. Wenn Sie noch in der Position hinter dem Stuhl sich assoziiert fühlen, nehmen Sie die Hände weg von der Stuhllehne, auf die Sie sich vielleicht gestützt haben, und treten Sie einen Schritt weiter nach hinten.

Die Technik des »Ankerns« (*Anchoring*)

Anker sind bestimmte äußere Reize, die als Auslöser wirken und bei einem Menschen bestimmte innere Reaktionen bewirken. Diese Reaktionen sind »gelernt«. Meist handelt es sich um ein unbewußtes Lernen, aber wir können auch ganz bewußt Anker setzen. Die Technik des Ankerns bezweckt eine bewußte Stiftung von Assoziationen, also von neuronalen Verknüpfungen. Gelernt wird eine bestimmte Reaktion, die als internale Erfahrung entweder in einer Vorstellung, einer Erinnerung, einem Gedanken, einem Gefühl oder einer unwillkürlichen körperlichen Reaktion bestehen kann. Wie auch immer diese Reaktion geartet ist – sie bezieht sich immer auf die Repräsentation der Erfahrung und nicht auf die Erfahrung selbst. Die Reaktion ist bedingt durch die Art, welche Bedeutung die Erfahrung eines bestimmten Reizes für den, der den Reiz erfährt, hat. Es gibt keine »objektiven« Reize, die zwangsläufig zu einer Reaktion führen müssen – auf der inneren Landkarte eines Menschen kann ein Reiz als Auslöser-Reiz verankert sein, bei einem anderen nicht.

Ähnlich wie der Satz von Paul Watzlawick, nach dem man nicht nicht kommunizieren kann, kann man auch nicht nicht ankern. Ständig verankern wir uns und schaffen uns dadurch eine innere Abbildung der Welt, so wie wir sie erfahren. Wir konditionieren uns selbst, wir schaffen uns selbst die Welt, so wie sie in unserer inneren Repräsentation abgebildet ist. Bei der Gestaltung der inneren Welten im Kopf des Menschen werden unzählige Reize mit inneren Reaktionen verknüpft. Durch Verknüpfung entsteht Wissen und Orientierung.

Im NLP geht es darum, bewußt positive Zustände herbeiführen zu können, indem sie geankert und die Anker aktiviert werden, wann immer wir der positiven Reaktion auf den Auslöser-Reiz bedürfen und auf diese Weise Zugang erhalten zu dem, was sich dann als Ressource auswirkt. Im NLP geht es aber auch darum, negative Anker durch positive Anker auszugleichen und zu entschärfen. Natürlich verblassen Anker mit der Zeit, wenn sie nicht erneuert werden. Aber manche negative Anker sind so stark, daß sie dieselbe starke Reaktion auslösen wie beim ersten Mal, als der Anker durch die Erfahrung gesetzt wurde. Im Englischen sagt man: »*It's in the system*« und meint damit eine eingefleischte Erfahrung, die wie ein konditionierter Reflex abläuft. Das System ist in diesem Falle der Organismus; das Geschehen vollzieht sich auf unbewußter Ebene und ist deshalb der Vernunft nicht zugänglich.

In der Technik des Ankerns wird eben auf diese unbewußte Ebene, die die Bühne unseres Lebensdramas bereitstellt, gegangen, um das Drehbuch so umzuschreiben, daß ein Happy-End möglich wird. Diese Technik ist das Herzstück des NLP, das im therapeutischen Kontext angewandt wird. Sie besteht aus einer Berührung, mit der sich bestimmte positive Zustände, die vergegenwärtigt wurden, verknüpfen. Bei Wiederholung der Berührung an derselben Stelle wird derselbe Zustand hervorgerufen und im Augenblick der Berührung Gegenwart. In dem »Befestigen« besteht das eigentliche Programmieren, das den Prozeß der Verknüpfungen beeinflußt. Im Gegensatz zum klassischen Konditionieren jedoch geschieht durch das Ankern ein schnelles Lernen, das nicht immer wieder neu verstärkt werden muß. Es können auch innere Erfahrungen sein, die von außen kaum sichtbar werden, oder als feine Unterschiede in der Physiologie wahrnehmbar sind. Oft reicht eine einzige Erfahrung, die sich als starker Einfluß vor allem dann auswirkt, wenn sie mit Bewußtsein verbunden ist bzw. mit einer bewußten Absicht gemacht wurde. Anker können wie Merkzettel oder auch Denkzettel wirken.

Anker bewußt setzen

Wir alle können lernen, uns selbst zu programmieren. Anker bewußt zu setzen bedarf keiner Therapie. Es hat vielmehr mit Selbstdisziplin und Konsequenz zu tun.

Ein Anker gleicht dem Knoten im Taschentuch. Der Knoten selbst hilft nicht sich zu erinnern, d.h. er gibt keinen Aufschluß über das *Was*, sondern weist nur auf das *Daß* hin. Das Ankern selbst heilt nicht und ist nur Mittel zum Zweck. Es geht um die Vergegenwärtigung optimaler Körperbefindlichkeiten (Physiologien), die durch die Hilfestellung der Körperberührung abgerufen werden, so als würde man eine bestimmte Seite in einem Buch aufschlagen und durch das Lesen des Textes sich vergegenwärtigen, was da Weises steht. Das Programm ist nur so gut wie sein Inhalt; das beste Ankern als Technik nützt nichts, wenn die Voraussetzungen dafür fehlen, das heißt, es nichts gibt, das durch das Ankern als Ressource zugänglich gemacht werden könnte. Vor jedem Ankern, das einen positiven Zustand herbeirufen soll, muß also eine Suche nach Ressourcen erfolgen.

Ressourcen sind Zustände, deren Vergegenwärtigung sich positiv auswirkt. Es sind Quellen der Kraft, der Freude, der Gelassenheit, des Wissens, der Weisheit und der Liebe. Alles, was potentiell nutzbar gemacht werden kann zum Nutzen des eigenen Wohlergehens (das das Wohlergehen aller anderen Beteiligten einschließt), ist eine Ressource. Bereits vorhandene Ressourcen, auf die ich zurückgreifen kann, weil ich sie schon »gelernt« habe, dienen als Komponenten beim Aufbau neuer Ressourcen. Das Gelernte wird erweitert, auf andere Kontexte übertragen und angewandt. Bei der Suche nach Ressourcen können Anker eine wichtige Rolle spielen, denn schon bei der Vergegenwärtigung bestimmter Auslöser-Reize, die übrigens in allen Repräsentationssystemen der Sinne gespeichert sein können, wird die Verknüpfung aktiviert.

Übung »Auf der Suche nach Ressourcen«

Überlegen Sie sich: Gibt es einen Duft, der Sie an angenehme Zustände erinnert? Das Riechen ist unser ältestes Sinnesorgan und besonders empfänglich für starke Reize, die in der Erinnerung haften bleiben. Suchen Sie in Ihrer Erinnerung nach einem Geruch, der Sie in einen positiven Zustand versetzt. Suchen Sie in Ihrer Erinnerung, bis Sie etwas gefunden haben, und dann stellen Sie sich vor, wie dieser Geruch Sie umhüllt. Atmen Sie ihn tief ein und spüren Sie, wie der Geruch Sie vollkommen durchdringt. Vielleicht gibt es aber auch einen Geschmack, der sofort bestimmte Erinnerungen weckt. Kinästhetische Reize wie etwa Berührungen oder Temperaturen, die Luft, die Sie auf der Haut spüren – alles dies kann als Anker in Ihnen Zustände wachrufen. Manchmal sind es winzige Bewegungen um den Mundwinkel oder auf der Stirn im Gesichtsausdruck anderer Menschen, die wir unbewußt interpretieren und die unseren Zustand beeinflussen, ohne daß wir wissen, wie dies zustande kommt. Wir reagieren dabei nicht auf die Bewegungen selbst, sondern auf unsere Interpretation. So entstehen »kalibrierte Schleifen«, bei denen Menschen in die unbewußten Prozesse ihres Innenlebens eintauchen, ohne bewußt zu wissen, wie ihnen geschieht. Beobachten Sie sich in Ihrem Alltag und machen Sie sich Notizen darüber, was alles wie ein Anker auf Sie wirkt. Machen Sie sich nun eine Tabelle über sinnesspezifisch repräsentierte Anker, die sich für Sie mit einem Zustand verbinden, der so angenehm ist, so daß Sie ihn gerne öfter erleben und die Ressourcen, die darin verpackt sind, für sich nutzen wollen.

> Ressourcen als sinnesspezifische Repräsentationen
> – visuell – als Bild, als Foto, als Mimik, als Farben, als Muster, als Lichteinfall
> – auditiv – als Lied, als Stimme, als Naturgeräusch
> – kinästhetisch – als Berührung, als Körpergefühl, bedingt durch das Klima
> – olfaktorisch – als Duft (Parfum), als Geruch nach Natur
> – gustatorisch – als Lieblingsspeise
>
> Außerdem gibt es Raum-Anker, d.h. Orte, die für Sie positiv besetzt sind:
> – bestimmte Gebäude, Stadtviertel, Länder, Räume, in der Natur

Machen Sie sich nun Notizen dazu, welche Ressourcen durch bestimmte Anker aktiviert werden, im Sinne von:

– Wenn ich das sehe, dann fühle ich mich ... dann könnte ich ... dann will ich ...
– Wenn ich das höre, dann fühle ich mich ... dann könnte ich ... dann will ich ...
– Wenn ich das fühle, dann geht es mir so, als könnte ich ... dann will ich ...

- Wenn ich das rieche, dann fühle ich mich ... dann könnte ich ... dann will ich ...
- Wenn ich das schmecke, dann fühle ich mich ... dann könnte ich ... dann will ich ...
- Wenn ich mir vorstelle, dort zu sein, dann fühle ich mich ... dann könnte ich ... dann will ich ...

Wenn Sie nicht nur auf Nummer Sicher gehen wollen, sondern auch einen besonders wirksamen Anker einrichten möchten, achten Sie darauf, daß der gewünschte Zustand durch Anker in allen Repräsentationssystemen besetzt ist. Versetzen Sie sich zuerst in einen exzellenten Zustand und fragen Sie sich dann: Wo bin ich jetzt?

Was sehe ich da? Was höre ich? Was fühle ich? Was rieche und schmecke ich?

Die Technik des Selbstankerns zum eigenen Nutzen

Sie können die Technik des Selbstankerns für sich nutzen:

- zum Abrufen von Erinnerungen und Informationen, die in diesen Erinnerungen enthalten sind, also Wissen, Erkenntnisse, Einsichten;
- zum Mobilisieren von Repräsentationen, die Ihr Innenleben bestimmen. Diese können sowohl positiv als auch negativ sein – es geht darum, sich diese Einflüsse bewußt zu machen und eventuell auf sie einzuwirken, z.B. durch neues Lernen und neue Entscheidungen;
- zum Aktivieren von Ressourcen, z.B. Kräfte, die Sie in anderen Kontexten entwickelt haben und die Sie nun übertragen möchten auf einen bestimmten Kontext, in dem Sie dieser Ressourcen bedürfen;
- zum Aktivieren von Strategien, erfolgreiche ebenso wie sich negativ auswirkende, wenn es um Bewußtwerdung und mögliche Veränderung innerer Abläufe geht;

- im Future-Pace, indem Sie mit einem Schritt in die Zukunft gehen und durch Verknüpfen eines geankerten Zustandes mit einem entsprechenden Reiz die zukünftige Leistung mental als inneren Film ablaufen lassen und so testen.
- als Öko-Check: bringen Sie verschiedene Ressourcen miteinander in Einklang.

Wenn Sie bewußt Anker setzen wollen, achten Sie darauf,

- daß die bewußt gesetzten Anker einzigartig sind oder zumindest einen besonderen Reiz darstellen. Nur so kann sich ein Anker im Bewußtsein halten – wenn Sie grundsätzlich in jedes Taschentuch einen Knoten knüpfen, wird dies nicht mehr als wirksamer Anker funktionieren;
- daß Sie dann einen Anker setzen, wenn Sie in einem Zustand sind, den Sie wirklich ankern möchten und der einen Höhepunkt der Intensität erreicht hat. Im religiösen Kontext wird bei den charismatischen Gemeinden die kollektive Ekstase eingeleitet, bevor die in der Predigt enthaltene Botschaft vermittelt wird. So hält die Wirkung des Gehörten länger an.
- daß der Zustand, der geankert werden soll, »rein« ist, d.h. nicht überschattet ist durch beeinträchtigende, ablenkende oder schwächende Nebengedanken, die sich damit verbinden, sonst werden jene Nebeneffekte mit geankert. Finden Sie einen wirklich optimalen, einen exzellenten Zustand ohne Wenn und Aber.

Übung »Sich selbst im Glück verankern«

Es geht darum, einen möglichst guten Zustand, dessen Vergegenwärtigung sich auf Ihr Leben positiv auswirken wird, bewußt zu ankern. Es sollte ein Zustand sein, den Sie als Ursprungserlebnis intensiv erfahren haben. Begeben Sie sich nun auf die Suche. Schalten Sie einen inneren Suchprozeß ein und tasten Ihre innere Gedankenwelt ebenso wie Ihre Erinnerung nach solchen Zuständen ab. Auf der Suche nach dem Paradies (oder »Siebtem Himmel« nach Thies-Stahl) probieren Sie vielleicht verschiedene Wege aus. Sie wissen, daß alle Wege dorthin führen, aber Sie wissen auch, daß manche Wege Ihnen mehr entsprechen als andere. Es gibt den Weg der inneren Schau. Es gibt den Weg des Horchens. Es gibt den Weg der Bewegung. Sie könnten jetzt also zum Beispiel aufstehen und sich bewegen, um einen Weg für sich zu finden. Es gibt den Weg des Stiftes auf dem Papier, der für Sie etwas schreibt, malt oder auch nur kritzelt. Geben Sie dem Stift in Ihrer Hand die Chance, Ihnen einen Weg aufzuzeigen, der Ihnen vielleicht noch nicht bekannt ist.

Und nun, da Sie sich auf den Weg gemacht haben, spüren Sie nach, ob es einen Punkt gibt, an dem Sie innehalten möchten. Machen Sie sich bereit. Und machen Sie einen Punkt, wenn Sie den Punkt erreicht haben und fühlen, daß es gut ist, jetzt anzuhalten. Wenn Sie Ihren inneren Blick schweifen lassen, betrachten Sie jetzt die Stelle, die Sie dazu eingeladen hat, anzuhalten. Wenn Sie in sich hineinhorchen oder auf etwas horchen, was Sie dazu veranlaßt hat, einen Punkt zu machen, kann es sein, daß Sie etwas hören, was für Sie eine Bedeutung erhält und Sie in einen guten Zustand bringt. Beobachten Sie sich genau auf Ihrer inneren Suche nach dem Glück und beschreiben Sie, was Sie (innerlich oder äußerlich) sehen, was Sie fühlen. Vielleicht hören Sie etwas, ein Geräusch. Vielleicht hören Sie aber auch ein Wort, eine Bezeichnung. Vielleicht hat der Ort des Glücks für Sie einen Namen, so daß Sie ihn benennen können. Horchen Sie nach – sind Sie allein? Was sehen Sie, fühlen Sie? Wen oder was gibt es noch? Wo sind Sie hingeraten? Vermerken Sie die Einzelheiten Ihrer Vision. Sehen Sie auch den großen Rahmen. Erlauben Sie sich, die Szene von außen zu betrachten, als säßen Sie im Kino und sähen Ihren Lieblingsfilm. Vielleicht hören Sie auch einen Song, Ihre Lieblingsmelodie, ein Stück aus einer Symphonie, und vielleicht verbinden sich verschiedene Eindrücke zu einem starken sinnlichen Erlebnis, so daß Sie sich jetzt ganz damit verbunden fühlen, als wären Sie ein Teil davon geworden und mittendrin.

Genau. Jetzt sind Sie angekommen. Genießen Sie diesen Moment. Erlauben Sie sich, Glück zu haben, mehr noch, glücklich zu werden, immer mehr, bis Sie voller Glück sind, ganz davon erfüllt. Ihr Körper gibt Ihnen ein Zeichen, daß es soweit ist: Angekommen im Glück. Vielleicht ist es ein Zucken, ein Jucken, ein Prickeln oder ein sanftes Strömen. Vielleicht auch ein inneres Bild, ein Satz, irgend etwas, das wie ein Signal wirkt und Ihnen zu verstehen gibt: angekommen bei hundert Prozent, in der Fülle der Erfüllung, in der Fülle der Vollkommenheit, perfekt, super, was auch immer. Finden Sie dieses Signal, das nur darauf wartet, von Ihnen entdeckt zu werden. Mit jedem Ausatmen kommen Sie dem Ziel ein Stück näher, und dann, wenn Sie angekommen sind, wird es ein besonders tiefer und erleichterter Atemzug sein. Ganz so als könnten Sie sich dort niederlassen. Als könnten Sie sich darauf einlassen. Probieren Sie es aus, immer wieder, bis es sitzt. Bis es paßt. Bis es stimmt. Genau. Die Atmosphäre im Raum verändert sich. Lauter Glück ringsum. Freude, Gelassenheit, ein Gefühl von Stimmigkeit, wie auch immer Sie es erleben, wie auch immer Sie es benennen. Und nun ankern Sie bewußt diesen Zustand, indem Sie eine kleine körperliche Bewegung damit verknüpfen – vielleicht ist es das Knüpfen eines Knotens, was als uralte magische Tätigkeit bekannt ist, oder vielleicht drehen Sie an Ihrem Ring, wie Sie es aus den Märchen kennen. Oder Sie streichen sich das Haar aus der Stirn, berühren sich im Nacken, an den Schläfen. Finden Sie eine Berührung, die besonders ist und die für Sie besonders bleibt: Immer wenn Sie diese

Berührung erleben, diese Bewegung machen, wird der Anker aktiviert, den Sie sich nun setzen. Das Anker-Setzen ist wie ein kleines Ritual, das Ihr Leben verändern kann. Lassen Sie immer mehr die positiven Einflüsse in Ihrem Leben wirken!

Übung »Anker lichten lernen«

Anker verblassen von selbst, wenn sie länger nicht mehr aktiviert werden. Die Reaktion wird »verlernt«. Das bewußte »Entlernen« ist dann von Nutzen, wenn wir das Gefühl haben, zu sehr an alten Vorstellungen und lieb gewonnenen Gewohnheiten zu hängen und uns von ihnen abhängig zu machen. Vielleicht wollen wir ein erfrischendes Bad nehmen und uns von alten, überflüssigen Ankern reinigen. Dafür gibt es die folgende Visualisationstechnik. Sie geht von dem Bild »den Anker zu lichten« aus, was die Vorstellung von Licht enthält. »Lichten« ruft eine Assoziation von Helligkeit, Leichtigkeit, von Schimmern, Glitzern, Strahlen und Glänzen hervor, vielleicht fühlt es sich wie eine Befreiung an oder einfach auch nur wie Neugier, wohin die Reise nun gehen mag. Der Ort, wo wir vor Anker gingen, ist als Eindruck nicht gelöscht. Die Erinnerung ist frisch und klar, nichts ist übertüncht. Aber die Festigkeit des Verankerns, die ist ein wenig aufgelockert, und manchmal tut es einfach gut zu wissen, daß wir immer wieder Anker setzen und immer wieder die Anker lichten können, und am Schluß kann es sein, daß der Eindruck von Licht überwiegt.

Übung »Ressourcen schicken«

Vielleicht gibt es einen Menschen, mit dem Sie jetzt gerade viel zu tun haben. Vielleicht braucht er Ihre Hilfe. Oder Sie haben das Gefühl, daß der Kontakt nicht klappt, weil er bestimmte Ressourcen nicht zur Verfügung hat, die die Kommunikation mit Ihnen erleichtern würde. Vielleicht fehlt ihm Geduld, Verständnis, Zeit, Energie oder einfach nur der gute Wille. Vielleicht hat er schlechte Laune. Vielleicht ist er unglücklich. Stellen Sie sich nun diesen Menschen leibhaftig vor und fühlen Sie nach, was dieser Mensch wirklich braucht. Machen Sie eine Liste derjenigen Ressourcen, die Sie diesem Menschen schicken wollen. Dann »verpacken« Sie die Ressourcen in Bilder, Klänge, Düfte, Geschmäcker, körperliche Empfindungen und emotionale Regungen. Sehen Sie, wie dieser Mensch umhüllt wird von Farben, umschmeichelt wird von der Luft, die mit Klängen und Düften geschwängert ist, wie er angeregt, gerührt und bewegt wird von den positiven Empfindungen und Emotionen, die Sie ihm nun wünschen. Stellen Sie sich vor, wie Ihr Wunsch in Erfüllung geht und dort ankommt, wo die Fülle gebraucht wird.

Und wenn Sie das Gefühl haben, die Person, an die Sie denken, sei durch alte negative Anker belastet und bedürfe eines reinigenden Bades im Licht, dann stellen Sie sie sich lichtüberflutet vor. Lassen Sie sich überraschen von den Auswirkungen Ihrer eigenen Vorstellung.

Ritual des magischen Kreises (moment of excellence)

Nehmen Sie an, es gäbe einen magischen Kreis. In ihm wäre alles enthalten, was Sie jetzt gerade brauchen, was Ihnen guttut, alles, was Sie glücklich macht, alles, was Sie nährt, unterstützt und bestätigt, was Sie beruhigt und gleichzeitig erregt, was Sie anregt und tief entspannt, und Sie könnten dies alles gleichzeitig haben, unter der Bedingung, daß Sie einen entschcidenden Schritt machen müßten, nämlich in diesen Kreis einzutreten, – würden Sie auch nur einen Augenblick zögern, diesen Schritt zu vollziehen?

Beginnen Sie also, Ressourcen aufzuschreiben. Notieren Sie alles, was Sie glücklich macht und beschreiben Sie Ihre Ressourcen sinnesspezifisch. Das können Ein-

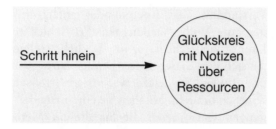

drücke vergangener Erfahrungen sein, die bis heute eine wohltuende Wirkung auf Sie haben. Das können Fähigkeiten sein, über die Sie verfügen, Erfolgserlebnisse und inspirierende Vorbilder. Wichtig ist, daß allein schon der Gedanke an die Ressourcen Sie in einen ressourcevollen Zustand bringt. Aber während Sie einerseits ganz versunken in den Glückserinnerungen und Tagträumen weiter schwelgen möchten, ermahnt Sie eine innere Stimme, in die Gegenwart zurückzukehren und aktiv zu werden. Ihr aktiver Beitrag zum Aufbau Ihres Glücks besteht darin, einen Kreis zu ziehen. Dieser Kreis auf dem Boden wird denjenigen Ort markieren, wohin alles Glück, das Sie je erlebt haben, und alles Glück, das Sie sich vorstellen können, hinfließen kann, so daß es sich dort sammelt. Kümmern Sie sich nicht darum, ob die einzelnen Elemente zusammenpassen oder nicht. Der magische Kreis verbindet alles, was in ihn einfließt, zu einem glücklichen Einfluß auf Ihr Leben. Legen Sie die auf Zettel geschriebenen Notizen auf dem Boden innerhalb des Kreises ab. Nun vollziehen Sie das eigentliche Ritual: Mit dem Glückswort auf den Lippen, mit der Glücksfarbe in den Augen, mit einem großen, entschlossenen Schritt und einem tiefen Atemzug steigen Sie ein in Ihr Glück. Treten Sie ein in den Kreis. Nehmen Sie alles an glücklichen Einflüssen auf, und absorbieren Sie Ihr Glück, legen Sie Speicher und Depots für das Glück an, lassen Sie es sich als zweite Haut anwachsen, gehen Sie ganz darin auf. Dann treten Sie wieder aus dem Kreis. Sie lösen die Markierung auf und überlassen Ihrem Unbewußten die Aufgabe, das erfahrene Glück sich in Ihrem Alltag auswirken zu lassen, in welcher Form auch immer es wieder von außen auf Sie zukommen mag.

Die Verkettung glücklicher Umstände

Diese Technik sieht eine Abfolge von verschiedenen Zuständen vor, wobei die Kette von einem unerwünschten, aber immer wieder eintretenden, also wohlbekannten Zustand zu einem möglichen Wunsch-Zustand führt. Es gibt einige Zwischenstationen auf dem Weg vom Minuspol (unerwünschter Zustand) zum Pluspol (Wunschzustand) und alle diese Stationen ebenso wie die zwei Endstationen werden »geankert«. Diese Anker können als »Boden-Anker« in Form von Zetteln oder farbigen Stoffresten ausgelegt werden. Am besten eignen sich jedoch »Körper-Anker«, d.h. Stellen am eigenen Körper, die jederzeit berührt werden und deren Anker auf diese Weise ausgelöst werden können. Nehmen wir z.B. die Fingerkuppen oder Fingerknöchel. Lassen wir z.B. den Daumen zum Ort für den Minuspol werden und finden am kleinen Finger eine Stelle, an der der Pluspol geankert wird.

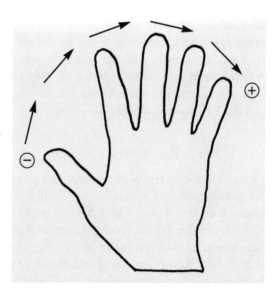

Die Zwischenstationen werden auf den Rest der Finger verteilt. Da die Anker miteinander verkettet sind, entsteht eine Reihenfolge einander sich gegenseitig verstärkender und überleitender Impulse, ganz wie bei einem reibungslosen Ablauf der Staffelübergabe. Die Verkettung der ausgelösten Impulse regt eine wünschenswerte Entwicklung an, die von Anker zu Anker verstärkt und auf den positiven Pol ausgerichtet wird. Für jeden der fünf Finger an einer Hand finden Sie ein Gefühl, das Sie auf der entsprechenden Fingerkuppe oder auf dem Fingerknöchel verankern, wobei die Gefühle in einer Reihenfolge angeordnet sind und von »sehr schlecht« (der negativen Ausgangsposition) zu »sehr gut« (dem Wunschzustand) überführen. Vielleicht geben Sie den Gefühlen Noten und beginnen bei einem 5er-Gefühl, also einem Gefühl, das »mangelhaft« signalisiert. Das könnte Frust, Ärger oder eine Art von Streß sein, dem Sie in Ihrem Alltag häufig ausgesetzt sind bzw. den Sie sich selbst machen, sei es durch Ungeduld, Perfektionismus, überhöhte Ansprüche, Eitelkeit, Stolz, Eigensinn oder Ehrgeiz. Vergegenwärtigen Sie sich eine Situation, die dieses Gefühl auslöst, und ankern Sie es auf dem Daumen. Nun stellen Sie sich vor, die Situation, die das Mangelhaft-Gefühl ausgelöst hat, entwickelt sich zum Guten, und Sie merken es daran, daß das Mangelhaft-Gefühl einem anderen Gefühl weicht – dem Gefühl des »ausreichend«. Malen Sie sich aus, wie sich das anfühlt, auf der Ebene von »ausreichend« angelangt zu sein, und ankern Sie die dazugehörigen Gefühle auf dem Zeigefinger. Vielleicht führen Sie einen Dialog mit sich, indem Sie zu sich selbst sagen: »Nun ja, es würde ja ausreichen, wenn ich nicht so stolz wäre, aber ich könnte mir weiß Gott etwas Besseres vorstellen!« Und dann stellen Sie sich etwas Besseres vor und kommen zu dem 3er-Gefühl von »befriedigend«. Was für den einen vielleicht wirklich befriedigend ist, ist für den anderen eine geheime Schande. Mit welchen Gefühlen auch immer Sie diese Mitte zwischen 1 und 5 benoten – verankern Sie sie auf dem Mittelfinger. Sofort spüren Sie, wie dieses Mittelmaß Wirklichkeit wird und vielleicht doch so etwas wie Befriedigung eintritt, auch wenn sie nur vorläufig ist. Wie auch immer, dieses Mittelmaß ist ja besser als nichts, auch wenn es nicht alles ist. Und wieder hören Sie vielleicht die inneren Dialogsätze dazu: »Also, für andere mag das ja befriedigend sein, aber ich weiß genau, daß ich hier nicht stehenbleiben möchte, obwohl ich könnte, wenn ich wollte.« Und während Sie sich dies innerlich sagen, entsteht in Ihnen schon ein Gefühl dafür, was so gut wäre, daß es wirklich ein Gut für Sie wäre. Sie kommen zur Note 2, dem »gut«. »Gut« sagen Sie sich, »das ist schon einmal gut.« Und Sie ankern das Gefühl von »gut« auf Ihrem Ringfinger, und während Sie dies tun, spüren Sie schon, daß dies nicht das Ende ist und es noch eine Steigerung gibt. So kommen Sie zu dem »sehr gut«, der Note, die besonderen Auszeichnungen vorbehalten ist. Vergegenwärtigen Sie sich, welche Gefühle diesem exzellenten, diesem herausragenden und hervorragenden, diesem besonderen Zustand entsprechen, und woran Sie merken, daß Sie in einem solchen Zustand sind. Manchmal überrascht uns das Glück mitten im Alltag und kommt ohne jeden Grund. Spüren Sie den *moments of excellence* nach, kommen Sie sich selbst auf die Spur, wie Sie das Glück in Ihrem Leben verwirklichen, auch wenn es zufällig und als eine Laune des Schicksals erscheint. Destillieren Sie die Essenz aus dieser Art des Daseins wie ein köstliches Parfum, eine frische Brise, ein flüchtiger Einblick oder Ausblick, ein Anklingen, das Sie erreicht und schon vorbei ist, noch während Sie den Ton, der Sie berührt hat, wahrnehmen. Oder vielleicht ist es auch das Gefühl wohlverdienten Triumphs, eines Sieges, einer strahlenden Gewißheit – was auch immer es sein mag: es trägt dazu bei, dieses 1er-Gefühl zu repräsentieren und jetzt lebendige Gegenwart werden zu lassen. Sie verankern das Hochgefühl auf dem kleinen Finger. Und vielleicht hören Sie dazu das Schmettern des hohen C und sehen eine Opernbühne festlich erleuchtet, wissen, daß jetzt gleich tobender Applaus ausbrechen wird. Und wann immer Sie im Alltag wieder »mangelhaft« erleben, können Sie nun durch die Verkettung glücklicher Umstände zu diesem »sehr gut« gelangen.

Zustände bewußt unterscheiden und trennen lernen (Separator setzen)

Ein Separator (engl. *separate* = trennen) ist entweder ein plötzlicher Reiz oder eine bewußt eingesetzte Aktion bzw. Intervention der Unterbrechung zwischen zwei Situationen oder Zuständen. Durch einen Separator kann ich mich selbst (oder andere) aus einer Alltags-Trance herauslösen. Ein Separator wirkt als Musterunterbrechung, d.h. eine automatisch ablaufende Handlung wird unterbrochen. Er ist eine Art Keil, der bewußt zwischen zwei verschiedene Zustände geschoben wird, um zu verhindern, daß diese sich miteinander vermischen oder unkontrolliert ineinander übergehen. Im NLP wird dem bewußten Einsatz eines Separators große Beachtung geschenkt, denn nur der Lerninhalt wird im Unbewußten wirklich dauerhaft abgespeichert, der sich als Lerneinheit von anderen Bewußtseinszuständen abhebt und dadurch eine außerordentliche Wirkung hat. Dies gilt auch für Verhaltensmuster, die ich neu lernen möchte: Unmittelbar nachdem Anker für Ressourcen gesetzt wurden, mache ich einen Schnitt, denke an etwas ganz anderes und unterbreche mich selbst. Separator werden im Alltag unwillkürlich gesetzt. So beendet das Klatschen des Publikums das Theaterstück und bricht den Bann, den dieses ausübte. Viele Menschen rauchen, um eine Pause zu machen oder Abstand zu gewinnen. Die Zigarette ist dann der Separator. Finden Sie für sich wirksame und ökologische Separator-Keile, mit denen Sie Akzente ebenso wie Zäsuren setzen können. Beispiel eines bewährten Hausmittels, das als Separator wirkt: Eine Angelegenheit, die Sie beschäftigt, überschlafen oder vor einer wichtigen Entscheidung einmal um den Block gehen ...

Gute und schlechte Regelkreise (*loops*)

Einen unerwünscht verlaufenden Regelkreis nennen wir Circulus vitiosus oder Teufelskreis. Wörtlich übersetzt heißt es eigentlich »Lasterkreis« und bezeichnet die Abfolge von sich steigernden Lastern auf dem Weg zur Hölle. Interessanterweise gibt es keinen Regelkreis, der ein »Engelskreis« ist und die Tugenden vermehrt. Wahrscheinlich ist das Gefälle der fatalen Fehler bekannter. Teufelskreise kommen in allen Lebensbereichen vor, sie betreffen Kreisläufe der Krankheit, des Mißerfolgs, der Selbstabwertung, sie zeigen sich auch in verfehlten Kommunikationsversuchen innerhalb von Partnerschaften oder in Betrieben. Sogar politische Verhältnisse werden durch solche Regelkreise bestimmt, die Ökologie als Wissenschaft von den globalen Wechselwirkungen in der Umwelt und auch die Natur kennt solche Regelkreise, die durch unberechenbare Faktoren ausgelöst werden. Jede Anstrengung auszubrechen, verstärkt durch Eingabe von Energie diejenige Kraft, mit der der Kreis sich schließt und sich auf diese Weise immer wieder selbst regelt.

Als Teufelskreise des menschlichen Verhaltens werden konditionierte Reiz-Reaktions-Muster bezeichnet, die sich zunehmend verfestigen, bis sie unauflösbar scheinen, weil jede Reaktion auf einen Reiz einen weiteren Reiz auslöst, auf den reagiert wird. Jede Reaktion bezieht sich also immer nur auf die daraus resultierenden Reize und nicht mehr auf das gesamte System, innerhalb dessen dieses Muster der zunehmenden Verengung sich einschleift. Solche Schleifen können eine erstaunliche Stabilität entwickeln, denn diese Konditionierungsprogramme erzeugen durch das Prinzip der selbsterfüllenden Prophezeiung äußerst zuverlässige Standards und Stereotypen. Sowohl Reiz als auch Reaktion erfolgen nach einem Schema, das einmal festgelegt wurde, und entsprechen nicht der jeweiligen Situation, die bei flexibler Anpassungsfähigkeit und mit Kreativität neu angegangen werden sollte. Typisch für Teufelskreise sind Zustände und Gefühle von Erstarrung, Erschöpfung, von Gefangensein und Hilflosigkeit. Jede Energie, die in den Ausbruch investiert wird, verstärkt das Muster, statt es aufzulösen. Die Schleife wird zur Schlaufe, die sich enger zieht, den Knoten zuzieht.

Wenn jedoch Teufelskreise auf eine bestimmte Weise funktionieren, dann können wir durch Teufels- oder Lasterkreise lernen, wie wir Engels- oder Tugendkreise konstruieren und für uns arbeiten lassen können.

Hilfen, die aus dem Teufelskreis führen

Finden Sie eine Situation, in der Sie sich seufzend sagen: »Schon wieder mache ich denselben Fehler, obwohl ich es doch besser wissen sollte und mir es auch so fest vorgenommen habe!« Vielleicht kommen Sie dem Teufel auf die Spur, wenn Sie sich vorstellen, wie der Teufel jeden Reiz dazu nutzt, Sie in seinen schicksalsträchtigen und vorbestimmten Kreis hineinzuziehen. Der Vorteil, sich in ei-

- Vergegenwärtigen wir uns, daß kein Zustand das absolute Ende ist, sondern nur Teil einer Kette, die ihre eigene Dynamik hat und als Prozeß abläuft.
- Je mehr wir uns an extremen Zuständen orientieren, sei es an übertriebenen Erfolgserwartungen, sei es an aussichtslosen Endzeiten, desto mehr verengt sich unsere Wahrnehmung auf das, was wir erwarten, und liefert die Reaktionen, die die Auswertung der Reize bestätigen.
- Erweitern wir jedoch unsere Wahrnehmung und halten auch das für möglich, was nicht in die standardisierte und stereotype Erwartung hineinpaßt, bemerken wir kleinste Unterschiede und sind offen für kleinste Veränderungen, an denen wir erkennen können, ob der Prozeß, in dem wir uns befinden, uns unserem Ziel näher bringt oder uns in seine konditionierten Gewohnheitsschleifen einbindet.
- Jedes Feedback wird durch diese offene Haltung und durch die achtsame Aufmerksamkeit zu einer wertvollen Information, die in sich als Erfolg, als Schritt in die richtige Richtung verbucht wird, selbst wenn diese Information normalerweise als Fehler oder Versagen ausgewertet werden würde.
- Die Haltung »aus allem läßt sich etwas lernen« führt aus der Verengung heraus in eine Weitung des Bewußtseins. Diese Haltung wirkt sich positiv als Ausstrahlung auf andere aus und induziert wiederum positive Reaktionen im Verhalten anderer, deren stereotypen Verhaltensmuster »aufgeweicht« werden und sich verflüssigen.
- Kreativität besteht darin, etwas auszuprobieren und sich durch Mißerfolge nicht davon abhalten zu lassen, etwas anderes auszuprobieren, bis ein Versuch das erbringt, was beabsichtigt war – oder bis der Entschluß gereift ist, sich ein anderes Ziel zu setzen oder eine andere Absicht zu verfolgen.
- Humor ist die Fähigkeit, über sich selbst zu lachen und den Wechsel zwischen Hoch und Tief als belebend wahrzunehmen.

nem solchen Kreis zu befinden, besteht darin, daß man sich selbst aufgeben kann und keine Verantwortung für jede weitere Gestaltung seines Schicksals hat. Wenn Sie aber etwas verändern möchten, lassen Sie ab jetzt jeden Reiz zum Anreiz werden, mehr erfahren, mehr ausprobieren, das Leben mehr in seiner komplexen Fülle ausloten zu wollen. Dann begegnen Ihnen sicher einige Helfergestalten.

- Die Helfergestalt »Neugierde«, die Sie in jeder Lage dazu antreibt, in jeder Erfahrung das Neue und nicht das Alte, Gewohnte erfahren zu wollen, und die Sie dazu inspiriert, weiterzugehen, statt stehenzubleiben – selbst wenn Sie an Ihrem Ziel angelangt sind und schon Erfolg haben. Gerade dann.
- Die Helfergestalt »Ausgleich«, die Sie dafür begeistern kann, daß alles zwei Seiten hat und es sogenannte schlechte und sogenannte gute Erfahrungen gibt, je nachdem wie Sie sie deuten, und daß diese Bedeutung sich auch von heute auf morgen verändern kann, denn nichts ist beständig. Außer Ihrer Einstellung der humorvollen Gelassenheit.
- Die Helfergestalt »Kontinuität«, die Sie über die Hochs und Tiefs trägt oder sich wie Grundwasser in Ihrer Tiefe als tragende Gewißheit sammelt, daß alles seinen Sinn hat. Dieser Helfer verleiht Ihnen die Kraft der Sammlung und der Beharrlichkeit, und ihm verdanken Sie es, wenn »etwas aus Ihnen wird«, d.h. wenn Ihre Bemühungen Gestalt annehmen und Erfolg bringen.
- Die Helfergestalt »Dankbarkeit«, die anerkennt, was Sie leisten, ebenso wie sie die guten Absichten, die hinter dem Verhalten stehen, wertschätzt, auch wenn vordergründig das Verhalten nicht erwünscht oder erfolgreich war. Dieser Helfer verleiht Ihnen eine Sichtweise, nicht nur sich selbst wertzuschätzen, sondern auch anderen Menschen in einer Haltung grundlegender Wertschätzung zu begegnen.

Vielleicht hilft Ihnen zusätzlich die Vorstellung, wie diese Helfer Gestalt annehmen, sich die Hand geben und einen Kreis bilden. Konstruieren Sie sich einen Regelkreis, der Sie Ihrem Ziel (gewünschten Zustand) immer näher bringt, bis Sie es schließlich erreichen.

Technik zur Integration von Plus und Minus

Diese Technik können Sie ohne weiteres alleine bei sich selbst anwenden. Sie dient dazu, auch in schwierigen Situationen, in denen Sie eine Tendenz haben, negativ zu reagieren (z.B. mit Streß) sich nicht »aus der Bahn werfen« und von Ihrem Ziel abbringen zu lassen. Sie können durch diese Technik lernen, Ihre Ressourcen besonders dann zu aktivieren, wenn Sie sie brauchen, um negative Erfahrungen bzw. negative Anker zu neutralisieren. Die Überlagerung zweier Anker, wobei ein positiver Ressource-Anker mit einer negativen Konditionierung ausgeglichen wird, bewirkt eine Integration von verschiedenen Erfahrungen, negativer wie positiver, so daß beide als wertvolle Informationen genutzt werden können. Probieren Sie jedoch diese Technik nicht aus, wenn Sie unter dem Einfluß negativer Stimmungen stehen und wieder einmal Ihrer Mängel leidvoll bewußt werden, sondern dann, wenn Sie im vollen Bewußtsein Ihrer Ressourcen und Ihrer Fülle sind. Bereiten Sie sich deshalb durch das Ritual des Ressourcen-Kreises darauf vor. Gehen Sie erst dann dazu über, sich die schwierige Situation, die sie »entschärfen« wollen, zu vergegenwärtigen.

Übung »Mangel und Fülle miteinander verbinden«

1. Wählen Sie eine Situation aus, die Sie mit dieser Technik besser bewältigen wollen, und vergegenwärtigen Sie sich den negativen Zustand, in den Sie gewöhnlich geraten. Lassen Sie dieses unangenehme Gefühl aus sich herausfließen, hinein in den Ort, an dem Sie stehen. Verankern Sie das negative Gefühl an diesem Ort, und steigen Sie daraus aus. Dissoziieren Sie sich, indem Sie sich von dem Ort entfernen und Abstand dazu gewinnen.
2. Finden Sie nun einen weiteren Ort, von dem aus Sie sich selbst sehen, wie Sie in der schwierigen Situation gefangen und durch negative Reaktionen befangen sind. Schätzen Sie aus der Position des Beobachters ein, was dieser Person in dieser negativen Situation guttun würde, was sie bräuchte, um besser zurechtzukommen, welche Ressourcen zur Verfügung stehen sollten, wenn diese Situation sich wieder ergibt.
3. Wenn Sie sich die nötigen Ressourcen vergegenwärtigen können, führen Sie sich selbst in das assoziierte Erleben dieser Kräfte und Energien ein. Erleben Sie das, was Ihnen in der schwierigen Situation guttun würde, hier und jetzt und gehen Sie im vollen Bewußtsein dieser Ressourcen in die nächste Nähe des Raum-Ankers, in dem die negative Reaktion in der schwierigen Situation verankert worden ist.
4. Lassen Sie in nächster Nähe, nur einen Schritt von dem negativen Raum-Anker entfernt, alle Ressourcen in sich aufsteigen, sich verstärken und dann in den Boden abfließen, wo sie Wurzeln schlagen und Früchte tragen. Stellen Sie sich auf den Ressourcen-Platz und werden Sie selbst zu einem Baum, der sich von den Ressourcen nährt. Oder finden Sie ein anderes Bild, das Ihnen vermittelt, wie sehr die Ressourcen Teil Ihres Systems, Ihres Organismus, Ihres Körpergefühls geworden sind.
5. Erst dann, wenn Sie fühlen, durch die Ressourcen ganz in Ordnung gekommen zu sein, stellen Sie einen Fuß in den negativen Raum-Anker, während der andere Fuß fest verankert im positiven Ressourcen-Raum-Anker bleibt. So stehen Sie mit dem einen Bein im negativen Raum-Anker, und mit dem anderen Bein im Ressourcen-Anker, aber mit beiden Beinen fest und sicher im Leben. Die beiden Anker von Plus und Minus werden verbunden, sie verschmelzen, gehen ineinander über, Energie fließt hin und her, wie bei elektrischem Strom, der sich zwischen zwei Polen bewegt. Bewegung entsteht, und durch die Bewegung finden sich neue Wege, neue Formen, neue Erlebnisweisen.

Diese Technik wird »Ankerschmelzen« genannt. Ich habe sie zunächst unter dem Namen »Confusion Technique« kennengelernt. Konfusion ist dabei nicht das bedrohende und vernichtende Chaos, das alle Ordnung auflöst, sondern die Erlösung von einer alten, erstarrten Ordnung. Konfusion bringt neue Gedanken, und unter Umständen erfahren wir in der Konfusion eine Verwirrung der Gefühle, die letztlich eine heilsame Erschütterung der festgelegten Standards und Stereotypen mit sich bringt.

Die Wahrnehmungspositionen des NLP (*perceptual positions*)

»Man kann nicht nicht kommunizieren« heißt ein Satz von Watzlawick.
In jeder Kommunikation wird ein bestimmter Standpunkt eingenommen, von dem aus kommuniziert wird. Dieser Standpunkt ist ein Standort und eine Position. Im NLP sprechen wir von den Wahrnehmungspositionen. Bei jeder Kommunikation partizipie-

ren und bei jeder Interaktion agieren die Teilnehmer zunächst aus ihrem eigenen Modell der Welt heraus. Dies kann dazu führen, daß Mißverständnisse auftauchen, Einverständnisse nur scheinbar erreicht werden und Konflikte entstehen, wenn der eine Partner das Verhalten des anderen Partners zur Ursache des Konflikts erklärt und umgekehrt. Der Konflikt scheint unlösbar, weil jeder der Beteiligten in seiner Position verharrt und eine Lösung nur durch den Wechsel der Ebenen möglich ist. Gerade die letzte Betrachtungsweise der verbarrikadierten Standpunkte führt zu Schuldzuweisungen und nicht zu einer befriedigenden Lösung oder zu Frieden.

Durch den Wechsel der Wahrnehmungspositionen hingegen wird der Konflikt aus drei Positionen gesehen, und zwar von beiden Beteiligten, so daß sich eine multiperspektivische Betrachtungsweise (Beschreibung und Definitionen) ergibt. Bei diesem Vorgehen ist es notwendig, alle Positionen einzunehmen und die Gesamtsituation (und eventuell den Prozeß, der sich daraus ergibt) aus den jeweiligen Perspektiven zu sehen, so daß beschrieben werden kann, wie diese drei Positionen zusammenhängen und welcher Art die Beziehungen sind. Wir würden dann zu einer zirkulären Betrachtungsweise gelangen. Eine solche erweiterte Sichtweise aus mehreren Perspektiven verlangt ein hohes Maß an Bereitschaft, sich nicht nur in den anderen hineinzuversetzen, sondern ihn als Ganzheit so sehr zu verstehen, daß auch die Glaubenssätze, das Wertesystem, das Gefühl von Identität und Zugehörigkeit übernommen werden. Die eigene Position wird jedoch nicht außer acht gelassen, denn erst im gleichzeitigen Wahrnehmen beider Positionen ergibt sich die Einsicht für das Muster, das Verbindung schafft.

Übung »Zustände in der Ich-Position, Du-Position«

Diese Übung läßt sich natürlich am besten zu zweit machen, aber Sie können auch allein üben und sich die zweite Person vorstellen. (In diesem Fall wählen Sie eine Person aus, die Sie gerne besser verstehen möchten.) Stellen Sie für sich einen Stuhl und für diese zweite Person, die Du-Person, einen zweiten Stuhl hin. Nachdem Sie sich in Ihrem »Ich-Stuhl« gut verankert haben, setzen Sie sich auf den »Du-Stuhl« und versetzen sich in den Zustand, den die Du-Person erlebt, wenn sie mit sich assoziiert auf ihrem Stuhl sitzt. Vielleicht gibt es Fragen, die Sie gerne der Du-Person stellen würden oder die die Du-Person gerne von Ihnen beantwortet hätte. Sie können dann aus der jeweiligen Position, an die die Frage gerichtet ist, antworten, wobei Sie die Antwort mit der sprachlichen Formulierung einleiten:

»Ich an deiner (meiner, dieser) Stelle ...« Lassen Sie die Antworten, die Ihnen einfallen, aus sich herausfließen, überlassen Sie es Ihrer Intuition, die passenden Antworten zu finden und auszudrücken. Durch diese Übung werden Sie eine Erweiterung Ihrer Perspektive und Ihrer Informationsbreite erfahren. Wenn Sie damit vertraut geworden sind, sich in den assoziierten Zustand einer anderen Person hineinzuversetzen, können Sie dazu übergehen, auch den dissoziierten Zustand, in dem eine andere Person sich selbst aus der Distanz erlebt, zu erkunden. Treten Sie hinter den Stuhl der Du-Person und stellen Sie sich vor, wie Sie über die Du-Person denken, sprechen, urteilen würden. Welche Argumente würden Ihnen einfallen, wenn Sie den Standpunkt der Du-Person vertreten würden? Beenden Sie diese Übung, indem Sie auf Ihren Stuhl zurückkehren, in den assoziierten Zustand gehen und sich dort verankern.

Arten der Wahrnehmung unterscheiden

Sie haben gelernt, zwischen den Zuständen von Assoziation und Dissoziation zu unterscheiden. Sie haben am eigenen Leibe vielleicht erleben können, welche Auswirkung es hat, die andere Position, die ungewohnte oder auch fremde, zu vertreten – sich hineinzuversetzen. Markieren Sie nun vier Boden-Anker durch Zettel und beschriften Sie sie mit »ich«, »du«, »beteiligter Beobachter« und »neutraler Beobachter«. Dies sind die vier »Wahrnehmungspositionen« im NLP, d.h. Positionen, von denen aus wahrgenommen werden kann, wobei die Art der Wahrnehmung sich entsprechend verändert. Die zwei Beobachter-Positionen unterscheiden sich dadurch, daß ein Beobachter beteiligt ist (im NLP 3. Position oder 1. Meta-Position genannt) während der zweite ein neutraler Beobachter ist (im NLP 4. Position oder 2. Meta-Position genannt). Da es Objektivität oder Neutralität ja eigentlich in den Strukturen subjektiver Erfahrung nicht geben kann, sollte der neutrale Beobachter wie ein Passant vorgestellt werden – jemand, der gerade zufällig vorbeikommt und das Geschehen sieht, das Gespräch mit anhört oder irgendwie fühlt, was zwischen den Anwesenden läuft bzw. gelaufen ist. Stellen Sie vier Stühle auf und legen Sie die beschrifteten Zettel darauf.

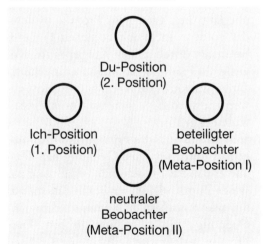

Finden Sie eine Situation, in der Sie mit einer Person in Beziehung stehen und mit der Sie die Beziehung, die Sie zu ihr haben, klären wollen. Der Du-Stuhl ist nun durch die andere Person besetzt, der Meta-I-Stuhl durch einen Dritten, der vielleicht helfen möchte oder sich einmischt, obwohl er vorgibt, unparteiisch zu sein. Der vierte Stuhl ist zunächst durch keine Person besetzt und bleibt leer. Setzen Sie sich abwechselnd auf einen der drei besetzten Stühle und versetzen Sie sich in die Lage der jeweiligen Person in der entsprechenden Position von »ich«, »du« und »beteiligter Beobachter«. Was würden die verschiedenen Personen wahrnehmen? Machen Sie sich Notizen und beenden Sie die Übung, indem Sie auf Ihren Stuhl zurückkehren, in den assoziierten Zustand gehen und sich dort verankern.

Betrachten Sie nun die leeren Stühle um sich herum. Was haben diese Erfahrungen, die Sie dort gemacht haben, mit Ihrer Person zu tun? Welches Beziehungsgewebe hat sich da entwickelt? Welche Positionen sind stark besetzt worden und »strahlen« immer noch aus? Welche Positionen sind Ihnen bis jetzt fremd geblieben oder »sagen Ihnen nichts«, d.h. haben (noch) keine Bedeutung? Oder keine Bedeutung mehr? Beobachten Sie auch, wie das Arrangement der Stühle mit den verschiedenen Bedeutungen und spürbaren Wirkungskräften (Energie = wirkende Kraft) Ihre innere Landkarte mit all den Repräsentationen erinnerter oder vorgestellter Beziehungen abbildet. Gibt es Orte, die Sie öfter aufsuchen möchten? Oder gibt es Orte, in denen gestörte Verhältnisse herrschen und die erst »entstört« werden müssen, damit ein Aufenthalt dort sich gut anfühlt? Wenn ja, können Sie nun die Bedingungen für eine solche Harmonisierung herausarbeiten.

Dazu setzen Sie sich auf den Stuhl »Meta I«, der für den beteiligten Beobachter reserviert ist. Wie fühlt es sich da an? Welche Gefühle hat Ihrer Meinung nach der Beobachter beim Beobachten? Setzen Sie sich auf den Stuhl der zweiten Meta-Position und beobachten Sie den Beobachter beim Beobachten. Was fällt Ihnen an dem Beobachter in der ersten Meta-Position auf? Können Sie bestimmte Einstellungen bei ihm entdecken, die Sie auch von sich kennen und die das Beziehungsgeschehen zwischen Ich und Du, zwischen 1. und 2. Wahrnehmungsposition möglicherweise interpretieren und werten? Ist dieser Beobachter voreingenommen? Hat er Vorurteile? Welche? Schreiben Sie sie auf und untersuchen Sie, inwieweit diese Vorurteile als Wertungen das Beziehungsgeschehen beeinflussen könnten. Sammeln Sie die Informationen, die aus dieser Beobachtung kommen.

Stellen Sie sich vor, daß jeder Mensch negative und positive Zustände und Regelkreise als Potential in sich trägt, auch wenn er die Konsequenzen seines Verhaltens nicht zu Ende denkt. In jedem Menschen gibt es einen Kern, eine innere Stimme, ein Leitfaden, den er manchmal verliert, und den wiederzugewinnen Sie mithelfen können, wenn Sie jedem Menschen zugestehen, daß er ständig wenn auch vielleicht unbewußt auf der Suche nach sich selbst, d.h. nach seinem Kern und seinem innersten Ziel ist. Gehen Sie davon aus, daß jeder Mensch einen inneren Auftrag *(mission)* hat, den er erfüllen möchte. Machen Sie sich zur Regel, jedem Menschen mit einer inneren Einstellung der grundlegenden Wertschätzung zu begegnen.

Heilmeditation »Dem Fremden eine Heimat geben«

Nehmen Sie sich Zeit dafür und achten Sie darauf, daß Sie in dieser Zeit (etwa 15 Minuten) nicht gestört werden. Die Anweisungen sind in der Du-Form geschrieben, so daß Sie sie auf Tonband sprechen und anhören oder aber einem Partner bzw. Klienten vorlesen können. Die Du-Form entspricht der Intimität, die diese Meditation herstellt.

1. Nimm dir jetzt eine Aus-Zeit, eine Zeit ganz für dich selbst, und überlasse dich den heilenden Kräften der Selbstorganisation, die dein Unbewußtes herausfinden lassen, was jetzt für dich richtig und stimmig ist. Vielleicht sendet dir dein Unbewußtes Bilder und Erinnerungen oder Sätze und Erkenntnisse, oder vielleicht überrascht es dich einfach mit positiven Körpergefühlen der Heilung, wobei du die tieferen Gründe für die Heilung nicht wissen mußt. Vertraue einfach dem Prozeß, der jetzt beginnt, während du tief durchatmest und dich entspannst …

2. Stell dir vor, wie von den Zehen her eine goldene Flüssigkeit deinen Körper auszufüllen beginnt. Vielleicht stehst du in einer Quelle oder in einem Springbrunnen von Goldwasser, oder vielleicht badest du in Gold, schwimmst in einem Meer von schimmerndem Gold … wie auch immer … da ist das sanfte goldene Licht, das dich ausfüllt und gleichzeitig ausleuchtet, sanft abtastet …

3. Stell dir vor, dieses goldene Licht hat die Eigenschaft, dich behutsam auf Fremdkörper und Störungen abzutasten. Du weißt, daß dies zu deinem Wohlbefinden und deinem Selbstwertgefühl beiträgt und überläßt dich ganz dem Prozeß, in dem das goldene Licht mit goldenen Fingern behutsam durch deinen Körper fährt, wo vielleicht Fremdes, das nicht zu dir gehört, darauf wartet, berührt und herausgelöst zu werden, so daß es dorthin zurückfließt, wohin es gehört.

4. Stell dir vor, daß das Fremde irgendwohin gehört und dort seine Ordnung hat. Dadurch, daß das Fremde dich verläßt und zu seiner Zugehörigkeit zurückfindet, spürst du, wie du selbst dich immer mehr »in Ordnung« fühlst, so wie du bist. Das Fremde verläßt von selbst deine 1. Posi-

tion und kehrt dorthin zurück, woher es gekommen ist, zu den Personen zurück, von denen der entfremdende Einfluß ausgegangen ist. Vielleicht sind es fremde Teile, die lange schon in dir gewohnt haben. Und bevor du dich von ihnen verabschiedest, kannst du sie fragen,
- was sie dich lehren wollten,
- was ihnen erlaubt hat, sich hier in deinem Körper aufzuhalten,
- was sie brauchen, um gehen zu können.
- Und dann frage dich selbst, was du brauchst, um sie gehen lassen zu können.

5. Stell dir vor, daß an deiner linken Körperseite ein Lichtstrahl zur Quelle des Lichtes zurückfließt. Dieser Lichtstrahl wird alles Fremde in dir zurücknehmen und dich auf diese Weise reinigen, so daß du ganz du selbst bist und dich in der Lage fühlst, über deine Zukunft selbst zu entscheiden. Der Lichtstrahl führt seinen Scan zu Ende und sucht deinen Körper weiter nach fremden Teilen ab. Ein deutliches Körpergefühl der Erleichterung und Klarheit wird dir anzeigen, daß der Vorgang des Abtastens beendet ist. Beende die Meditation mit einer Verneigung.

6. Gib dir selbst eine Art posthypnotischer Suggestion, die bewirkt, daß dein Unbewußtes dich in diesem Prozeß auch weiterhin unterstützt und alles dazu tut, daß die Ganzheit der Person, deine Integrität auch danach gewahrt bleibt. Sage dir selbst: »In der Nacht, wenn ich schlafe und träume, oder in Zeiten tiefer Entspannung, in denen mein Unbewußtes für mich arbeitet, vertraue ich darauf, daß alles das geschieht, was meine Integrität wahrt und festigt. Die nötigen Integrationsprozesse geschehen von selbst, dank meines Unbewußten, das weiß, was zu mir gehört und was nicht. Mein Unbewußtes weiß, daß es ein Teil des Ganzen ist und das Ganze in ihm enthalten ist, so daß alles seine Ordnung hat.«

Das Reinigen der Sinne

Das, was wir als unmittelbare Erfahrung zu erleben glauben, ist in Wirklichkeit schon eine Repräsentation, die sich dem Bewußtsein vermittelt. Unmittelbares ist nicht erfahrbar, weil Erfahrung immer schon durch die Sinne »verschlüsselt« ist, wobei der Code durch die vorhergehenden Erfahrungen, Vorstellungen und Einstellungen, Werte und Erwartungen geprägt ist. Alle Informationen, die uns erreichen, sind mitbestimmt und ebenfalls geprägt durch die Form, die dem Code entspricht. Gleich der Form eines Schlüssels, die dem Schloß entspricht, gleich einer Blaupause oder Matrix, die als Urform jede neue Form, die aus ihr hervorgeht, prägt, so ist unsere Wahrnehmung immer schon vorgefaßt und in gewisser Weise vorbestimmt. Dabei ist zu beachten, daß diese Vorgefaßtheit nicht irgendwie zustande kommt und nicht in irgendeinem Stil, nicht in irgendeiner Sprache existiert, sondern eindeutig emotional bestimmt ist, weil wir emotional auf Reize reagieren. Es gibt keine »objektive« Reaktion.

Unsere Wahrnehmung ist also immer schon emotional gefärbt, je nach den Farben der vorhergegangenen oder ähnlichen Erfahrungen, zu denen unwillkürlich und unbewußt – als erster Akt der Informationsverarbeitung – ein Bezug hergestellt wird. Es gibt zwei Arten, einen solchen Bezugsrahmen zu schaffen und Bezüge herzustellen:

- Der Bezugsrahmen der Kausalität (das eine führt zum anderen, das eine folgt aus dem anderen, das eine ist die Ursache des anderen, das eine ist die Wirkung des anderen). Der Bezugsrahmen der Kausalität wird durch ein Denken der kausalen Verknüpfungen hergestellt, d.h. zwei Eindrücke werden in einer Kette kausaler, sich aufeinander beziehender Eindrücke miteinander verbunden. Dieses Denken benutzt

eher die Vorstellung, um kausale Bezüge zu konstruieren.
- Der Bezugsrahmen der Äquivalenz (das eine ähnelt dem anderen, das eine gleicht dem anderen, das eine ist genauso wie das andere). Der Bezugsrahmen der Äquivalenz wird durch ein Denken in Analogien hergestellt. Im Gegensatz zu dem unterscheidenden, differenzierenden und analysierenden Denken sucht das Denken in Analogien das Gemeinsame von Eindrücken, wobei eine Verwechslung von Ähnlichkeit und Gleichheit stattfindet. Dieses Denken benutzt die Erinnerung, um neue Eindrücke den alten anzugleichen.

Wichtig: Wenn es nun in der folgenden Übung darum geht, diese Bezüge aufzulösen und dadurch eine Entkoppelung der miteinander vermischten Wahrnehmungen bzw. deren Repräsentationen zu erreichen, so daß die Sinne »gereinigt« werden, damit die Wahrnehmung wieder soweit wie möglich ungetrübt ist, dann ist es von großer Bedeutung, zunächst den Sinn dieser »Trübung« zu verdeutlichen. Ein Bezugsrahmen gibt Halt und Orientierung. Bezüge zu schaffen ist die erste Möglichkeit des Menschen, sich in der Welt und der Gesellschaft, in die er hineingeboren wurde, zurechtzufinden, sich zu Hause zu fühlen. Bezugslosigkeit kann zu Gefühlen der Entfremdung und Verlorenheit führen. Es bedarf einer gewissen Reife und Welterfahrenheit, um ohne Risiko die Krücken weglegen zu können. Natürlich können wir auch schon vorher das Risiko eingehen und dadurch wachsen und reifen. Erst dann kann jeder Augenblick als einmalig erlebt und auf die Bezüge zu den gewohnten Mustern des schon Erlebten verzichtet werden. Die Entkoppelung wirkt sich so aus, daß ich mir Kausalitäts- und Äquivalenzbezüge denke, aber gleichzeitig das Gegenteil denke, so daß die Bezüge relativiert werden.

Die Bezüge werden nicht absolut gesetzt, sie sind eine Möglichkeit der Informationsverarbeitung, aber noch keine Wirklichkeit. Ich sage dann:

- Was ich jetzt erlebe, erinnert mich an eine Situation damals, in der das eine zum anderen geführt hat. Oder: Was ich jetzt erlebe, hat bei Person X zu Y geführt. Oder: Man hört immer wieder, daß X zu Y führt. Aber: Heute ist alles anders oder unterscheidet sich zumindest in wichtigen Punkten. Und: Ich bin nicht X. Und: Man hört viel. Und es gibt auch Stimmen, die genau das Gegenteil sagen. Außerdem: Ich weiß, wieviel die innere Einstellung ausmacht, und ich gebe der Möglichkeit, daß bei mir X nicht zu Y führt, eine Chance.
- Was ich eben erlebe, erinnert mich an eine andere Erfahrung in meiner Vergangenheit, und es löst Ähnliches in mir aus. Meine Reaktion ist genau dieselbe wie damals. Aber wenn ich weiter darüber nachdenke, erkenne ich doch wesentliche Unterschiede. Gleichzeitig erkenne ich nun besser, was genau die Ähnlichkeit ausmacht und wo genau der Unterschied liegt. Und dann komme ich doch zu dem Schluß, daß zwar Ähnlichkeiten bestehen und daß diese Ähnlichkeiten mir helfen, die Erfahrung, die ich eben mache, einzuordnen, aber ich erkenne gleichzeitig, wie sehr ich dabei bin, mich in einen geschlossenen Raum von in sich abgeschlossenen Erfahrungswerten zu begeben. Also öffne ich mein Denken gleich einem Fenster oder einer Tür, und ich begebe mich bewußt in einen Raum, wo Neues, ganz anderes möglich ist.

Die Entkoppelung von Wahrnehmungskomplexen, die übrigens oft in Form von Synästhesien auftauchen und deshalb besonders schwierig aufzulösen sind, bewirkt gleichzeitig eine Auflösung von alten Glaubenssätzen, Anschauungen, Haltungen und Einstellungen.

– Ein typischer Glaubenssatz für Kausalitäts-Bezüge ist: »Es gibt keinen Zufall.« Dieser Glaubenssatz garantiert, daß die Welt als sinnvoll geordnet, vorsortiert und vorbestimmt erlebt werden kann. Alles hat einen Grund, und wenn es einen Grund gibt, gibt es auch einen Sinn. Wenn ich den Grund weiß, eröffnet sich mir auch der Sinn. Beispiele dafür sind Schuldzuweisungen, die innere Zustände auf äußere Gründe beziehen und daran festmachen. Der Fokus, durch den ich innere Zustände wahrnehme, richtet sich nach außen, wo ich nach Gründen für den inneren Zustand suche. Der internale Fokus wird durch den externalen abgelöst. Ich beziehe mich nicht mehr auf mich selbst, sondern entferne mich immer mehr von mir selbst, je mehr ich meinen Fokus nach außen richte. Ich komme immer weiter weg von dem Ort, wo Sinn entsteht und gefühlt werden kann, nämlich in mir selbst. Ich gerate leicht in die Schleife einer Opfer-Identität. Alles was ich erlebe, geschieht mir, wird mir angetan, ohne daß ich etwas dazu tue.
– Ein typischer Glaubenssatz für Äquivalenz-Bezüge ist: »Es gibt nichts Neues unter der Sonne.« Die innere Logik des Denkens in Analogien beschränkt die Erfahrungswelt auf eine Ebene, nämlich die horizontale, auf der die Erfahrungseinheiten säuberlich zu Einheiten geformt nebeneinander angeordnet und durch assoziatives Denken aneinandergereiht werden. Es entsteht eine Unendliche, entlang der die Erfahrungen sich fortsetzen, denn auch wenn ich nicht alles erfahren habe, was zu erfahren möglich wäre in dieser Welt, so gibt es sicher irgendwo irgendwen, der diese Erfahrung schon gemacht hat, so daß sie nicht neu ist. Das Neue wird von Anbeginn ausgeschlossen, denn nur das Alte hat Erfahrungswert. Das Neue liegt im Jenseits – dort, wo keine diesseitigen Erfahrungen mehr gemacht werden können. Der Vorteil eines solchen Denkens: Alles ist schon bekannt. Das Unbekannte bleibt vor der Tür. Nachteil: Es wird recht langweilig mit der Zeit.

Als Gegenzauber zu dieser Selbstverzauberung stellen Sie sich folgendes vor:
– Alles ist Zufall, insofern als alles, was mir in diesem Augenblick des Erlebens zufällt, den Fall ausmacht, den ich gerade erlebe.
– Alles ist neu und unbekannt, als würde ich es in diesem Augenblick des Erlebens zum ersten Mal erleben, was insofern stimmt, als das Unmittelbare noch vor jeder Vermittlung am Anfang steht, wobei dieser Anfang außerhalb aller Vergleiche und Analogien bleibt.

Wählen Sie zur Übung eine Situation aus, in der Sie versucht sind, Kausalitäts- oder Äquivalenz-Bezüge herzustellen, also zu reagieren mit:

– Das hat man davon! Das ist nur, weil …
– Immer das Gleiche! Das ist genauso wie …

Vergegenwärtigen Sie sich diese Situation genau, indem Sie sich auf die Suche nach demjenigen Eindruck machen, der genau diese Reaktion auslöst. Stellen Sie sich vor, Sie sollten einen Film darüber drehen oder ein Hörspiel schreiben, einen Schnappschuß machen, einem Schauspieler genau den inneren Zustand beschreiben, so daß jede Geste und Bewegung als unwillkürlicher Ausdruck der Reaktion nachvollzogen werden kann. Gehen Sie genau an den Punkt, der vor der Reaktion liegt. Dadurch gelangen Sie an den Punkt des auslösenden Reizes. Was genau hat die Reaktion ausgelöst? War es eine Fülle von Eindrücken, eine besondere Kombination, und wenn ja, welche? So können Sie sich besser ein Bild davon machen, was genau Sie immer wieder an jenen Punkt bringt, an dem das gewohnte Bezugsdenken einsetzt. Setzen Sie nun den Gegenzauber (siehe S. 67) ein.

Die feinen Unterschiede kennenlernen (Submodalitäten-Arbeit)

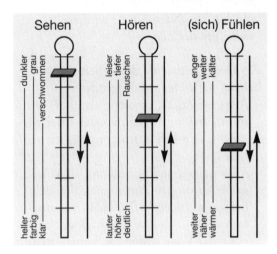

Stellen Sie sich ein Schaltbrett vor und spielen Sie mit den Hebeln, mit denen Sie zwischen zwei Gegensätzen einer sinnlichen Erfahrung hin und her fahren können.

Vergegenwärtigen Sie sich einen Auslöser-Reiz, also ein bestimmtes Bild oder einen bestimmten Ton oder ein Körpergefühl, das Sie in einen bestimmten und Ihnen bekannten Zustand bringt. Wählen Sie einen Auslöser-Reiz, der zu einem angenehmen oder erwünschten Zustand führt, und experimentieren Sie auch mit einem Reiz, der in Ihnen einen unangenehmen und unerwünschten Zustand auslöst. Sie können nämlich Plus-Gefühle intensivieren und Minus-Gefühle entschärfen, indem Sie herausfinden, wie die innere Repräsentation des auslösenden Reizes in Ihrer Vorstellung verändert werden muß, um die gewünschte Wirkung (Intensivierung oder Pufferung) zu erzielen.

Stellen Sie sich vor: mit jedem Augenblick erschaffen Sie Ihre Welt neu. Mit jedem Blick, den Sie auf die Welt werfen, haben Sie die Möglichkeit, im Blick selbst schon einen Entwurf der Welt, für die Sie sich entschieden haben, gestalten zu können. Natürlich ist dies nur eine Phantasie – aber eine Phantasie, die Ihr Leben entscheidend beeinflussen und verändern könnte, wenn Sie dazu bereit sind, die Kraft Ihrer Vorstellung und Ihrer Vision ernst zu nehmen. Vergegenwärtigen Sie sich: die Landkarte ist nicht das Gebiet. Die Landkarte ist ein Modell, das wiederum ein Modell abbildet. Sie bildet nicht die Welt selbst ab, sondern das Modell von der Welt, wie sie in Ihnen repräsentiert wird und präsent ist. Auf dieser Landkarte ist alles da (Modi und Submodalitäten der Sinneswahrnehmung), bunt gemischt, ein lebendiges Biotop der Empfindungen, Reize, Impulse, Reaktionen, ein Flirren und Surren, ein Flimmern vor den Augen – wenn Sie jetzt Ihre Augen schließen, nehmen Sie es wahr. Nichts ist geordnet, gedeutet, ausgerichtet, alles besteht nebeneinander und gleichzeitig. Nichts hat besondere Bedeutung, hat Vorrang. Nichts hat eine Ursache, alles ist seine eigene Wirkung. Die Wahrnehmung dieser Wirklichkeit unterscheidet nicht zwischen realen Ereignissen oder vorgestellten. Die Zukunft ist in der Vergangenheit enthalten, ebenso wie die Vergangenheit es in der Zukunft ist. Gedanken sind Keime, die im Jetzt der Gegenwart, im vergänglichen Augenblick ihre Keimkraft entfalten können, jetzt oder nie. Wenn Sie nun zu denken beginnen, wie die Gärten der Seele angelegt sein könnten, dann haben Sie auch damit begonnen, innere Landschaftspflege zu betreiben.

Augenübung zur Neuorganisation der inneren Landschaft

Sie können diese Übung jederzeit und an jedem Ort machen. Sie wirkt erfrischend auf die Augen, belebt Ihre Sehfähigkeit und aktiviert das Gehirn. Sie werden merken, wie durch diese Übung sowohl Ihre Konzentrationsfähigkeit als auch Ihr Gedächtnis gestärkt wird und Sie das Gefühl haben, alles besser im Blick zu haben.

1. Schließen Sie die Augen, atmen Sie tief durch, und lassen Sie die Augäpfel nach unten gleiten. Stellen Sie sich vor, die Augäpfel wären zwei Kugeln, die in einer Schale liegen, genau am untersten Punkt in der Mitte. Dieser Punkt entspricht Ihrer Körpermitte irgendwo im Bauchbereich unterhalb des Nabels. Atmen Sie in diesen Mittelpunkt hinein und verstärken Sie so das Gefühl, in Ihrer Mitte zu ruhen. Fühlen Sie die tiefe Entspannung, die als sofortige Reaktion darauf eintritt. Gehen Sie in Kontakt mit Ihrem Körper, mit den Gefühlen, die jetzt gerade im Körper sind, lassen Sie sie da sein, beobachten Sie nur, wie Sie sich körperlich fühlen, und wenn es verschiedene, vielleicht widerstreitende Gefühle sind, lassen Sie die Gefühle nebeneinander existieren, einfach da sein. Gleichen Sie durch den tiefen Atem die Gefühle aus. Gleichgewicht und Gleichmut kann jetzt durch den Kontakt, den Sie geschaffen haben, entstehen.

2. Erst dann, aus einem Gefühl von Ruhe und Gleichgewicht heraus, lassen Sie Ihre Augäpfel nach oben wandern, und stellen Sie sich vor, daß entgegengesetzt der unteren Schale sich jetzt oben ein Bogen spannt, von dessen Mitte sich die zwei Augäpfel wie magisch angezogen fühlen, so daß sie nach oben wandern und dort verweilen. Kippen Sie Ihre Augäpfel so weit wie möglich nach oben und leicht nach hinten, als wollten Sie Ihren Scheitel von innen berühren. Fokussieren und konzentrieren Sie Ihren inneren Blick ganz auf diesen obersten Punkt. Manchmal entsteht als Folge dieser Fokussierung und Konzentration ein leichtes Ziehen in den Ohren, als wollten Sie gleich gähnen. Verstärken Sie durch Ihre Vorstellungskraft den Impuls zu gähnen (Gähnreflex), ohne jedoch wirklich zu gähnen. Bleiben Sie am Rande des Gähnens, und genießen Sie das leichte Ziehen in den Ohrmuscheln, als würden Ihre Ohren lang werden wie die Lauscher eines Tieres und sich wachsam aufstellen. Dabei gehen Sie langsam in einen Zustand über, der Sie aus Ihrem Körper herauszuführen scheint – Sie fühlen sich leicht, unbeschwert, beweglich, frei, Ihre Gedanken sind nun unbelastet von Körpergefühlen und Emotionen. Sie gewinnen Kontrolle über Schmerzen, Trägheit und Müdigkeit. Sie erlangen einen Überblick und Souveränität. Sie stehen über den Dingen, statt von Ihnen überwältigt zu werden.

3. Wenn Sie diesen Punkt der Leichtigkeit erreicht haben, verbinden Sie ihn mit dem Punkt der Körpermitte, indem Sie Ihre Augäpfel wieder nach unten wandern lassen. Dabei zeichnen Sie mit Ihren Augäpfeln eine vertikal stehende Acht, die sowohl den obersten wie auch den untersten Punkt berührt. Fahren Sie die Acht auch in der entgegengesetzten Richtung nach.

4. Wenn Sie diese Achterfigur in Ihrer Vorstellung gezeichnet haben und mit Ihren Augäpfeln dieser Spur nachgefahren sind, dann lassen Sie die Augäpfel ganz in die rechte obere Ecke wandern. Das ist die Ecke, wo die Vorstellungen geschaffen und abgespeichert werden, so daß sie später wieder abgerufen werden können. Während Sie mit Ihrem inneren Blick nach rechts oben schauen, sehen Sie am Rande des Blickfeldes die vertikale Acht noch dort stehen, wohin Sie sie mit Ihrer Vorstellung gezeichnet haben, z. B. als leuchtende Spur, die erst allmählich verblaßt,

wenn Sie sie nicht mehr neu aktivieren. Beobachten Sie, ob es einen Unterschied macht, wenn Sie eher schräg nach rechts oben oder rechts in die Mitte oder schräg nach rechts unten schauen. Die rechte obere Ecke soll nämlich der Ort sein, an dem visuelle Konstruktionen entstehen und abgespeichert sind, also dort auch abgerufen werden können. Die Mitte ist für auditive Konstruktionen zuständig. Vielleicht hören Sie die Acht als Geräusch, als Rhythmus. Die untere rechte Ecke hingegen wird den kinästhetischen Wahrnehmungen zugeordnet, und zwar den komplexeren Gebilden von Emotionen, die als Reaktion auf unmittelbare Wahrnehmungen die Erfahrung schon ausgewertet haben. Aus diesem Blickwinkel heraus gesehen mag die Acht einen emotionalen Beigeschmack bekommen, als sinnvoll und bedeutungsgeladen erlebt werden.

5. Lassen Sie nun Ihre Augäpfel in die linke obere Ecke wandern, als würden Sie dadurch in Ihre eigene Vergangenheit gehen. Aus dieser Ecke heraus sehen Sie die Acht und erinnern sich an sie – von oben links als visuellen Eindruck, von links in der Mitte als auditiven Eindruck, von links unten als Körperwahrnehmung. Verbinden Sie nun den äußersten linken Punkt, an den Ihre Augäpfel wandern können, mit dem äußersten rechten Punkt, als wollten Sie von Ohr zu Ohr schauen. Verbinden Sie die beiden Punkte in einer horizontalen Schleife, die die Form einer Acht annimmt. Fahren Sie die Spur auch in der entgegengesetzten Richtung entlang.
6. Verbinden Sie nun die beiden Achterfiguren zu der Figur eines vierblättrigen Kleeblatts, wobei Sie den Konturen immer wieder mit den Augäpfeln nachgehen und sie nachzeichnen. Wechseln Sie öfter die Fahrtrichtung.
7. Beenden Sie diese Augenübung, indem Sie die Augäpfel hinter den geschlossenen Lidern zur Ruhe kommen lassen. Nehmen Sie das Flimmern und Flirren, das Zusammenspiel von Punkten, Flecken und Eindrücken auf der Netzhaut wahr. Stellen Sie sich vor: das ist die Welt, bevor ich Sie beurteile, bewerte, verwerte, die alten Raster und Muster auferlege, um mir »einen Reim daraus zu machen«. Nehmen Sie die Welt in ihrem »ungereimten« Zustand wahr – als Flimmern und Flirren, als ein Spiel und Tanz der Eindrücke. Vergegenwärtigen Sie sich: Sie können immer wieder und immer neu einen Punkt setzen, von dem aus Sie das Leben, Ihr Leben betrachten. Indem Sie an die Welt und Ihr Leben auf ungewohnte Weise herangehen, durchbrechen Sie die Gewohnheiten, die Sie fesseln, die Sie gefangen halten. Brechen Sie aus dem Gefängnis aus, jetzt, einfach indem Sie durch eine Tür gehen, die immer offen ist, aber die Sie bis jetzt nicht gesehen haben. Sie sind frei!
8. Beenden Sie die Übung mit einem Augenblinzeln, das Ihnen erlaubt, die Augen behutsam zu öffnen und der Außenwelt zu begegnen – auf eine ganz neue Weise.

Der Zaubertrick des schnellen Wechsels (swish)

Launen sind wechselhaft – mal ist die Laune gut, mal schlecht. Stimmungstief folgt auf Stimmungshoch. Diese Wechselhaftigkeit können wir für uns nutzen, wenn wir die Bedingungen für den Stimmungsumschwung kennenlernen und die Verantwortung für unser Befinden übernehmen. Es gibt Techniken, die trickreich die ersten Anzeichen eines Wechsels ernst nehmen und dagegensteuern. Ebenso ist es möglich, sich mittels dieser »Tricks« aus Minuszuständen herauszuheben und überdies zu lernen, schnell umzusteigen vom Stimmungstief auf ein Hochgefühl oder zumindest auf einen Zustand der inneren Ausgeglichenheit.

Die Kunst des Aussteigens, Umsteigens und Einsteigens ist durch folgende Kriterien gekennzeichnet:
- Schnelligkeit der Veränderung – das Gehirn kann sehr schnell lernen und braucht manchmal nur eine einzige, intensive Lernerfahrung *(one-trial-learning)*. Wenn diese Lernerfahrung jedoch negative Auswirkungen hat (z. B. im Fall einer Phobie oder Allergie, wobei die phobische oder allergische Reaktion eben diese Lernerfahrung darstellt), dann geht es um ein Ent-Lernen der alten Verhaltensweise, ein Um-Lernen, das den alten Reiz mit einer neuen Verhaltensoption verknüpft, und um ein Neu-Lernen, wenn diese Option noch nicht im Verhaltensrepertoire vorhanden ist.
- Eleganz der Veränderung – die Qualität, mit der sich Veränderung vollzieht, sollte »natürlich« sein, d.h. dem Unbewußten entsprechen. Das Unbewußte kennt keine festen Grenzen und harten Konturen, sondern fließende Übergänge. Stottern und Stolpern verweisen auf innere Widerstände, die die natürlichen Prozesse der Veränderung verhindern wollen. Solche inneren Einwände müssen abgeklärt bzw. ausgehandelt und versöhnt werden.
- Prozeßhaftigkeit – Veränderung ist ein Prozeß, der sich fließend gestaltet und das *flow*-Erlebnis hervorruft, d.h. man hat das Gefühl, ein Schritt ergibt sich aus dem anderen, und zwar von selbst. Anfang und Ende werden vom Bewußtsein als Punkte der Orientierung gesetzt, das Eintauchen in den Prozeß, der im Unbewußten immer schon gegeben ist, bedeutet für das Bewußtsein nur, sich darauf einzulassen. Trance-Zustände erleichtern die Veränderungsarbeit.
- Dialektik der Veränderung besagt: Das eine und das andere – die zwei Seiten derselben Medaille – entsprechen einander, Satz und Gegensatz bilden nicht nur eine Synthese, d.h. eine Gestalt, in der sich die beiden Sätze aufheben. Die beiden Gegenpole verweisen auch auf eine übergeordnete Ganzheit, innerhalb derer sich das Hin und Her im Dazwischen vollzieht. Die angestrebte Veränderung vollzieht sich im nahtlosen Übergang von dem einen (Alten) zum anderen (Neuen).
- Geeignete »Sprache« oder Zeichensystem: Dazu bedarf es einer Sprache, die den Übergang einleitet, begleitet und abschließt, also die entsprechenden Informationen übermittelt und der Veränderung eine Form gibt, so daß die Veränderung selbst als Information gespeichert werden kann. Diese Sprache ist eine Zeichensprache im weitesten Sinne. Sie übersetzt Anzeichen (Reize) in deutbare Zeichen, deren Deutung nach neuen Richtlinien erfolgt. Das neue Zeichen, das für die veränderte Reaktion bzw. das neue Verhalten steht, ist ebenfalls Teil dieser Sprache. Ästhetische Kriterien bestimmen, was wie zusammengehört und als Zeichen aussagekräftig genug ist, um eine Information zu bilden. Diese Sprache richtet sich ausschließlich an das Unbewußte und wird von diesem durch Feedbacks entweder angenommen (verstärkt) oder nicht angenommen, also »nicht verstanden« und zurückgewiesen. Dann müssen neue Zeichen gefunden werden, die die gewünschte Information, die Botschaft der Veränderung übermitteln können.
- Die Ökologie bei diesem trickreichen Vorgehen wird dadurch ermöglicht, daß dem Unbewußten nicht genau vorgeschrieben wird, wie die Veränderung auszusehen, sich anzufühlen oder anzuhören hat. Es wird ein positives, aber bezüglich ganz konkreter Verhaltensweisen unspezifisches Selbst-Bild erstellt und als Zielvorstellung eingegeben. Es ist nur eine Ausrichtung, die angegeben wird, keine Details werden festgelegt. Das Unbewußte organisiert sich selbst. Es findet Formen und Wege, wie es die angestrebte und

> neu gelernte Veränderung in die Tat umsetzen kann. Das Ergebnis, das sich durch organische Selbstorganisation entwickelt, ist von sich aus ökologisch, als es immer schon mit dem Ganzen, dem Organismus und dem System, innerhalb dessen es sich entwickelt, abgestimmt ist.

Die eine (schlechte) Laune, die in die andere (gute) übergehen soll, muß durch eine übergeordnete Einheit verbunden sein. Das übergeordnete Thema heißt: Launen, und wie ich besser mit ihnen umgehen kann. Es muß also einen gemeinsamen Nenner geben, es muß eine inhärente Verbindung zwischen den beiden Polen (oder Extremen) bestehen. Die Veränderung ist eigentlich dann nur noch die Aktualisation von etwas, das potentiell möglich ist. Veränderung wird vorbereitet und dann ausgelöst, wenn die Gelegenheit dazu sich ergibt. Das Potential, das in dem einen Pol enthalten ist, realisiert sich als Bewegungsenergie und leitet zum anderen Pol über. Die Bewegungsenergie nimmt die Form einer Schwingung an, die von Pol zu Pol oder zwischen einem Extrem und dem anderen schwingt. Die Veränderungsarbeit besteht darin, eine Schwingungsbahn zu schaffen, in die das neue Verhalten einfließen kann, bzw. entlang derer die neuen Reaktionen und Aktionen sich formieren können. Der Reiz, der bislang ein negatives Verhalten auslöste, bleibt derselbe, aber er wird zur Weiche für eine neue Schiene, die in eine andere Richtung führt. Eine solche Veränderungsarbeit besteht darin, alte Verhaltensweisen umzuleiten oder neue Wege zu finden. Wir können uns dabei Gewohnheiten und gewohnte Verhaltensweisen als Rillen vorstellen, in die »automatisch« alle Bewegungsimpulse einmünden, außer sie werden neu ausgesteuert. Die Kunst schnell umzusteigen ermöglicht also ein neues Lernen bzw. Umlernen auf unbewußter, automatischer Ebene.

Den Gedanken, daß Satz und Gegensatz sich entsprechen und ineinander enthalten sein müssen, finden wir in der philosophischen Ausrichtung der Dialektik. In gewisser Weise ist diese NLP-Technik des *Swish* (am besten zu übersetzen mit Hoppla oder Schwupp) eine Anwendung der dialektischen Methode, wenngleich sie sich auf einer sub-kognitiven Ebene vollzieht, die (leider) von der Philosophie bislang nicht einbezogen wurde. Der *Swish* operiert mit Wahrnehmungseinheiten, die in ihren sinnesspezifischen Modalitäten auftreten (V.A.K.O.G.) und durch ihre Submodalitäten weiter spezifiziert werden können. Der *Swish* setzt dort an, wo meist Sprachlosigkeit herrscht und das normale, rationale Bewußtsein auf einen auslösenden Reiz in gewohnter – und mitunter negativer, z.B. phobischer, panischer oder streßbedingender Weise reagiert, ohne auf Alternativen des unbewußten Verhaltens zurückgreifen zu können. Das NLP liefert hier ein Instrumentarium, das einer Sprache gleichkommt und Anzeichen, die gewohnheitsmäßig in einer bestimmten Weise gedeutet (also »verstanden«) werden, neu zu deuten und zu verstehen ermöglicht.

Der *Swish* ist eine Technik, durch die mit dem Unbewußten Kontakt aufgenommen wird, und zwar in einer Sprache, die das Unbewußte anspricht und die es versteht, die es »lesen« kann, so daß es zu einer Neuorganisation auf unbewußter Ebene kommt. Das Unbewußte, in dem alte (und unter Umständen negative) Verhaltensimpulse als Reaktionen auf bestimmte Auslöser-Reize gespeichert sind, wird informiert, daß es auch eine andere Möglichkeit der Reaktion gibt. Die Impulse werden in eine andere Richtung gelenkt. Auf der unbewußten Ebene ist alles offen, und erst die eingegebenen Informationen bewirken eine bestimmte Ausrichtung. Wenn sich die Information ändert, ändert sich die Richtung, in die der Prozeß führt, und damit der Prozeß selbst. Jeder Gedanke, den ich denke, bewirkt eine solche Information im Unbewußten. Aber auch Gedankenimpulse, die noch nicht zur vollen bewußten Gedankengestalt ausgereift sind, können schon im Ansatz so umgeleitet werden, daß sie als veränderte Information das Unbewußte erreichen. Die Veränderung findet also dort statt, wo Information verarbeitet wird – sie greift direkt in den Prozeß der Verarbeitung ein.

Genau dazu bedarf es einer Sprache, die vor jeder Wort-Sprache Gedankenimpulse in Zeichen ebenso wie Anzeichen in Gedankenimpulse übersetzen kann. Dies ist die Sprache der Sinne, der sinnlich vermittelten Zeichen. Es ist eine Sprache, die sich auf der ästhetischen Ebene vollzieht. Die *Swish*-Technik verlangt von allen NLP-Techniken am meisten Ästhetik und ist dort wirklich erfolgreich, wo die ästhetische Herausforderung angenommen wird.

Grundmuster des schnellen Stimmungswechsels

(Wenn Sie die *Swish*-Technik für sich anwenden möchten, können Sie diesen Text auf Band sprechen und abhören oder ihn sich vorlesen lassen, während Sie entspannt zuhören und dem Ablauf in Ihrer Vorstellung folgen.)

1. Es gibt etwas, was du verändern möchtest. Was ist es? Vergegenwärtige dir, was in deinem Alltag dir immer wieder Streß (oder Angst, Ärger, ein Gefühl von Selbstabwertung) macht. Ist es ein Bild, ein Geräusch, eine Körperempfindung oder alles zusammen? Wahrscheinlich ist ein ganzes Bündel von Eindrücken, das einen ganzen Klumpen diffus zusammenhängender Reaktionen hervorruft und als »Komplex« erlebt wird, weil es komplex ist und nicht klar und deutlich. Versuche nun genau den Auslöser (Reiz), der das unerwünschte Verhalten (Reaktion) »produziert«, herauszufinden und vollziehe bewußt nach, welche Mikro-Strategie du unbewußt anwendest, um zu dieser Produktion zu kommen, durch die du dir Streß machst. Streß entsteht als Reaktion auf einen Reiz. Welcher ist es? Mache genau dort einen Schnitt, wo das eine (Reiz) noch nicht übergegangen ist in das andere (Reaktion). Stoppe also den Prozeß an der Stelle, wo der Reiz in den Impuls der unerwünschten Reaktion überführen würde, wenn du jetzt nicht innerlich stop sagen würdest.

2. Lasse den »Komplex«, dieses komplexe, diffuse Gefühl von Streß oder körperlichem Unbehagen sich zu einem Symbol gestalten. Das ist das »Minus-Symbol« oder die Metapher für den Minus-Zustand. Vielleicht ist es eine Farbe oder ein Geräusch oder ein Satz, der für die vielen Minus-Zustände in deinem Leben steht und sie symbolisiert.

3. Nun lasse dein Unbewußtes eine Vorstellung erzeugen, in der du eine Persönlichkeit bist, die nicht in dieser spezifischen (negativen) Weise reagiert, also jemand ohne Zwang, Sucht, Phobie, Allergie oder Streß ist. Diese Vorstellung wird zu einer Information, zu einem Gedanken, einem Bild, einem Gefühl, einem sinnesspezifischen Eindruck, einem Zeichen, einem Symbol. Dieses Zeichen symbolisiert den Plus-Zustand und soll hier als Plus-Symbol bezeichnet werden. Achte darauf, daß das Minus-Symbol und das Plus-Symbol »die gleiche Sprache sprechen« und sich entsprechen, so daß die beiden Symbole sich überlagern können. Das beste Symbol für diese Beziehung ist das Yin-Yang-Symbol: in beiden Hälften, die fließend ineinander übergehen, ist jeweils ein Impuls der Gegenkraft schon enthalten.

4. Gestalte die Überlagerung so, daß zunächst das Minus-Symbol vorherrscht, das Plus-Symbol sich jedoch darin andeutet.

5. Nun kommt die eigentliche Zauberkunst des schnellen Übergang vom Minus-Zustand zum Plus-Zustand, der sich rhythmisch fließend gestaltet. Der Übergang ist nicht »gestückelt«, d.h. geschieht Stück für Stück, sondern plötzlich und als Ganzes. Dies entspricht übrigens der Funktionsweise der rechten Gehirnhemisphäre, die für das ganzheitliche Erfassen von Informationen bekannt ist.

In beiden Hälften des taoistischen Yin-Yang-Symbols, die fließend ineinander übergehen, ist jeweils ein Impuls der Gegenkraft schon enthalten. Der Umschwung erfolgt aufgrund einer inhärenten Eigendynamik, die am besten als Kipp-Phänomen zu beschreiben ist.

Beispiel für einen auditiven *Swish:* Jemand hört als Reaktion auf einen visuellen Auslöser-Reiz (Schreibtisch, auf dem sich die Post stapelt) eine innere Stimme, die sagt »Da brauchst du gar nicht erst anfangen, es hat doch keinen Sinn«. Nun findet die Person eine Strophe, die sich darauf reimt, nämlich den Song der Beatles »we all live in a yellow submarine«. Mit diesem Reim verbindet sich eine positive visuelle Repräsentation: lachende Männchen im Comic-Stil der Sechziger Jahre sitzen in einem gelben Gefährt, das unbeirrt seine Bahnen durch dunkle, trübe Gewässer zieht. Weiteres Beispiel für einen kinästhetischen Swish: Jemand hat die Gewohnheit, vor Schreck den Atem scharf einzuziehen und anzuhalten. Er übt nun, den Atem auch wieder herauszulassen nach dem Motto »Der Schreck fährt in die Glieder und aus diesen wieder heraus«. (Dieser *Swish* wurde von dem NLP-Trainer Martin Haberzettl entwickelt.)

Streß-Management

Das NLP ist bekannt dafür, besonders im Falle von Phobien (oder auch Panikattacken bis hin zu allergischen Reaktionen) schnelle und effektive Abhilfe zu schaffen. Dies beruht auf dem kompetenten Umgang mit dem Wissen, wie innere Zustände als Reaktion auf äußere Reize gelernt werden und wie diese Lerninhalte auch wieder gelöscht bzw. neutralisiert und entschärft werden können. Phobien gelten als Lernvorgänge, die ein einziges Ereignis als Grundlage haben. Das auslösende Erlebnis war von so großer Intensität, daß kein anderes Erlebnis es relativieren konnte. Auch die Vernunft kann den Organismus, der die phobische (oder allergische) Reaktion produziert, nicht überzeugen, daß die Reaktion vielleicht damals angemessen und »richtig« war, aber heute »falsch« und unangemessen ist. Die Vernunft erreicht den Organismus nicht, weil sie nicht seine Sprache spricht und ihm nicht die entsprechenden Zeichen geben kann.

Durch die Kenntnis der Arten der Wahrnehmung und der feinen Unterschiede (Modalitäten und Submodalitäten der Wahrnehmung), aus denen sich die Repräsentationen kodierter Erfahrungsinhalte – die gleichzeitig Lerninhalte sind – aufbauen, finden wir im NLP Zugang zu der Matrix des Reiz-Reaktions-Musters und können dessen Programm verändern. Die Phobie-Technik des NLP (die hier nicht beschrieben wird, da sie in den Bereich therapeutischer Interventionen gehört) gründet auf der sogenannten V/K-Dissoziation, wobei es allgemein um die Entkoppelung der traumatischen Auslöser-Reize von den als Muster sich eingeschliffenen, unangemessenen Reaktionen geht. V steht dabei für den visuellen Sinneskanal und seine Repräsentationen, wobei davon ausgegangen wird, daß der Auslöser-Reiz als visueller Eindruck wahrgenommen wird und die Reaktion auf dem kinästhetischen Bereich (K für kinästhetisch) abläuft. Der visuelle Kanal ist auch das Medium, auf dem die »inneren Inszenierungen« gestaltet und durchgespielt werden, um sich Streß zu machen, wobei der Gedanke an eine Streß machende Situation (z.B. Flug oder Prüfung) schon reicht, um den inneren Film ablaufen zu lassen und die sich physiologisch real auswirkende Reaktion hervorzurufen (schneller Atem, Zittern, Durchfall oder Schweißausbrüche). Dabei ist für die kinästhetischen Repräsentationen typisch, daß sie sich immer im assoziierten Zustand abspielen, weil die Körperempfindungen und Emotionen ja schon im Körper »drinnen« sind, sozusagen hautnah am Erleben. Präsentation und Repräsentation überlagern sich, und diese Überlagerung ist nicht aufzulösen. Ich denke oder erinnere mich an eine Empfindung, ich sehe sie, und schon empfinde ich sie. Ich vergegenwärtige mir eine Reaktion, und sei es eine längst vergangene, und schon läuft das Reaktionsmuster wieder ab, als wäre es auf die Gegenwart bezogen.

Die Trennung von visuellem Reiz und körperlicher Streß-Reaktion

Basis aller Techniken, die Streß-Management im weitesten Sinne anbieten, ist also die »Auslagerung« kinästhetischer Reaktionen, die im assoziierten Zustand wiedererlebt werden, im dissoziierten Zustand jedoch als Muster (oder Drama) beobachtet und neu programmiert (als Design neu entworfen, als Film neu geschnitten, als Theaterstück neu geschrieben und inszeniert) werden können. Der Wechsel vom kinästhetischen Kanal des hautnahen Erlebens auf den Kanal des Sehens, das den Abstand voraussetzt, ist mit eingeschlossen und geschieht von selbst. Das, was in der Phobie-Technik (und vergleichbaren Techniken) gelernt werden muß, ist eben dies: genau den kritischen Übergang zu finden, der die Phase der unerwünschten kinästhetischen Reaktion einleitet, und hier umzusteigen auf den dissoziierten Zustand, der die Wahrnehmung auf einen anderen Sinneskanal lenkt. Wie gesagt, eignen sich die visuellen Modalitäten und Submodalitäten am besten, da hier der Abstand von Natur aus gegeben ist und sich außerdem regulieren läßt.

Übung »Streß-Abbau«

Finden Sie ein Verhalten, das Sie als streß-induzierend erlebt haben und das in bestimmten Situationen sich immer wieder einstellt. Machen Sie sich bewußt, daß Sie dieses Verhalten irgendwann einmal gelernt haben und daß es eine Fähigkeit Ihres Organismus ist, so schnell und auf einem Schlag ein Verhalten zu lernen, das sich auf einen bestimmten Reiz hin sofort wieder herstellt. Würdigen Sie diese Fähigkeit! Bannen Sie den Auslöser-Reiz auf ein Bild. Sie wissen, daß dies wahrscheinlich nur eines von vielen Bildern ist, die wie ein innerer Film ablaufen und Sie »ins Verhängnis führen«, d. h. die streß-induzierende Inszenierung Ihrer eigenen Wirklichkeit, wie sie in Ihrem Innenleben als Repräsentation abgebildet ist, auslösen. Sparen Sie sich das Drama und machen Sie sich daran, das Problem anzupacken. Dazu werden Sie die Energie benötigen, die sonst in die Dramatisierung eingeflossen wäre.

Das klingt stoisch. Leider ist mit dieser Art von Selbstdisziplin ein Verzicht auf Dramatik verbunden. Aber sicher finden Sie bessere Gelegenheiten, um Ihr dramatisches Talent unter Beweis zu stellen. Und sicher gibt es lustvollere Weisen, das Leben intensiv zu gestalten.

Um diese stoische Schulung der V/K-Dissoziation zu einem wertvollen Instrument des Selbst-Managements werden zu lassen, bedarf es dreier Schritte, die diese Vorgehensweise von den klassischen Techniken der Selbstbeherrschung deutlich unterscheiden.

1. Der Teil, der die instinktive (phobische, panische, allergische, streß-induzierende) Reaktion verursacht, bezweckt etwas mit der Reaktion. Streß versetzt den Menschen in einen Alarmzustand. Streß hatte ursprünglich die Funktion, den Menschen auf eine überlebenswichtige Reaktion vorzubereiten, nämlich bei Gefahr entweder anzugreifen oder zu flüchten. Alle instinktiven reflexhaften Aktivitäten müssen als »Entscheidungen« des Körpers gewürdigt werden. Der Organismus trifft diese Entscheidungen aufgrund der Informationen, die ihm zur Verfügung stehen. Diese Entscheidungen für bestimmte Reaktionen haben einen Sinn, auch wenn dieser Sinn veraltet ist und einen *update* braucht. Durch eine wertschätzende Haltung, die wir gegenüber unserem Körper einnehmen, geben wir diesem zu verstehen, daß wir seine Bedürfnisse und Botschaften zu achten wissen. Wir versprechen damit, achtsam mit uns selbst umzugehen.
2. Das jüngere Selbst, das damals unter den schwierigen Umständen die heute unerwünschte Reaktion gelernt hat, braucht Verständnis und Anerkennung, um heranwachsen und dadurch in die Gegenwartspersönlichkeit integriert werden zu können. Das jüngere Selbst muß also verständnisvoll an die Hand genommen und in seiner Entwicklung gefördert werden. Frühe Bedürfnisse, die bislang unerkannt und unbefriedigt geblieben sind, müssen auf eine dem Erwachsenen angemessene Weise erkannt und befriedigt werden. Manchmal braucht das jüngere Selbst Ressourcen in Form von Informationen. Ressourcen können auch in Form von Erklärungs- und-Umdeutungs-Angeboten vermittelt werden. Nur so kann das jüngere Selbst aufwachsen und »vernünftig« werden.
3. Die Fürsorge für die bislang abgewerteten oder bekämpften Teile führt zu einer Integration, die die Gesamtpersönlichkeit stärkt. Dieser Effekt der Stärkung ist aber nur über den kinästhetischen Kanal wahrzunehmen, da er auf einer Körperempfindung beruht. Stärkung kann ich nicht sehen und nicht hören, sondern nur fühlen, wenn ich in mir selbst bin. Um meine Stärke messen und einschätzen zu können, muß ich in ein assoziiertes Erleben gehen. Das assoziierte Erleben des eigenen körperlichen Daseins im Hier und Jetzt, repräsentiert durch kinästhetische Eindrücke der Empfindungen und Emotionen, sollte jede Dissoziations-Technik beenden. Ein positives Körpergefühl (K+) ist der Rahmen und der krönende Abschluß dieses Prozesses.

Die Trennung von visuellem Reiz und negativer kinästhetischer Reaktion (Streß)

Sehen	führt zu Reaktion auf Reiz in einen ressourcearmen Zustand Körperliches Minusgefühl K – (Streß)
Fühlen der Körpermitte	führt zur Konzentration auf Positives
Konzentration auf Atemfluß	Körpergefühl (Entspannung) Ausgeglichenheit durch inneren Abstand erreichen

Fallbeispiel: Eine Frau, die als Chefsekretärin Karriere gemacht hat, gerät beim Anblick ihres mit Akten übersäten Schreibtisches so sehr in Panik, daß ihr Organismus mit schwerwiegenden Symptomen reagiert. Diese behindern sie in ihrer Arbeit, die liegenbleibt. Die Aktenstöße auf dem Schreibtisch häufen sich. Wenn sie sich nun dazu entschließt, den visuellen Eindruck von der kinästhetischen Reaktion zu entkoppeln, befreit sich die Energie, die in den kränkelnden Zustand des Organismus »investiert« werden mußte, und steht zur »vernünftigen« Bewältigung der Arbeit zur Verfügung. Zu der Ressource von Gesundheit und Optimismus kommen die Ressourcen hinzu, die die Chefsekretärin im Laufe ihrer erfolgreichen Karriere entwickelt hatte, nämlich Organisationstalent und professioneller Durchblick. Solange sie jedoch unter Streß steht, verhält sie sich wie das kleine Mädchen, das sich fürchtet, in der Schule zu versagen. Indem sie ihr jüngeres Selbst an der Hand nimmt und es aufwachsen läßt, entwickelt sich in ihr ein erwachsenes Selbstvertrauen, das sich auch auf der kinästhetischen Ebene positiv auswirkt (Schlafstörungen und Verdauungsschwierigkeiten verschwinden).

Neue Wege finden

Wie Sie in den letzten Übungen mit inneren Zuständen erleben konnten, ist im Grunde alles in Bewegung und macht nie Halt, auch nicht für einen einzigen Moment, auch nicht in einem kurzen Augenblick. Momente und Augenblicke sind zwar für das Bewußtsein die kleinste Einheit, die es wahrnehmen und benennen kann, aber schon das Wort bezeichnet etwas, was es eigentlich nicht gibt. Wir sind immer im Übergang, im Wechsel, in Bewegung, wir sind immer schon auf dem Weg, fragt sich nur auf welchem. Bewegen wir uns von selbst, oder werden wir bewegt? Findet die Bewegung ihren Weg, oder bedingt der Weg die Bewegung? Was ist zuerst da, der Weg oder die Bewegung? Wege können die Spuren nachzeichnen, die die Bewegungen hinterlassen haben. Bewegungen können aber auch dort Wege finden und bahnen, wo vorher noch kein Weg war. So kann die Macht der Gewohnheit gebrochen werden.

Bewegungsexperiment »Wandelnd sich wandeln – die Macht der Gewohnheit brechen«

Nehmen Sie sich etwa 5 Minuten Zeit. In diesem Zeitraum werden Sie sich von Ihrem Unbewußten auf einen neuen Weg bringen lassen. Sie wissen nichts über den Weg – Sie lassen sich leiten, indem Sie sich bewegen. Lassen Sie sich gehen. Lassen Sie sich von den Bewegungsimpulsen leiten. Bleiben Sie im Wandel, indem Sie sich bewegen und der Bewegung folgen. Einerseits überlassen Sie sich den inneren Impulsen, andererseits beobachten Sie, wohin diese Sie führen. Welche Wege eröffnen sich Ihnen? Stellen Sie sich, während Sie in Bewegung bleiben, immer wieder folgende Fragen:

– Wohin könnte mich der Zufall führen? Und was wäre das Beste, was mir dadurch widerfahren könnte?
– Für welche Richtung habe ich mich entschieden? In welcher Richtung liegt das Beste, das ich mir vorstellen kann?
– Wo, wie und wann bin ich ganz in meiner Mitte, ganz in meiner Kraft? Woran merke ich, daß ich das Beste erreicht habe?

Und während Sie sich weiter bewegen, so wie es Ihrer inneren Bewegtheit entspricht, lassen Sie sich von Wortspielereien und Assoziation leiten:

– Spielen Sie mit dem Wort fallen, wie es in »Zufall« enthalten ist. Welche Bewegungen entstehen daraus, wenn Sie sich vorstellen, daß der Zufall nicht nur ein Fall für sich ist, sondern auch eine Falle werden kann? Und in welche Falle werden Sie demnächst tappen und es Zufall nennen? Und wie fühlt es sich körperlich an, die Möglichkeit von Verfallenheit zu erwägen oder jemandem zu Gefallen zu sein? Welche Gefühle verbinden sich für Sie damit, welche Stimmungen kommen auf? Wie verändern sich die Bewegungsimpulse, und welche Wege entdecken Sie jetzt?
– Spielen Sie mit dem Wort richten, wie es in »Richtung« enthalten ist. Welche Bewegungen entstehen daraus, wenn Sie sich vorstellen, daß Sie sich ausrichten und aufrichten und dem einen oder anderen Impuls nachgehen? Beobachten Sie, wie Ihre Entscheidung, sich zu richten und eine Richtung einzuschlagen, zustande kommt, was genau da geschieht. Wie würden Sie das Geschehen beschreiben, und gibt es für Sie Unterschiede in den Impulsen, die Sie dazu bewegen, sich auszurichten oder

aufzurichten? Wenn ja, welche? Woran erkennen Sie sie? Und wie bewegen Sie sich, wenn Sie mit der Richtung, für die Sie sich entschieden haben, mitgehen?
- Spielen Sie mit dem Wort Mitte, wie es in »Vermittlung« und in »unmittelbar« enthalten ist. Wie müssen Sie sich bewegen, um in Bewegung und gleichzeitig in der Mitte und auf Ihrem Weg zu bleiben?

Es kann sein, daß Sie in diesem Bewegungsexperiment zwischen den Zuständen von Assoziation und Dissoziation hin und her pendeln, daß Sie die Impulse in fließendem oder sprunghaftem Rhythmus erleben und daß auch Ihr Körpergefühl sich verändert, je nachdem, wie und was Sie gerade denken, während Sie der Bewegung Ihrer Gedanken folgen, die als Impulse ihren Weg finden. Beenden Sie jedoch das Experiment mit einer kurzen Meditation, in der Sie sich auf Ihre Mitte konzentrieren.

Wahrnehmungsmuster erkunden

Stellen Sie sich vor, daß Sie die Bewegungen, die Sie in der Improvisation erfahren, aus Ihrem Leben kennen und daß die Wege, denen Sie auf die Spur gekommen sind, vielleicht typische Muster bilden, die sich im Alltag abzeichnen, ohne daß Sie sich dessen bewußt sind. Legen Sie die Stufen der Dilts'schen Ebenen vor sich aus und gehen Sie von Stufe zu Stufe. Auf jeder Stufe gibt es verborgene Fallen (Erfahrungen, die sich im nachhinein negativ auswirken) ebenso wie mögliche Hilfen (Erfahrungen, die sich im nachhinein positiv auswirken) zu entdecken.

Durchlaufen Sie nun im Geiste die Ebenen der Lernpyramide. Beginnen Sie mit der Basis-Ebene der Umwelt. Finden Sie spontan für die jeweiligen Fallen eine bestimmte Art der Fallbewegung. Erfinden Sie für die Ausrichtung, die durch die jeweiligen Hilfen gegeben ist, eine rituelle Bewegung. Es kann auch eine Haltung, eine Gebärde oder Geste sein. Beenden Sie die Bewegungsimprovisation auf jeder Stufe mit einem kurzen Innehalten. Konzentrieren Sie sich dabei auf Ihre Körpermitte und finden Sie zurück zu einem Zustand innerer Ausgeglichenheit. Notieren Sie sich Ihre Gedanken zu den Erfahrungen und Erkenntnissen, die Sie während dieser Bewegungsimprovisation machen.

- Ebene der Umwelt – Falle: mechanisch gewordene Reaktionen, Alltagstrott. Hilfe: neue Anker setzen, Muster unterbrechen, Gewohnheiten durchbrechen, aussteigen aus der Tretmühle der Konditionierungen.
- Ebene des Verhaltens – Falle: unangemessenes, veraltetes Verhalten. Hilfe: neues Verhalten für den gegenwärtigen Kontext erfinden und einüben; das alte Verhalten würdigen, einem früheren Kontext zuordnen, und beides im Archiv als Erinnerungsstück aufbewahren.
- Ebene der Fähigkeiten und Fertigkeiten – Falle: Hilflosigkeit. Hilfe: negative Zustände schon im Ansatz erkennen, bevor sie sich verfestigen und zu negativen Ergebnissen führen, die dann dem Bewußtsein als Endzustände und Endlösungen präsentiert werden. Strategien der Bewältigung finden, Meisterschaft entwickeln, sich ein Beispiel nehmen, das Repertoire erweitern und mehr als eine Alternative der Handlungsmöglichkeit zur Verfügung haben. Durch Meta-Programme sich selbst befragen und den Schwachstellen auf die Spur kommen.
- Ebene der Glaubenssätze und Werte – Falle: Hoffnungslosigkeit. Hilfe: sich für neue Glaubenssätze entscheiden, diese durch Affirmationen verstärken. Alte Erfahrungen durch neue Ausrichtungen um-

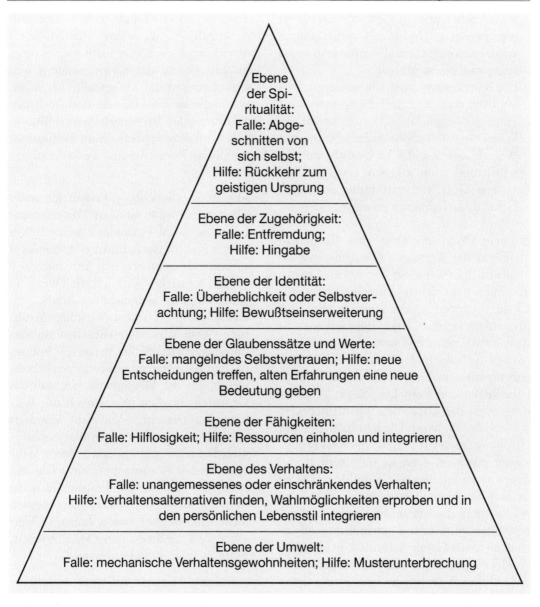

deuten und dadurch dem Leben einen neuen Sinn geben. Innere Konflikte durch widersprüchliche Glaubenssätze zu lösen versuchen. Die positiven, zielorientierten Gedanken, für die man sich einmal entschieden hat, für sich arbeiten lassen. Bewußt in Kooperation mit dem Unbewußten das Positive erwirken.
- Ebene der Identität – Falle: durch die Erfahrung der eigenen Grenzen sich abwerten, Grenzerfahrungen als Schwächung oder Kränkung deuten, Gefühlen der Wertlosigkeit nachgeben. Hilfe: die Identität erweitern und neu fassen.
- Ebene der Zugehörigkeit – Falle: Entfremdung, sich anormal oder einsam fühlen (wie von einem anderen Stern). Hilfe: neue Systeme der Zugehörigkeit und Verbundenheit entdecken und sich dafür engagieren. Hingabe leben, bis auch dies eine Gewohnheit wird und mechanisch geschieht. Dann auf die erste Ebene der Umwelt

zurückgehen und die Gewohnheitsmuster unterbrechen. Und auch sonst: immer wieder neu beginnen, als würde man etwas heute zum ersten Mal tun.
- Die Spitzenebene, die alle untergeordneten Erfahrungen beeinflußt: Spiritualität – Falle: sich durch äußerliche und oberflächliche Dinge ablenken lassen, vom inneren Weg abkommen, die Verbindung zu sich selbst und zum eigenen geistigen Ursprung (Gott) verlieren. Hilfe: sich durch Gebet und Meditation geistig ausrichten.

Bei dem Modell der Dilts'schen Ebenen ist die Ebene der Werte und Glaubenssätze das »Herzstück« (Wenn ich den sieben Ebenen die indischen sieben Energiezentren, die Chakren, zuordne, dann entspricht diese Ebene dem vierten Chakra des Herzens). Es strahlt nach oben und unten aus und prägt sowohl die Selbstbilder, die sich mit der eigenen Identität verbinden, als natürlich auch Fähigkeiten und Verhalten. Sogar Veränderungen auf der Ebene der Spiritualität werden von dort bewirkt. Die Beschäftigung mit Glaubenssätzen hat sich für mich als grundlegend erwiesen, denn sie setzt zentral und direkt an Problemen und Konflikten an. Sie ist auch für Menschen, die noch nichts von NLP-Techniken verstehen, leicht nachzuvollziehen. Sie läßt sich gewinnbringend anwenden, ohne Gefahr zu laufen, in Gefühlsstrudel zu geraten, aus denen ohne professionelle Hilfe schwer wieder herauszukommen ist. Diese Arbeit hat mit dem Entdecken bestimmter Programme, eben jener Glaubenssätze, zu tun. Glaubenssätze sind hier übrigens nicht mit Glaubensdogmen aus religiösen Lehren zu verwechseln. Sie sind vielmehr Affirmationen, die sich manchmal über Generationen in einer Familie gebildet haben, oder bestimmte Überzeugungen und Meinungen, zu denen man selbst im Laufe des Lebens gekommen ist. Glaubenssätze in diesem Sinne *(belief)* erkennt man daran, daß sie die Tendenz haben, konkrete Einzelfälle zu verallgemeinern und nicht mehr zu überprüfen. So rufen sie dann ihre selbsterfüllende Auswirkung hervor, aber nicht weil es einen logischen Grund dafür gibt, sondern weil Prophezeiungen das Unbewußte beeinflussen und genau das Handeln und Verhalten hervorrufen, das die Voraussagen erfüllt.

Glaubenssätze lassen sich an bestimmten sprachlichen Formulierungen erkennen. Beispiele:

- »Es ist so sinnlos!« – Fragen Sie nach: »Was genau ist so sinnlos? Wie oder was ist etwas, so daß es sinnlos erscheint? Wer oder was in dir genau findet es so sinnlos?«
- »Niemand kümmert sich um mich!« – Fragen Sie nach: »Wirklich alle? Wer alles genau kümmert sich nicht um dich?«
- Kausalbezug (Ursache-Wirkungs-Struktur): »Wenn ich mich nicht selbst um alles kümmere, wird nichts getan.« – Fragen, die den Kausalbezug ad absurdum führen, weisen auf die Möglichkeit hin, daß das Gegenteil möglich ist, nämlich die Wirkung die Ursache: »Vielleicht kümmert sich niemand, weil du schon alles machst?«
- »Ich darf nicht schlecht von anderen Menschen reden – sonst bin ich selbst ein schlechter Mensch.« – Fragen Sie nach: »Warum, meinst du, darf ein guter Mensch nicht schlecht über andere reden?« Oder: »Wer weiß, ob du ein guter Mensch wärst, wenn du schlecht reden dürftest!«

Ein weiterer Hinweis auf einen einschränkenden Glaubenssatz kann eine Aussage darüber sein, daß jemand schon lange versucht hat, sich zu ändern, aber keinen Erfolg hatte, im Sinne von:

- »Ich habe es schon so oft versucht, und nie hat es geklappt!«
- »Alle sind begeistert von der Technik, aber bei mir funktioniert sie nicht!«
- »Ich bekomme nie, was ich will.«

Die Fragen, die diese Einschränkung aufheben können, lauten:

- »Was bedeutet das für dich?«
- »Was sagt das über dich aus?«
- »Was willst du statt dessen?«
- »Was hält dich davon ab, es zu bekommen?«

Leiten Sie nun eine innere Suche nach einschränkenden Glaubenssätzen bei sich selbst ein. Gehen Sie auf Entdeckungsreise. Suchen Sie zuerst nach den inneren Zuständen (in psychosomatischen Fällen nach den Symptomen), nach den Erlebnissen, die für die Glaubenssätze verantwortlich sind:

- Wo kommt das her?
- Wer sagt oder sagte das immer?
- Wer hat das zum ersten Mal gesagt?
- Welchen Sinn hat das damals für mich ergeben?
- Wann, in welcher Situation höre ich diesen Glaubenssatz, in welchem Zusammenhang?

Glaubenssätze sind in gewisser Art Abkürzungen, die das Bewußtsein nimmt, um nicht den umständlichen Pfad der Erfahrung jedes Mal neu machen und auswerten zu müssen. Aber solche Abkürzungen können in die Irre führen, denn sie verhindern die unverstellte Sicht, aus der neue Möglichkeiten zufällig entdeckt werden können, wenn man sich dem Feld der Erfahrung aussetzt.

Glaubenssätze sind Verallgemeinerungen über eine Beziehung, die zwischen Erfahrungen hergestellt wurde:

- Verallgemeinerungen über kausale Beziehungen, z.B. Mutmaßungen über den Ursprung, die Ursache einer Störung oder eines Symptoms. Die sprachliche Formulierung schließt das Weil ein: »Ich habe keinen Erfolg, weil ich eben ein Versager bin.« (Einmal versagt, immer versagt.) Um Glaubenssätze aufzuspüren, kann nachgefragt werden: »Was, glauben Sie, hat diese Störung/das Symptom verursacht?« Die Antwort, die Sie geben, wird ein Glaubenssatz sein. Es lohnt sich also, sich selbst manchmal diese Fragen zu stellen und auf die Logik zu verzichten. Wenn Sie nämlich glauben, daß X etwas Bestimmtes verursacht, dann wird es das auch weiterhin tun, da Ihr Verhalten (unbewußt, irrational und nicht logisch) darauf ausgerichtet ist.
- Verallgemeinerungen als Interpretationen von Störungen oder Symptomen. Was bedeutet z.B. Krebs? Bedeutet Krebs eine Strafe Gottes? Bedeutet Krebs, daß jemand sich in einer bestimmten Weise falsch verhalten hat? Fragen Sie sich selbst: Was bedeutet es für mich, daß ich z.B. keinen Erfolg habe? Hier wird nicht die Ursache abgefragt, sondern die persönliche Interpretation, durch die ich dem Geschehen einen Sinn gebe. Und viele Menschen ziehen eine beschränkende Interpretation dem Gefühl von Unsinn oder Sinnlosigkeit vor. Diese Interpretationen setzen aber Verhaltensweisen in Gang, die den Glaubenssatz wiederum bestätigen werden.
- Verallgemeinerungen über die Grenzen, die gesetzt sind, also über Möglichkeiten und das, was unmöglich erscheint; wie beispielsweise: »Das glaubst du doch selbst nicht? Unmöglich!« Wie oft sagen wir das Wort »unmöglich«! Und jedesmal prägt sich dem Unbewußten ein, daß es bestimmte, sehr eng gefaßte Grenzen gibt, bei denen jeder Versuch von vornherein umsonst ist. In gewisser Weise erspart das eine Menge frustrierender Erfahrungen (lat. *frustra* heißt vergeblich), aber diese mangelnde Frustrationstoleranz hat fatale Auswirkungen. Ein Gegenmittel: Sagen Sie öfter: »Unwahrscheinlich, aber wer weiß, ob vielleicht nicht doch möglich…«
- Verallgemeinerungen über die eigene Identität im Sinne von »Ich bin eben so«. Solche Glaubenssätze schließen Ursache, Bedeutung und Grenzen ein. Fragen Sie sich selbst:
  - Wie kommt es, daß ich so bin? Was führt mich dazu, etwas zu tun?

- Was bedeutet mein Verhalten für meine Art, mich selbst zu definieren?
- Was halte ich für meine »Natur«? Was halte ich für mich möglich und was für unmöglich?

Wenn Sie Ihre Glaubenssätze in bezug auf Ihre Identität verändern, bedeutet das, daß Sie ein anderer Mensch werden. Vielleicht erfüllen Sie Ihre eigenen Erwartungen nicht mehr, vielleicht passen Sie nicht mehr in das Bild, das Sie von sich selbst gemacht und das Sie in Ihrem Unbewußten fixiert haben. Oft ist eine Identität für Menschen so wichtig und lebenserhaltend, daß sie den Verlust eines bestimmten Selbstbildes oder einer Identifikation mit einer bestimmten Selbstbeschreibung/Einordnung nicht verkraften können und lieber die Unbill der bekannten Schrecken auf sich nehmen.

Fragen Sie sich selbst:

- Wer bin ich? Und wer bin ich nicht? (Ich bin doch nicht …!)
- Was ist typisch für mich? Und was wäre ganz untypisch?
- Womit kann ich mich identifizieren? Und womit kann ich mich auf keinen Fall identifizieren? D.h., wenn ich es täte, wäre ich nicht mehr ich selbst?
- Wann und wie bin ich ganz ich selbst? Wann und wie bin ich »neben mir«, nicht ganz oder gar nicht ich selbst?

Robert Dilts macht einen interessanten Vergleich zwischen Glaubenssätzen der Identität und Phobien. Phobien sind normalerweise Verhaltensweisen, die nicht zu unserer Identität passen. Das ist ein Grund, warum im NLP Phobien leicht zu verändern sind, denn die phobische Angst ist außerhalb der Definition der eigenen Identität – gekennzeichnet z.B. durch den Satz: »Eigentlich paßt das gar nicht zu mir.« Oder: »Eigentlich bin ich nicht so.« Aber oft stellt sich in der Veränderungsarbeit heraus, daß die angestrebte Veränderung nicht mit der Definition der eigenen Identität übereinstimmt (Kongruenz). Dann entstehen Sätze wie: »Ich kann das nicht machen, weil ich dann nicht mehr ich selbst wäre.« Oder: »Dann würde ich mich selbst nicht mehr kennen.«

Themen, die mit Glaubenssätzen verbunden sind:
- Hilflosigkeit – verbindet sich mit einem Glaubenssatz, der die mangelnde Erfolgserwartung ausdrückt, z.B. »Andere schaffen so etwas, aber ich weiß nicht, wie das gehen soll, ich schaffe das einfach nicht.« Das Selbstbild kann sich nicht mit dem Erfolgsergebnis decken. Erfolg würde Inkongruenz bedeuten, deshalb ist Hilflosigkeit ein Argument dagegen.
- Hoffnungslosigkeit – verbindet sich mit einem Glaubenssatz, in dem die Behauptung aufgestellt wird, daß es keinen Ausweg oder keine Hoffnung gibt, z.B. »Es hat alles keinen Sinn. Was soll's! Es geht sowieso nicht.« Solche Behauptungen sind willkommene Ausreden, um einen Versuch gar nicht erst wagen zu müssen oder ihn halbherzig durchzuführen, so daß der Mißerfolg der Beweis für das Recht auf Verzweiflung (Zweifel, die in einen Endzustand übergehen) ist. Zumindest damit hat man recht.
- Wertlosigkeit – verbindet sich mit einem Glaubenssatz, der einem selbst keine Chance zur Veränderung gibt, z.B.« Ich habe es schon so oft versucht, aber ich glaube, das ist einfach nichts für mich. Es steht mir einfach nicht zu. Ich bleibe lieber so, wie ich bin. Ich bin es nicht wert, mich verändern zu dürfen. Ich bin es mir nicht wert, noch einmal in den Versuch zu investieren. Das gehört sich für mich nicht – Das habe ich nicht nötig.« (Auch Stolz kann eine Form von Selbstbeschränkung sein, wenn er nämlich verhindert, daß Verhaltensveränderung versucht wird.)

Innere Konflikte beheben, Kongruenz schaffen, Integrität wahren

Wir können lernen, die wirksamsten Verhaltensweisen in uns zu erzeugen, die besten Fähigkeiten zu entwickeln und die nötigen Ressourcen zugänglich zu machen. Das fruchtet aber alles nichts, solange diesen Verhaltensweisen, Fertigkeiten und Ressourcen etwas entgegenwirkt, was uns wichtiger ist, wovon wir überzeugt sind und womit wir uns identifizieren. Wenn wir unser Ziel erreichen, aber dafür unsere eigenen Überzeugungen verraten, werden wir nicht glücklich sein, sondern ein schales Gefühl haben, das wiederum verhindert, daß wir den Erfolg genießen und für uns nutzen. Wenn wir etwas geschenkt bekommen, das nicht genau das ist, was wir wollten, werden wir das Geschenk nur halbherzig annehmen. Immer wenn etwas geschieht, was einen Teil in uns befriedigt, aber einen anderen Teil unbefriedigt läßt, entsteht ein innerer Konflikt. Zwei oder mehr Seelen in unserer Brust bekämpfen einander. Dieser Konflikt bleibt meist unbewußt und wird nur an seinen Auswirkungen spürbar – für uns selbst und für andere. Er zeigt sich in Spielarten der Inkongruenz, manchmal als Konfusion, manchmal als Frustration, und immer als etwas, das an dem Gesamtsystem der Persönlichkeit nagt, ihm Energie abzieht, es schwächt, so daß sich nach außen keine überzeugende Ausstrahlung ergibt. Die Strahlkraft der Person ist gebrochen, getrübt, aufgelöst, zersplittert.

Inkongruenz kann die Folge sein von

1. widersprüchlichen prägenden Erfahrungen *(imprints)* – wir sind in einen kontinuierlichen Lernprozeß eingebunden, ob wir uns dessen bewußt sind oder nicht. Dabei lernen wir durch Erfahrungen, die uns prägen, und natürlich kann es sein, daß diese Erfahrungen nicht ordentlich vorsortiert in unser Bewußtsein einfließen, sondern Widersprüche bilden und zu inneren Konflikten führen. Einerseits habe ich X erfahren, andererseits Y, und nun stehe ich vor einem Dilemma (wörtlich: Zwiespalt – von altgriech. *lambanein:* ergreifen, und dem Präfix *di* = zwei).

2. der Übernahme von verschiedenen Rollen, der Orientierung an verschiedenen Modellen und Vorbildern – wir lernen nicht analytisch, sondern ganzheitlich; vor allem in den frühen Phasen unserer Lebensgeschichte lernen wir durch Nachahmung. Dabei wird die ganze Gestalt einer Persönlichkeit aufgenommen und in einem Bild auf das eigene Verhalten übertragen. Bestimmte Gesten dieser Gestalt, bestimmte Verhaltensweisen und Details werden minutiös erfaßt und gelernt. Später kann es aus zwei Gründen zu inneren Konflikten kommen:

a) Wir lernten zuerst von einer Person, die wir unbewußt »modellierten«, und später von einer anderen – zuerst war die eine Person unser Vorbild oder Idol, dann die andere. Oder beide beeinflußten uns gleichzeitig – etwa Vater und Mutter – und dies führte zu inneren Widersprüchen, weil die Aussagen, die Glaubenssätze der beiden Personen im Widerspruch zueinander standen. Wir alle kennen solche Fälle der inneren Zerrissenheit und Spaltung. So sagte Vater immer X, Mutter schwor auf Y. Beides waren wichtige Menschen.

b) Wir lernten von einer in sich widersprüchlichen Person, und indem wir von ihr lernten, weil sie im großen und ganzen *(large chunk)* gesehen ein nachahmenswertes Beispiel darstellte, übernahmen wir Verhaltensweisen und Details *(small chunk)*, die sich heute als behindernd herausstellen können und vielleicht im Widerspruch zu unserer eigenen Weltanschauung stehen: Großmutter war politisch aktiv *(large chunk)*. Großmutter war Kettenraucherin und

hatte so eine bestimmte Art, tatkräftig an ihrer Zigarette zu ziehen *(small chunk)*.
3. verschiedenen Kriterien, die gleichwertig sind und eine Entscheidung für das eine oder das andere verhindern und so »Gleichgültigkeit« bewirken. Hier ist es wichtig, eine Hierarchie der Kriterien zu schaffen, denn das eine hat vor dem anderen Vorrang, und es gibt Unterschiede in der Wichtigkeit von verschiedenen Anliegen und Wünschen. Manche scheinen dringlicher als andere, weil sie eine Notwendigkeit darstellen, andere hingegen entsprechen unserem innersten Herzenswunsch, weil der Grad der eigenen Beteiligung sich von den anderen Kriterien unterscheidet. All dies muß bei einer Entscheidung berücksichtigt werden. Hier hilft es, Prioritäten zu setzen und die Kriterien nacheinander aufzulisten, statt sie nebeneinander zu stellen.
4. Lebensübergängen *(passages)* oder neuen Lebensweisen (Transformationen). In früherer Zeit wurde das Leben durch zahlreiche Rituale *(rites of passage)* geregelt, die dafür sorgten, daß die Mitglieder einer Gemeinschaft wußten, »wo« sie waren – welcher Klasse sie angehörten und – damit verbunden – welche Rechte, Pflichten und Funktionen sie hatten, wo ihre Grenzen lagen. Heute, in einer Zeit scheinbar grenzenloser Freiheit, leiden wir manchmal unter Orientierungslosigkeit, denn Grenzen sind nicht nur Begrenzungen, sondern auch haltgebende Richtlinien und klare Maße. Viele innere Konflikte, die uns plagen, entstammen der Unkenntnis, wo eigentlich unser Platz in der Welt ist, und äußern sich in Bezugslosigkeit, Entfremdung, einem Mangel an Zugehörigkeit.

Die praktische Arbeit mit Glaubenssätzen

Als Vorbereitung kann ich mir selbst Fragen stellen, ohne sie beantworten zu müssen. Sie betreffen die Glaubenssätze, die mein Leben ausrichten. Jeder Mensch hat Glaubenssätze. Es kommt nur darauf an, die Glaubenssätze, die uns einschränken und behindern, zu erkennen, und sie, wenn möglich, für die Gegenwart und die Zukunft durch ein besser geeignetes Ideal zu ersetzen. Die am schwersten zu erkennenden Glaubenssätze sind die, die am meisten Einfluß auf uns haben, weil sie uns so selbstverständlich sind und wir sie nicht hinterfragen. Sie sind auch meist außerhalb unserer gegenwärtigen Wahrnehmung. Durch den Dialog mit einem Außenstehenden kann unsere Wahrnehmung diesbezüglich aber erweitert werden.

Um Glaubenssätze zu erkennen, fragen Sie sich:
– Wer bin ich und wie bin ich das geworden?
– Aus welchem Grund bleibe ich so, wie ich nun einmal geworden bin?
– Welche Vorteile hat das Verhalten, das ich so gerne verändern würde?
– Warum möchte ich es verändern? Wie behindert es mich?
– Was würde in Zukunft passieren, wenn ich mein Verhalten beibehalten würde?
– Was würde in Zukunft passieren, wenn ich mein Verhalten verändern würde?
– Wann, wo und wie habe ich wohl die Einstellung/Haltung/den Glaubenssatz gelernt, der hinter meinem Verhaltensmuster steht?
– Wessen Glauben ist das?

Wenn die Fragen nicht so leicht zu beantworten sind, sondern nachdenklich machen oder sogar Verwirrung auslösen, sind das Anzeichen dafür, auf der richtigen Fährte zu sein. Denkblockaden, Ausreden und Aussagen über »das Ende der Vernunft« können einsetzen, die darauf hinweisen, daß wir auf eine Sackgasse im Bewußtsein gestoßen sind. Das ist die richtige Spur, denn solche Sackgassen zeigen, daß (irrationale, weil nicht hinterfragte) Glaubenssätze hinter dem unvernünftigen oder uneinsichtigen Verhalten stehen. Aussagen, die bestätigen, am Ende der eigenen Vernunft angelangt zu sein, können lauten:

- Ich muß einfach ... / Ich kann einfach nicht ...
- Ich weiß nicht, was los ist mit mir, aber ...
- Es macht für mich selbst auch keinen Sinn, und trotzdem ...
- Ich verstehe es selbst nicht, das ist eben so ...
- Ich bin eben so, daran kann ich auch nichts ändern ...

Die häufigsten Probleme und inneren Konflikte, die sich durch negative Glaubenssätze ergeben, sind folgende:

- *double bind:* Wie ich es auch mache, mache ich es falsch.
- Endlosschleifen: Ich kann doch nicht etwas tun, was ich noch nicht gelernt habe, und um es zu lernen, muß ich es tun.
- Paradoxe: Je mehr ich etwas beabsichtige/vermeide, desto mehr bewirke ich genau das Gegenteil von dem, was ich will.

Integritäts-Check

Identifizieren Sie innere Konflikte, indem Sie bestimmte Hinweise (siehe S. 86) beachten. Spüren Sie nach, ob Sie Widersprüche bei sich entdecken können. Unternehmen Sie diese Entdeckungsfahrt jedoch mit Humor und beginnen Sie in dem Bewußtsein, daß Widersprüche unser Leben zwar nicht einfacher, aber bunter, kontrastreicher und abwechslungsreicher machen.

Innere Konflikte spiegeln sich oft in der Körperhaltung wieder. Bei Inkongruenz stellt sich ein verschobenes, »schräges«, »verqueres« Körpergefühl ein, auch wenn es nicht unbedingt nach außen sichtbar wird. Spüren Sie in sich hinein: »Wie fühle ich mich im Augenblick?« Das gibt Ihnen Aufschluß über Ihr Befinden. Vielleicht entdecken Sie Neigungen und Tendenzen, die Sie in die eine oder andere Richtung ziehen. Gehen Sie ihnen durch äußerliche Bewegung nach. Wohin führt das? Vielleicht gibt es eine starke Rechts-Links-Spaltung in Ihrem Körper bzw. in Ihrem Körpergefühl, vielleicht auch eine Trennung zwischen oben und unten? Nehmen Sie dies alles wahr, ohne sich dafür zu verurteilen. Registrieren Sie es, schreiben oder malen Sie es auf. Beobachten Sie Ihre Hände. Verhalten sich die Hände gleich, wenn Sie sprechen und dazu gestikulieren? Was sagt die eine Hand, und was die andere? Spüren Sie einfach nach und lassen Sie sich von Ihren Händen informieren, welche Gestalten in Ihrem Innenleben wirksam sind.

Und nun werden Sie sich bewußt, nach welchen Kriterien Sie Ihr Leben gestalten, nach welchen Unterschieden Sie Ihre Entscheidungen treffen. Wenn Sie bei der Sache bleiben und nicht aufgeben, wenn Sie die Spannung aushalten, dann kann es gut sein, daß plötzlich Ihr inneres Bild wie ein Vexierbild »kippt« und sich eine klare Ordnung herstellt. Das eine kommt vor dem anderen, ein Drittes ist übergeordnet oder erweist sich als Nebensache. Das Eigentliche scheidet sich vom Uneigentlichen. Sie spüren sofort, wenn Sie auf eine heiße Spur gekommen sind, wenn das Bild »stimmt«, denn das Gefühl der Eigentlichkeit ist ein Hinweis darauf, daß Sie sich der Kongruenz genähert haben. Klarheit breitet sich aus – Erleichterung geht durch den Körper, begleitet vielleicht von einem tiefen Aufseufzen oder einem vertieften Atemzug. Wo stehen Sie jetzt? Was steht an? Gibt es etwas, das Sie sich eingestehen möchten, aber dafür bisher keine Zeit oder auch keinen Mut hatten? Nehmen Sie sich jetzt die Zeit. Die große Vision des Lebens trägt dazu bei, ständig weiterlernen zu können, weil die Integration des Gelernten in ständiger Rücksprache mit sich selbst geschieht. Fragen Sie sich: Was bedeutet das, was ich neu gelernt habe, im großen Zusammenhang? Wie fügt es sich ein? Welche Position nehme ich jetzt ein, nachdem ich durch entscheidende Lebensschritte geprägt wurde? Erlauben Sie sich, immer wieder neu in das Leben eingeführt zu werden und feiern Sie die Initiationen, wie Sie kommen.

Regelkreise des Verhaltens verbessern

Führen Sie Tagebuch über negative Zustände, Emotionen und Gefühle, die Sie verändern möchten. Finden Sie mindestens drei Beispiele eines unerwünschten Verhaltens. Suchen Sie dasjenige Verhalten aus, das Sie am meisten einschränkt und behindert, und vergegenwärtigen Sie sich die Art und Weise, wie Sie in diesem Verhalten, in diesem Zustand oder in dieser Emotion gefangen sind. Setzen Sie einen Rahmen um das Erleben, als wollten Sie das Gefängnis nachzeichnen.

- Woran merken Sie, daß dieser Zustand wieder eintreten wird? Daß Sie wieder einmal in die Falle gegangen sind und dort festsitzen?
- Sortieren Sie denjenigen Impuls aus Ihren Gewohnheitsmustern heraus, der dafür verantwortlich ist, daß Sie in der Falle gelandet sind. Finden Sie nach den Richtlinien der Meta-Programme (siehe S. 39) heraus, was genau Sie dazu veranlaßt hat, das zu tun, zu fühlen, denken oder erinnern, was Sie unwiderruflich in die Falle gehen und die Falltür hinter Ihnen zufallen ließ.
- Vergegenwärtigen Sie sich dann das Bewegungserlebnis, das Sie mit der Bewegungsmeditation »Wandelnd sich wandeln« (siehe S. 79) in bezug auf das Wort fallen hatten und wandeln Sie diesen Impuls, um in den Impuls »richten«.
- Beobachten Sie, wie der gewohnte Ablauf des negativen Geschehens nun verläuft. Die Intervention, die Sie vornehmen, sollte eine Umlenkung und neue Ausrichtung des Impulses zur Folge haben.

Durch diese Intervention können Sie nicht nur den Teufelskreis anhalten, sondern seine Dynamik – die Macht der Gewohnheit – dazu nutzen, in eine andere, neue Richtung zu gehen, so daß diese Bewegung neue Wege zu besseren Zuständen findet. Das Bewußtsein gibt den Befehl der Ausrichtung. Der Körper bzw. das Unbewußte folgt »von selbst« diesem »Befehl«, der in Form eines Gedankens in die Sprache der Impulse übersetzt wird und sich als entscheidende Information auswirkt. Diese Information bewirkt die gewünschte Veränderung. So richten Sie einen neuen, einen besseren Regelkreis des Lernens ein.

Das Grundmuster eines unwiderstehlichen Ziels entwerfen

Nehmen Sie sich für diese Übung etwa 10 Minuten Zeit und achten Sie darauf, daß Sie während dieser Zeit nicht gestört werden. Brechen Sie die Übung nicht vorzeitig ab, was auch immer geschehen mag. Sie können sich den folgenden Text vorlesen lassen oder selbst auf Tonband sprechen. Die einzelnen Schritte erleichtern es Ihnen, die Struktur der Übung zu erkennen und sie als Alltagsritual öfter anzuwenden, ohne jedesmal den genauen Wortlaut hören oder lesen zu müssen.

1. Stell dir vor: Es gibt ein Ziel, das unwiderstehlich ist. Es ist wie ein Magnet, der dich anzieht. Du mußt nichts dazu tun, dich nur von der Anziehungskraft leiten lassen, dem Magnetismus folgen. Aber noch hast du dieses unwiderstehliche Ziel nicht entdeckt, obwohl du weißt, daß irgendwo im All dieses Ziel existiert und schon jetzt seine Anziehungskraft ausübt. Du bist nur noch nicht in das Feld der Anziehung geraten, und deshalb noch nicht im Bereich, in dem diese Kraft wirkt. Du kennst diese Wirklichkeit noch nicht, oder zumindest ist sie dir noch nicht bewußt. Aber du weißt: Irgendwo gibt es eine Wirklichkeit, in der die Kraft des Ziels wirkt, und du machst dich auf die Suche. Du bewegst dich – in Gedanken oder auch vielleicht mit deinem Körper. Eigentlich ist es so, daß nicht du das Ziel suchst, sondern das Ziel dich findet, wenn es das richtige ist. Wenn du bewußt etwas suchst, hast du schon Vorstellungen davon, was genau du finden möchtest. Vorstellungen verstellen manchmal den Weg. Du stellst dir jetzt nichts Besonderes vor, läßt dich bewegen, läßt dich finden …

2. Und es gibt einen Moment, da mußt du dir nichts vorstellen, da steht es dir schon vor Augen, vielleicht nur einen flüchtigen Augenblick lang, aber aus den Augenwinkeln heraus hast du am Rande deines Blickfeldes vielleicht etwas gesehen, nein, nicht gesehen, mehr gehört, gespürt oder gewußt, gedacht, irgend etwas, das noch nicht Gestalt angenommen hat und doch schon wirkt, etwas, das ein Symbol ist und für alles steht, was möglich ist, was als Ziel in dir wirkt, dich anzieht, ohne daß du es weißt …

3. Du willst das Symbol erfassen, begreifen, da zerfällt es in viele Teilchen, wird Staub, aber das Symbol ist noch da, und es wirkt mehr denn je, seine Wirkung nimmt zu, je mehr es zerfällt, sich verteilt, dich umgibt, umhüllt, dich erfüllt, es ist schon da, es ist reine Information – jedes Teilchen, so klein, daß du es nicht mehr wahrnehmen kannst, enthält die gesamte Information des Ganzen, die Information ist überall, sie informiert dich, wirkt sich aus, du spürst es als Körpergefühl, das sich verändert, dein Organismus, dein Unbewußtes, dein Selbst hat die Information schon aufgenommen, während dein Bewußtsein und das Ich sich noch fragen, wie ein Ziel, das keine Gestalt annimmt, dennoch so stark wie ein mächtiger Magnet wirken kann, und woher es kommt, daß dieses Ziel mit so viel Energie aufgeladen ist …

4. Und diese unsichtbaren Teilchen breiten ihre Information aus wie eine Botschaft der grundlegenden Veränderung, dein Körper ist informiert und bewegt. Der Organismus fühlt sich erkannt, bestätigt in seiner grundlegenden Ausrichtung, als wäre dieses Ziel schon immer das eigentliche Ziel des Lebens gewesen. Deine Persönlichkeit liest diese Information in ihrem ganz persönlichen Stil und erkennt es als persönliches Ziel. Es gehört zu deiner ureigensten Natur, so natürlich und selbstverständlich, als wäre diese Ziel-Information schon in der Erbmasse der DNS gespeichert gewesen und als könnte jetzt aus der Tiefe des körperlichen Erlebens

sich das Ziel als das richtige Ziel zeigen. Das Ziel kann sich jetzt ganz konkret zu erkennen geben. Du erhältst eine Einladung zum nächsten Schritt in die richtige Richtung, einen Vorschlag. Du erkennst einen Plan, du fühlst den Weg, der sich eröffnet ...

5. Und jetzt erlebst du, ohne daß du es dir vorstellen mußt, daß die Zukunft schon da ist: voller Information. Die Zukunft breitet sich aus wie ein Teppich, wird zu einem Raum, der offen vor dir liegt, weit, hell, klar, leer. Er macht dich leicht und frei – geh hinein!

6. Du fragst dich:
   - Was hatte ich früher einmal nicht, was ich gern gehabt hätte und was ich jetzt habe?
   - Wie habe ich es erreicht?
   - Was habe ich jetzt nicht, was ich aber gerne hätte?
   - Wie kann ich es bekommen?

Dein Unbewußtes wird dich mit einer Antwort überraschen.

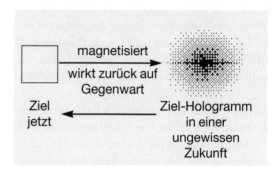

Grundmuster zur Erzeugung geeigneter Vorbilder für neues Verhalten

Stell dir vor: Es gibt ein Vorbild, das genau über das Verhalten verfügt, das dir fehlt oder das du nicht so gut kannst und gerne verbessern möchtest, ein Verhalten, das du gerne übernehmen und erlernen würdest. Du kannst das Vorbild nicht genau sehen. Es entzieht sich deiner Beobachtung. Du ahnst nur, daß es genau das richtige Vorbild für dich ist und dir helfen kann, etwas zu lernen, was dir zugute kommt. Du läßt dich von deinen Ahnungen leiten. Du wendest dich an dein Unbewußtes mit der Bitte, ein Abbild von diesem Vorbild zu machen, da es deiner direkten Beobachtung nicht zugänglich ist. Du weißt, daß dein Unbewußtes sehr produktiv und sehr kreativ darin ist, Bilder zu erschaffen, die vom Bewußtsein als Zeichen verstanden werden können. Das Unbewußte ist ein Meister der Einbildung, und jetzt kannst du diese Meisterschaft nutzen, indem du es einerseits offenläßt, welche Gestalt dein Vorbild annehmen soll, und andererseits davon ausgehst, daß deine Einbildungskraft eine natürliche Kraft ist, die über deine tiefsten Bedürfnisse und Wünsche informiert ist, so daß die Bilder, die von der Einbildung erzeugt werden und dir als Vorbilder zur Verfügung stehen, deinem Organismus, deiner Natur und deinem Selbst auf wunderbare Weise entsprechen. Das eingebildete Verhalten ist wie eine zweite Haut, die du dir überstreifst. Es ist eine Eigenschaft, die dir zu eigen wird. Und du weißt auch, daß dieses Vorbild abgestoßen wird, wenn es nicht mehr passen sollte, wie die Zellen der Hautschichten, die sich ständig erneuern.

Bewegungsexperiment »Mit der eigenen Kraft mitgehen«

Finde in deiner Vorstellung eine »Gangart« (in Gang kommen, in Schwung kommen, in Trab kommen, galoppieren), die sehr schnell, kraftvoll und energiegeladen ist. Stelle dir dazu den passenden Rhythmus vor, in dem sich die treibende Energie immer neu entzündet wie ein neuer Motor, der ausgezeichnet funktioniert. Finde den entscheidenden Unterschied heraus, der diese Gangart von allen anderen Gangarten, die du aus dem Alltag kennst, unterscheidet. Achte auf die Zeichen, die dein Körper gibt, um dir zu signalisieren, daß du jetzt in einen besonderen, in einen ausgezeichneten Zustand kommst. Achte auf deinen Atem, den Fluß deiner Bewegungen, die koordiniert ablaufen, nach einem geheimen Muster, dessen Qualität der Schlüssel zu dieser Bewegungsqualität ist. Achte auf das Muskelspiel, auf den Ablauf der Arm- und Beinbewegungen, die sich einander die Impulse wie Bälle zuspielen. Achte darauf, wo die Mitte im Übergang ist, und wie du es machst, in dieser Mitte zu bleiben und dich gleichzeitig immer weiter zu bewegen. Wie findest du dieses bewegliche Gleichgewicht, das dich immer weiter trägt? Wie ist das Verhältnis zwischen Gleichgewicht und Einsatz von Kraft? Wie vermitteln sich die Befehle, mit denen dein Denken deinen Organismus informiert, und wie wirken sie sich auf das Gesamtgeschehen aus? Welche Gedankenimpulse mußt du erzeugen und in Handlungen übersetzen, um einen optimalen Ablauf und die bestmögliche Bewegungsqualität zu erzielen?

Bewegungsexperiment »Wechselspiel und Balance«

Du hast zwei Beine, um in mehr als einem Zustand gleichzeitig stehen zu können. Der rechte Zustand ist anders als der linke Zustand – du spürst es, wenn du einmal das rechte Bein ganz belastest und dann das linke. Ein Unterschied wie Tag und Nacht! Und selbst wenn es nicht so sein sollte, stellst du es dir jetzt vor, um mit deinen beiden Beinen eine interessante Lernerfahrung zu machen. Stell dir also vor, du hättest ein Tagesbein und ein Nachtbein, oder ein Jabein und ein Neinbein, und mit diesen beiden Beinen gehst du durch das Leben. Das Jabein erhält seine Kraft durch das Ja, das du im Leben sagst, und das Neinbein erhält seine Kraft durch deine Neins. Dein Tagesbein lädt sich tagsüber auf, dein Nachtbein hingegen sammelt seine Energie nachts. Natürlich kannst du diese Übung auf alle anderen gegensätzlichen Erfahrungen in deinem Leben ausweiten. In dieser Übung kannst du erfahren, wie die Gegensätze sich nicht nur anziehen oder abstoßen, sondern sich auch im Gleichgewicht halten. Finde dann Sätze, die die beiden Gegensätze in deinen Beinen anspornen. Vielleicht kannst du auf deiner täglichen Fitneß-Tour durch den Park auf diese Weise einen Dialog zwischen den zwei Seiten in dir, einen Diskurs mit den Beinen erfahren. Die Sätze sollten den Charakter von Glaubenssätzen haben. Wähle zwei sehr gegensätzliche aus, z.B. »Aus mir wird nie etwas werden!« und »Im Grunde bin ich ein Genie!« Finde dann eine Gangart, in der die beiden Glaubenssätze eskalieren, das Energieniveau heben, dich auf ein Plateau größten Kraftumsatzes bei kleinstem Kraftaufwand bringen, sich auf eine Art und Weise ausbalancieren, daß du dein inneres Gleichgewicht und dadurch Frieden findest. Dann beobachte nur den Rhythmus des Prozesses, die Art und Weise, wie die Extreme sich in Balance bringen, und lerne davon. Nun brauchst du die Glaubenssätze nicht mehr – sie waren nur als Anlasser wichtig. Du kannst dich der erzeugten Dynamik überlassen. So ergänzt sich die Dynamik des Unbewußten, das Bewegung schafft, mit dem Bewußtsein, das die Wahl trifft und die Richtung bestimmt, in die der Weg gehen wird.

Glaubenssätze und Bewegung

In einem Modell nach Robert Dilts wird Bewegung eingesetzt, um nicht nur die Möglichkeit von körperlich erfahrener Ortsveränderung zu schaffen, sondern auch um neue Wege zu finden, mit alten, festgefahrenen Einstellungen umzugehen. Wir alle wissen, daß solche *beliefs*, solche Vorurteile und Glaubenssätze, nicht diskutiert werden können, weil sie dem Bewußtsein oft nicht zugänglich sind. Selbst wenn, würde die Vernunft sich eher dafür einsetzen, die *beliefs* zu bestätigen und aufrechtzuerhalten, als sie zu demontieren, da sie Halt und Stärke geben. Durch spielerischen Umgang jedoch läßt sich manches umgehen, was im Kopf noch als unverrückbare felsenfeste Überzeugung gilt. Um diese Möglichkeit der körperlichen Bewegung zu eröffnen, wird die Linie, die die Ereignisse im Leben eines Menschen verbindet und als Zeitlinie zunächst wie eine Einbahnstraße erlebt wird, zu einem Zeitraum erweitert. In diesem Raum gibt es Orte, denen bestimmte Bedeutungen zukommen und die sich mit immer mehr Energie auffüllen, je öfter sie mit einer entsprechenden Erwartungshaltung betreten werden. Die Orte sind durch »Raum-Anker« markiert, das heißt durch Zettel, Kissen, Steine oder sonstige Gegenstände. Wir eröffnen zunächst die folgenden fünf Positionen:

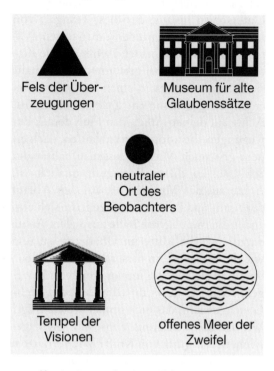

1. Ort der neutralen Position, in der über das Geschehen reflektiert werden kann. Wenn Sie diese Position betreten, sind Sie in einem dissoziierten Zustand und betrachten das Ganze von außen. Sie haben hier die Rolle eines Beobachters, eines Zeugen oder Kommentators. Von dort gehen Sie zum ...
2. Fels der Überzeugungen. Hier legen Sie fest, wovon Sie felsenfest überzeugt sind. Sie geben Ihrer Gewißheit einen Ort. Von diesem Ort aus erlauben Sie sich jedoch auch, so manches in Zweifel zu ziehen. Sie gelangen zum:
3. »offenen Meer der Zweifel«. Um etwas zu finden, was Sie unbedenklich bezweifeln können, notieren Sie etwas auf einem Zettel, von dem Sie einmal felsenfest überzeugt waren und an das Sie jetzt überhaupt nicht mehr glauben (z.B. den Weihnachtsmann). Vielleicht fällt Ihnen etwas ein, das in Zukunft einmal genauso unglaubwürdig sein wird wie der Weihnachtsmann – ein einschränkender Glaubenssatz, von dem Sie ahnen, daß er in Zukunft nicht mehr die gleiche Gültigkeit haben wird wie jetzt. Notieren Sie ihn und behalten Sie den Zettel bei sich, während Sie den ersten Zettel mit dem veralteten Glaubenssatz (der Weihnachtsmann) zu einem neu eröffneten Ort bringen:
4. Zu dem »Museum für alte Glaubenssätze«. Vielleicht hat es Ihnen um Ihren alten Glaubenssatz leid getan, weil er doch ein Stück Ihrer Geschichte, ein Stück von Ihnen selbst war. Nun haben Sie einen Platz gefunden, wo er seinen Wert behält,

aber aus dem Verkehr gezogen ist, so daß er seinen Charme weiterhin zeigen, aber seine Wirkung nicht mehr entfalten kann. Vielleicht ist dieses Museum auch ein Archiv, das »Archiv für Glaubenssatz-Geschichte« oder als »Kabinett der alten Illusionen« ein Spiegelkabinett auf einem Nostalgie-Jahrmarkt.

5. Es gibt jedoch noch einen Ort, den Sie unbedingt aufsuchen sollten. Er heißt »Tempel der Visionen«. Es kann gut sein, daß dieser Platz sich noch ein wenig neu und unbewohnt anfühlt. Er kann leer stehen, bis sich etwas findet, was dorthin paßt. Er ist ein angenehmer Aufenthaltsort, der der Lebenshaltung »offen für Visionen« entspricht. Verweilen Sie ein wenig. Hier läßt sich gut an etwas denken, das man in der Vergangenheit nicht geglaubt hatte, wofür man sich dann aber im Laufe der Zeit geöffnet hat. Dieser Ort wird erst nach und nach eingerichtet. Notieren Sie hier Visionen, für die Sie offen sind und gehen Sie zurück zu der neutralen Position.

– Tragen Sie nun einen einschränkenden Glaubenssatz (z.B. »Frauen haben es schwer«), den Sie auf einen Zettel geschrieben und den zu verändern Sie sich vorgenommen haben, zunächst in die Position »offenes Meer der Zweifel« und fühlen Sie nach, ob Sie wirklich bereit sind, diesen Glaubenssatz in Zweifel zu ziehen. Wenn dies der Fall ist, gehen Sie weiter und tragen Sie ihn in das Museum. Haben Sie das Gefühl, dies sei der richtige Aufbewahrungsort für ihn, lassen Sie ihn dort. Die Einschränkung ist aufgehoben. Wenn nicht, nehmen Sie den Zettel mit. Gehen Sie zum ...
  – »Fels der Überzeugungen«. Spüren Sie nach, welche Auswirkungen es auf Ihr Leben hätte, wenn der einschränkende Glaubenssatz auch weiterhin hier wäre. Lassen Sie den alten Glaubenssatz vorläufig hier (wenn er nicht schon im »offenen Meer« liegt) und gehen Sie ...
– zurück zur neutralen Position. Hier widmen Sie sich dem neuen Glaubenssatz, den zu glauben Sie sich wünschen (z.B. »Frauen haben heute mehr Chancen denn je«). Schreiben Sie ihn auf.
– Tragen Sie den Zettel mit dem neuen Glaubenssatz zum »Tempel der Visionen« und spüren Sie nach, ob Sie diesen neuen Glaubenssatz als Vision dort hinterlegen können. Wenn nicht, tragen Sie auch diesen Zettel weiter mit sich herum. Gehen Sie
– zurück zur neutralen Position. Hier notieren Sie einen Grundsatz, dessen Gültigkeit für Sie so wichtig ist, daß ein Zweifel daran Sie in Verzweiflung stürzen würde (z.B. »Die Würde des Menschen ist unantastbar«).
– Tragen Sie diesen Grundsatz zum »Fels der Überzeugungen«, nachdem Sie auch im »offenen Meer der Zweifel« und im »Museum für alte Glaubenssätze« Station gemacht haben. Auf diese Weise haben Sie geprüft, ob dieser Grundsatz als Maß für alte und neue Glaubenssätze dienen kann. Finden Sie einen Grundsatz, auf den zu gründen es sich lohnt.
– Gehen Sie zwischen den einzelnen Positionen hin und her und wägen Sie ab, was wohin gehört.
– Beenden Sie dieses Experiment, indem Sie sich auf die neutrale Position zurückziehen und das (neue) Verhältnis der einzelnen Orte zueinander betrachten. Was hat sich verändert? Sind Sie zufrieden mit Ihrer neuen Innenlandschaft? Welche Schritte in der Landschaftspflege werden Sie demnächst unternehmen, um noch mehr Harmonie in die inneren Verhältnisse zu bringen?

Bewegungsexperiment »Glaubenssatz-Spaziergang«

Machen Sie einen Spaziergang. Verankern Sie in Ihrer inneren Landschaft die folgenden Orte:

1. »Neutral« (finden Sie eine Haltung oder Bewegung, die dies symbolisiert, z. B. tiefes, gelassenes Durchatmen)
2. »Offen« (finden Sie ebenfalls eine Haltung oder Bewegung, die dies symbolisiert, z. B. ein Kopfwackeln, als würden Sie sich ständig darüber wundern, was es alles gibt)
3. »Sich selbst ganz sicher« (finden Sie eine Haltung oder Bewegung, die Ihnen signalisiert »Darauf kann ich bauen«. Vielleicht stellen Sie sich Gesetze, auf Tafeln gemeißelt, vor. Oder schreiben Sie ein unsichtbares Motto – etwa »Alles wird gut« – in die Luft. Reservieren Sie einen Teil Ihres Blickfeldes für diese unumstößlichen Gewißheiten – z. B. in Ihrem linken oberen Blickfeld. Das bedeutet: immer wenn Sie nach oben links schauen, erinnern Sie sich an diese Gewißheiten und sind unwillkürlich mit dem Gefühl von Gewißheit verbunden.)
4. »Was ich einmal dachte« (finden Sie eine passende Haltung oder Bewegung, oder stellen Sie sich vor, Sie hätten diese Vorstellungen zwar begraben, aber dennoch in Erinnerung. Sie ruhen also in der Erde. Sie schauen vor sich auf den Boden, wenn Sie sich vergegenwärtigen wollen, woran Sie einmal geglaubt haben und was sich alles im Laufe Ihres Lebens relativiert hat). Reservieren Sie z. B. den linken unteren Teil Ihres Blickfeldes für diese vergangenen Überzeugungen. Immer wenn Sie dorthin schauen, sind Sie mit Ihnen verbunden und haben ein mildes Lächeln für sie übrig.)
5. »Was ich in Zukunft für möglich halten und vielleicht sogar glauben könnte« (finden Sie eine Haltung oder Bewegung, die diese positive Einstellung symbolisiert, oder stellen Sie sich vor, diese neuen Möglichkeiten seien auf Tafeln geschrieben, aber noch nicht veröffentlicht. Vielleicht sind diese Tafel oben rechts am Rande Ihres Blickfeldes »in weiter Ferne« in Ihrer Vorstellung vorhanden, so daß Sie dorthin schauen müssen, wenn Sie sie lesen wollen. Reservieren Sie einen leicht defokussierten Blick für diese Weite, die sich Ihnen eröffnen kann. Vielleicht gibt es eine Art des visionären Schauens, das Sie mit diesen positiven Möglichkeiten verbindet.)
6. Lassen Sie den Blick in die Weite schweifen, oder blicken Sie nach rechts oben, wo die ungeahnten Möglichkeiten noch unbewußt aber schon vorhanden sind, und ziehen Sie sie mit der Kraft Ihrer Entscheidung in die Bildmitte.
7. Wechseln Sie nun während Ihres Spaziergangs die verschiedenen Vorstellungen, Einstellungen, Haltungen und Bewegungen. Bleiben Sie jedoch in der kontinuierlichen Bewegung des Spazierens und bewegen Sie sich spontan.

Geben Sie dieser Übung etwas Spielerisches, das sich mit Ihrer eigenen Beweglichkeit verbindet – es ist eine Flexibilität, die sich sowohl körperlich als auch seelisch und geistig auswirkt. Bald wird Ihr Denken beweglicher werden, so daß es reicht, mit einigen wenigen Bewegungen die innere Regie Ihrer Vorstellungen zu übernehmen.

Augenübung »Blickfeld für neue Aussichten«

Rollen Sie mit Ihren Augen und stellen Sie sich vor, daß Sie dadurch alle Glaubenssätze, die jemals für Sie wichtig waren oder jemals für Sie wichtig werden könnten, erfassen. Dadurch werden nicht nur die Augenmuskeln trainiert. Stellen Sie sich vor: Es gibt auch so etwas wie Muskeln des Denkens, und Sie können sie durch diese Übung trainieren. Sie denken an etwas, von dem Sie sicher sind, daß es für Sie einen Wert hat, hatte oder haben wird. Konzentrieren Sie sich darauf und spüren Sie, wie dieser Vorgang mit einer Verengung der Aufmerksamkeit verbunden ist. Spüren Sie auch die Anspannung, die in der Lenkung Ihrer Aufmerksamkeit liegt. Und dann entspannen Sie ganz bewußt – sowohl die Augenmuskeln als auch die Denkmuskeln. Erlauben Sie sich, Ihren Blick unscharf werden zu lassen, entdecken Sie die Weite, die sich mit dem defokussierten Blick verbindet. Lassen Sie nun auch Ihre Gedanken schweifen und lassen Sie die Weite zu, die Sie dadurch erfahren. Erlauben Sie sich für einen bestimmten Zeitraum, gar nichts für gewiß halten zu müssen. Beenden Sie die Übung, durch die Sie in eine leichte Trance geraten sind, durch ein Klatschen in die Hände und reiben Sie sich das Gesicht.

Die Kunst, aus fernen Wünschen nahe Zielvorstellungen zu machen

Mit den Zielen ist es ähnlich wie mit den Problemen: sobald ein Ziel gut definiert oder wohlgeformt *(well formed)* ist, sind wir schon mitten im Prozeß der Problembewältigung und Wunscherfüllung. Wo stehen Sie in diesem Prozeß? Nehmen Sie sich einen Augenblick Zeit, schließen Sie die Augen und spüren Sie in sich hinein: Sind Sie jetzt gerade eher zufrieden mit Ihrem Leben oder eher unzufrieden? Zeichnen Sie im Geiste eine Meßlatte mit einem Minus- und einem Pluspol. Tragen Sie sich dort entsprechend Ihrer Selbsteinschätzung ein. Dann spüren Sie nach, ob Sie motiviert sind, etwas an Ihrem Zustand zu verändern, oder ihn lassen möchten, wie er ist. Zur Probe können Sie Ihren Standpunkt auf der Meßlatte mit einem Pfeil versehen und bewegen. Bewegen Sie ihn in Richtung des Pluspols. Wie fühlt sich das an? Sie können den Standpunkt auch in Richtung des Minuspols verschieben und schauen, was für ein Gefühl das wäre. Diese Übung kann auch mit »Karrieren« (im Sinne von Lebensläufen, die von einem bestimmen Verhaltensmuster geprägt sind) durchgeführt werden. Stellen Sie sich eine »negative Karriere« vor, wenn Sie Ihre Probleme nicht bewältigen können. Und stellen Sie sich eine »positive Karriere« vor, wenn Sie sich innerlich schon auf den Weg zu Ihrem Ziel gemacht haben. Die Vorstellung einer negativen Karriere kann dabei ebenso motivieren wie die Vision des Erfolgs.

Achten Sie bei der Erarbeitung Ihrer Ziele auf folgendes:
- Ziele müssen positiv formuliert werden. Es nützt nichts, sich das Rauchen *ab*gewöhnen zu wollen oder sich vorzunehmen, *nicht* zu rauchen, denn das Unbewußte hört, sieht und spürt nur *Rauchen*. Es ist weiter denn je davon entfernt, das Rauchen aufzugeben, da es ein wichtiger Inhalt zu sein scheint. Füttern Sie Ihr Unbewußtes mit positiven Inhalten, damit kein Vakuum entsteht, wenn das Problem gelöst, das Ziel erreicht oder der Wunsch erfüllt ist. Entwickeln Sie eine lustvolle Vorstellung wie »*tief frische Luft einatmen*«.
- Ziele müssen präzise und konkret formuliert werden. Wozu, wenn niemand außer einem selbst von diesen Zielen weiß und wissen muß? Es handelt sich doch nicht um einen wissenschaftlichen Artikel. Präzisierung ist hier anders gemeint. Zunächst ist die Präzision einer Vorstellung sprachlich vermittelt. Außerdem ist sie neuronal gebunden,

das heißt von der sinnlichen Wahrnehmung bestimmt. Es geht darum, sich genau vorstellen zu können, wie es sich anfühlt, das Ziel zu erreichen. Stellen Sie sich vor, Sie inszenieren Ihren individuellen Erfolgsfilm mit einem Happy-End. Mit allem Drum und Dran, mit Musik oder Naturgeräuschen, mit der besten High-Tech aufgenommen. Vielleicht gibt es Düfte dazu, bestimmte Gerüche. Oder verbindet sich Erfolg für Sie mit einem bestimmten Geschmack? Setzen Sie alle Sinne ein, um die erwünschten Resultate zu beschreiben. Ihr Unbewußtes braucht eine genaue sinnesspezifische Beschreibung des Ziels, um es verfolgen zu können. Stellen Sie eine Art Steckbrief Ihres Erfolgs her!
- Bestimmen Sie selbst die Kriterien, an denen Sie erkennen können, ob Sie Erfolg haben. Das Wort Kriterium stammt aus dem Altgriechischen und heißt nichts weiter als: Unterschied. Erlauben Sie sich, Unterschiede zu machen! Erlauben Sie sich wahrzunehmen, wann es Ihnen nach Ihren Kriterien besser geht und wann nicht.
- Übernehmen Sie die Kontrolle. Wünschen Sie sich nicht etwas, das nicht eintreten kann, weil es außerhalb der Möglichkeiten unserer diesseitigen, irdischen Realität ist. Wünschen Sie sich nicht, ein Vogel zu sein, wenn Sie nun mal als Mensch geboren wurden. Hadern Sie nicht mit Ihrem Schicksal. So abgedroschen es klingt: Machen Sie das Beste daraus. Und dazu müssen Sie lernen, Metaphern von realen Tatsachen zu unterscheiden. Wenn Sie ein Vogel sein wollen, gibt es sicher Gründe dafür. Vielleicht beneiden Sie die Vögel um ihre Leichtigkeit. Dann ist Leichtigkeit Ihr Ziel und der Vogel die Metapher dafür.

- Öko-Check. Überprüfen Sie, ob Ihre Ziele für Ihre persönliche Ökologie vorteilhaft und wirklich wünschenswert sind – und nicht nur für Sie, sondern auch für Ihre Umwelt im weitesten Sinne. Dies schließt soziale Gefüge und Gegebenheiten, Traditionen und Glaubenssysteme ein. Die persönliche Ökologie kann dabei erweitert werden und »globalisiert« werden im Sinne Kants, der die Kriterien seiner Ethik nach dem Prinzip der allgemeinen Verträglichkeit, des »kategorischen Imperativs« aufstellte. Stellen Sie sich also vor, alle Leute würden wie Sie Erfolg haben. Würden Sie sich in einer solchen Welt wohl fühlen? Machen Sie es sich zur Aufgabe, diese Fragen wertfrei zu stellen und darauf zu vertrauen, daß Ihnen nicht nur Ihr Bewußtsein, sondern auch Ihr Unbewußtes erhellende Einsichten über eine globale Zukunft (der Gruppe, in der Sie leben, des Teams, des Staates, des Landes, des Planeten) bringen wird.

Fragen Sie sich auch noch:
- Angenommen, das Ziel kann nicht erreicht, der Wunsch nicht erfüllt werden – was ist das Schlimmste daran? Oder: was wäre dann? Oder, wie Kinder oft fragen: Und dann? Dabei kommt oft eine Lebenshaltung zum Ausdruck, die das eigentliche Problem darstellt, nämlich: alles schwarz zu sehen (Verallgemeinerung), aus einer Mücke einen Elefanten zu machen (Verzerrung durch Übertreibung) oder »den Wald vor lauter Bäumen« nicht mehr zu sehen (Tilgung durch Verlust des Überblicks).
- Angenommen, der Wunsch wäre über Nacht in Erfüllung gegangen, was wäre dann? Wäre es wirklich so gut, wie es in der Vorstellung ausgeschaut, sich angefühlt, angehört hat? Und so wird das Ziel oder der Wunsch noch einmal einer genauen Prüfung unterzogen.

– Es gibt auch noch die sogenannte »Wunderfrage« (formuliert von dem Familientherapeuten Steve de Shazer). Sie lautet: Angenommen, über Nacht würde ein Wunder geschehen – was genau müßte geschehen sein, und wodurch würde es auffallen, daß etwas anders ist? Durch diese Frage wird die Wahrnehmung auf das, was möglich sein könnte, gelenkt. So kommt es zu einer Lösungsorientierung der Wahrnehmung statt eines Problembewußtseins, das die Probleme fixiert und deren Lösung unwahrscheinlich macht. Manchmal stellt sich dabei auch heraus, daß das »Wunder« schon längst geschehen ist, aber niemand dies bemerkt hat.

Warum über Wunder sprechen?

Wir haben gelernt, vage Zustände des Unbehagens und diffuse Vorstellungen von etwas Besserem genau zu definieren und zu konkretisieren, um ihre Bewältigung bzw. Erfüllung realisieren zu können. Das Reich des Wunderbaren entzieht sich jedoch oft der sprachlichen Formulierung – beim Wundern und Staunen verschlägt es einem die Sprache, man ist sprachlos, man findet keine Worte. Und oft vollzieht sich die Lösung bzw. Erfüllung im Leben genau auf dieser Ebene der Sprachlosigkeit. Es wäre schade, die Dimensionen des rational nicht Erfaßbaren ausgrenzen zu wollen, nur weil sie nicht sprachlich ausgedrückt werden können und auf die vielen rationalen Fragen keine »vernünftige« Antwort geben. Sprechen wir also über Wunder. So kann sich das Wunderbare in unserem Leben verwirklichen.

Konfliktmanagement mit NLP

Psychische Konflikte intrapersonaler Art – das heißt Konflikte, die man mit sich selbst auszutragen hat – entstehen vor allem dann, wenn das Ich-Konstrukt (Selbstbild, Selbstbewußtsein, Selbstgefühl, Identität) sich allzu weit entfernt hat vom realen Selbst (so wie es von außen und von anderen eingeschätzt und behandelt wird oder so wie der Organismus, die »Natur« sich verhält). Realitätsferne ist einer der größten Streß-Faktoren. Es lohnt sich also, Techniken für eine erfolgreiche Konfliktbewältigung zur Hand zu haben.

Das Konfliktmanagement des NLP basiert auf dem Teile-Modell, das von der amerikanischen Familientherapeutin Virginia Satir entwickelt wurde (siehe *Parts Party*, S. 119, 162). Im NLP-Teile-Modell wird von der Grundannahme ausgegangen, daß jeder Teil einer Persönlichkeit eine gute Absicht verfolgt. Oft kollidieren jedoch die Interessen der Teilpersönlichkeiten, und es entsteht ein innerpsychischer Konflikt. Um erfolgreich mit diesem Konflikt umgehen zu können, gehört

Konfliktfähigkeit besteht darin,
– überflüssige von notwendigen Konflikten zu unterscheiden,
– lösbare von unlösbaren Konflikten zu unterscheiden,
– überflüssige Konflikte zu vermeiden,
– notwendige Konflikte mit einem Mindestmaß an sozialem und psychischem Aufwand zu lösen; das setzt vor allem die Fähigkeit voraus, den rechten Zeitpunkt zu erfassen und Gelegenheiten der Vorbeugung wahrzunehmen,
– bereit zu sein, mit unlösbaren Konflikten leben zu lernen, ohne unverhältnismäßige Beschränkung der eigenen Entfaltung psychischer und sozialer Fähigkeiten.

es zu den Grundsätzen des NLP, jeden der beteiligten Teile mit ihren Interessen, Funktionen und Verhaltensweisen zu würdigen – unabhängig davon, ob wir das Ergebnis des Verhaltens und die Art, wie ein Teil seine Aufgabe erfüllt, schätzen oder ablehnen. Im NLP wird deshalb zunächst die positive Intention des Teils herausgefunden und gewürdigt, so daß eine Aussöhnung mit dem Verhalten (und dem Teil, der dieses Verhalten auslöst) erfolgen kann. Danach erst werden neue Möglichkeiten zur Verwirklichung der positiven Absicht gefunden. Dies ist die Aufgabe des kreativen oder visionären Teils (siehe Visionsarbeit, S. 121). Das Ziel des Konfliktmanagements ist es, die widerstreitenden inneren Teile zu versöhnen. Dazu bedarf es der Verhandlung. Im NLP sprechen wir daher von einem Verhandlungsmodell. Die Kongruenz einer Persönlichkeit erfolgt aus der Integration aller beteiligten Teilpersönlichkeiten und ihrer harmonischen Abstimmung untereinander. Bleiben innere Konflikte unbearbeitet, so vermittelt die Person den Eindruck von Inkongruenz. Sie kann mit sich selbst nicht einig werden. Während jedoch eine kongruente Ausstrahlung Vertrauen erweckt, vermittelt Inkongruenz nach außen einen zwiespältigen und zweifelhaften Eindruck. Inkongruenz wird innerlich als Spannung bis hin zur Zerissenheit erlebt.

Die Grundannahme im NLP ist, daß es sich bei dem unerwünschten (z.B. zerissenen, zwiespältigen, unzuverlässigen) Verhalten im Grunde um ein sinnvolles Verhalten handelt, das jedoch unkoordiniert abläuft und an dem zwei sich im Konflikt befindende Seelen-Teile beteiligt sind. Es sind zwei Teile, die beide gute Absichten haben und gut funktionieren, sich jedoch nicht einig werden können, wann und wo welcher Teil an der Reihe ist. Über die Kommunikation der Teile untereinander werden nach langen (oder auch kurzen) Verhandlungen mit dem typischen Hin und Her (siehe *shuttle diplomacy*, S. 166) letztlich neue Situationen und Rahmenbedingungen geschaffen, die es beiden Persönlichkeitsanteilen ermöglichen, ihre gute Absicht auf bessere Weise zu erfüllen.

Ablauf des Konfliktmanagements im Falle von inneren Konflikten

1. Finde einen Zustand, in dem dich etwas an dir stört, in dem du dich inkongruent (uneigentlich), zerrissen oder fremd fühlst. »Eigentlich will ich …, aber …«
2. Trenne zwischen dem »eigentlichen Ich« und dem »uneigentlichen Teil«, dem Einerseits und Andererseits, zwischen den zwei Teilen, die hier eine Rolle spielen. Gebe beiden Teilen einen Ort und verankere sie (mit Zetteln) im Raum. (Es können auch zwei Stühle aufgestellt oder Sitzkissen bereitgelegt werden.)
3. Erkenne die positive Absicht beider Teile an und würdige sie. Versetze dich in beide Positionen, auch wenn der eine Teil dir mehr zugehörig und weniger fremd erscheint als der andere.
4. Lasse diese Teile miteinander Kontakt aufnehmen und sich austauschen.
5. Entdecke Ressourcen für jeden Teil und lasse wiederum die Teile sich untereinander austauschen.
6. Integration: Ziel der Verhandlungen ist eine *Win-win*-Lösung, bei der alle Beteiligten gewinnen und es keine Verlierer (keine faulen Kompromisse und auch keine Verzichthaltung) gibt. Ziel ist außerdem, die Beteiligten zu einer Zusammenarbeit zu bewegen. »Innere Kündigung«, Resignation, Selbstbestrafung, Selbstverrat oder unbewußte Sabotage-Akte sind Anzeichen dafür, daß einer der Teile die Lösung nicht angenommen hat und sie boykottiert.
7. Öko-Check: Ist die gefundene Lösung auch für alle anderen Teile des Gesamtsystems (Persönlichkeit) in Ordnung?
8. Future-Pace: Wann und in welchem Zu-

sammenhang wird sich die gefundene Lösung realisieren können?

Sicher fragen Sie sich, wie ein solcher Austausch zwischen zwei »Seelen in der Brust« vor sich gehen soll. Dazu wird hier eine Art innerpsychischer Inszenierung beschrieben (natürlich können Sie die Inszenierung auch einfach nur in Ihrer Vorstellung stattfinden lassen). Sie brauchen dafür vier Stühle – jeder Stuhl markiert eine Position. Setzen Sie sich auf alle vier Positionen und nehmen Sie aus allen Positionen wahr, wie die Dinge liegen. Sie werden erstaunt sein, wie verschieden die Welt ausschauen kann. Wenn Sie sich auf die Position der jeweiligen Teile begeben, werden Sie entdecken, daß diese Teile tatsächlich Persönlichkeiten sind und ihr Eigenleben haben. Geben Sie ihnen eine Gestalt und lassen Sie diese Gestalt zum Leben erwachen, indem Sie ihnen eine Stimme geben. Diese Übung läßt sich auch mit widersprüchlichen Gestalten, die Ihnen im Traum erschienen sind, machen.

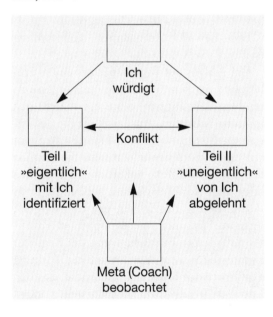

Wann kann das Verhandlungs-Modell angewandt werden? In allen Fällen, in denen die zwei Seelen in der Brust gleich wertvoll, notwendig und wichtig sind, sich aber auszuschließen scheinen, z.B. bei Lust-Pflicht-Konflikten und divergierenden Interessen: Das Kind in mir möchte spielen (Lust-Teil), aber der strenge Eltern-Teil in mir sagt, daß Pflicht angesagt ist. Das ist ein Konflikt zwischen Anpassung und Freiheit. Ich kann aber auch bei bestem Willen meine Pflicht nicht erfüllen, wenn mir jeder Antrieb und jede Motivation dazu fehlt. Darüber hinaus läßt das sabotierende Kind in mir mich vergeßlich, unpünktlich oder unhöflich werden. Durch Verhandlung zwischen den beiden Teilen gelingt es mir schließlich, einen Tagesplan aufzustellen, bei dem sowohl das Spielen als auch das Lernen zum Zuge kommt.

Es kann gut sein, daß die zwei Teile entdecken, daß ihnen beiden etwas fehlt (z.B. ein Teil, der für straffe Organisation zuständig ist und die Zeitpläne, die aufgestellt wurden, auch wirklich einhält). Auf der Suche nach den fehlenden Ressourcen (Organisationstalent, gutes Timing, Konsequenz) können Austauschprojekte oder Geschenke eine wichtige Bedeutung erhalten. Manchmal müssen die Ressourcen außerhalb gesucht werden und sich deshalb beide darauf einigen, die Suche gemeinsam zu unternehmen. Dabei bekunden sie ihr Interesse, das Problem (das unerwünschte Verhalten) anzugehen. Sie einigen sich auf ein gemeinsames Ziel, das zu erreichen in ihrer beider Interesse ist. Sie söhnen sich miteinander aus und verzeihen sich. Nun kommt der Öko-Check: Ist die gefundene Lösung für alle Teile des Gesamtsystems in Ordnung? Vielleicht gibt es andere Teile, die sich zu Wort melden und Einwände haben? Ist die gefundene Lösung auch in Zukunft annehmbar? Was würde sich verändern, wenn das Ziel erreicht wäre? Gäbe es für irgendeinen Teil in dir Gründe, dieses Ziel nicht erreichen zu wollen? Es kann nun sein, daß erneut die Verhandlungen aufgenommen werden, und zwar mit dem Teil, der nicht einverstanden ist. Der Öko-Check schließt auch äußere Teile eines Lebenszusammenhangs, also

Partner, Familienmitglieder, Kollegen, Vorgesetzte, Untergebene ein. Der Future-Pace prüft dann, inwieweit die Lösung in Zukunft realisiert werden kann und wann sich demnächst eine Gelegenheit ergeben wird, um die Lösung, die als Gedanke schon existiert, in die Tat umzusetzen.

Tanz der verhandelnden Hände (Kurzform des Konfliktmanagements)

Der innere Dialog der Verhandlung kann auch sehr schnell vor sich gehen, vor allem wenn die beiden Parteien (die Teilpersönlichkeiten) mit ihren widerstreitenden Interessen und Anliegen dem Ich schon bekannt sind und es darum geht, eine im Augenblick richtige Entscheidung zu finden. Die Hände können sich wie im Tanz bewegen und durch Haltungen, Gesten, Gebärden oder auch ideomotorische Minimalbewegungen dem kinästhetischen Sinn vermitteln, welche Lösung im Moment die richtige ist, ohne daß dies dem Ich bewußt werden muß. Die gesamte Verhandlung kann sich auf kinästhetischer Ebene ohne Worte abspielen. Die Argumente müssen nicht auf verbaler Ebene vorgebracht werden. Manchmal ist es sogar besser, wenn das Pro und Contra nicht kognitiv rationalisiert, sondern der Prozeß der Verhandlung dem Unbewußten überlassen wird. Das Unbewußte spricht durch den Körper und gibt eindeutige Signale. Auf diese Weise kann schon ein »Handtanz« zum Trancetanz werden und die gleichen heilenden Wirkungen auslösen. Das Medium des Tanzens ist bestens geeignet, die verschiedenen Seelen in der Brust untereinander zu versöhnen und so die innere Zerissenheit zu heilen. Das gleiche gilt für den Ausdruck durch Sprechen, Singen und Rollenspielen.

Es gibt bestimmte Vereinbarungen, die für den »Tanz der Hände« getroffen werden müssen:

Das Unbewußte kooperiert.

Das Unbewußte gibt Zeichen.

Die Zeichen beziehen sich auf die Fragen, die die Verhandlung aufwirft.

Die Zeichen sind durch Handlevitationen gegeben, d. h. bei einem Ja heben oder senken sich die Hände wie von selbst, bei einem Nein bewegen sie sich nicht.

Der Prozeß ist ein inneres Fragen, das die Lösungen schon beinhaltet.

Der Prozeß hat einen Rahmen und eine Bedeutung.

Der Rahmen wird formal abgesteckt (Dauer, Thema, Raum).

Die Bedeutung ist von persönlicher Wichtigkeit. Es gibt eine starke Motivation, durch den Tanz der Hände zu einer Lösung kommen zu wollen. Es ist ein Anliegen der ganzen Person, die Teilpersönlichkeiten zu versöhnen.

Der Inhalt muß nicht veröffentlicht werden. Der Prozeß kann inhaltsfrei durchgeführt werden.

Die Form der Lösung bestimmt den Prozeß. Die Orientierung auf Lösungsmöglichkeiten steht im Vordergrund, das Problembewußtsein tritt in den Hintergrund.

Dies bewirkt Gelassenheit. Gelassenheit ist das A und O.

Der Ablauf des Tanzes, der aus einem Heben und Senken der Hände (den sogenannten Handlevitationen) besteht, vollzieht sich in sechs Schritten. Ausgangslage ist ein bequemes Sitzen, wobei die Hände entspannt auf den Oberschenkeln ruhen. Sie können den folgenden Text auf Tonband sprechen oder sich vorlesen lassen, wobei in einer Partnerübung der Inhalt, um den es geht, nicht veröffentlicht werden muß (»verdecktes Arbeiten«). Es reicht, wenn der Begleiter einfach die Sätze ausspricht und die Wirkung der Worte das Unbewußte erreicht, das den Lösungsprozeß körperlich darstellen kann. Die Verkörperung ermöglicht es, auf der kinästhetischen Ebene die Versöhnung der Teile direkt zu erleben, ohne genau wissen zu müssen, wie das Unbewußte zu dem Ergebnis gekommen ist.

Es geht hier vor allem um das unmittelbare Erleben, das mehr als alle Worte überzeugt.

»Es gibt etwas, was dich innerlich in Konflikt bringt, und du weißt, daß dies aufgrund von zwei widerstreitenden Teilen in dir geschieht. Entspanne dich und überlasse es deinen Händen, diese beiden widerstreitenden Teile zu verkörpern. Du mußt nicht wissen, welche Hand welchen Teil übernimmt. Überlasse dich ganz der selbstorganisierenden Weisheit deines Unbewußten und der Ausdruckskraft deines Körpers. Du weißt: es gibt ein Thema ... (Die erste Hand gibt ein Zeichen: wenn ja, dann schwebt sie langsam nach oben in Brusthöhe.) Und du weißt auch, daß dieses Thema jetzt behandelt werden möchte ... (Wenn ja, gibt die andere Hand ein Zeichen, indem auch sie sich hebt und auf Brusthöhe schwebt.) Und du weißt, daß das Thema jetzt ausgehandelt wird und sich zu einer Gestalt formt ... Das ist der Tanz der schwebenden Hände, die etwas aushandeln, ohne daß das Bewußtsein genau weiß, was die Handlung ist und um was es geht ... Eine Gestalt formt sich zwischen den Händen als Gefühl, als inneres Bild, als Einsicht, wie eine unsichtbare Skulptur im Raum aus Energie ... die Sinn macht. Die erste Hand gibt ein Zeichen, wenn »es auf der Hand liegt«, was Sinn macht, fühlbar, greifbar wird, zum Anfassen ist ... (wenn ja, dann senkt sie sich wieder) ... ein Sinn, der sich auswirkt ... die zweite Hand gibt ein Zeichen, wenn es sich so anfühlt, als würde »es in meiner Hand liegen« (wenn ja, dann senkt sie sich wieder), so daß beide Hände wieder auf den Oberschenkeln zu liegen kommen und der Tanz beendet ist. Die Hände klatschen zum Zeichen des Abschlusses. Öko-Check: Gilt der Applaus wirklich allen Beteiligten? Future-Pace: Bewirkt die gefundene Lösung schon jetzt die Zuversicht, den Konflikt bewältigt zu haben?

Die gute Absicht hinter unseren Handlungen finden
(meta-outcome und core-intention)

Diese NLP-Technik wurde entwickelt, um die tiefere Intention hinter einer vordergründigen Zielvorstellung, einem Wunsch, Bedürfnis oder einer Sehnsucht zu ergründen. Sie besteht in einem (auch räumlich verankerten) Nachgehen von Absicht zu Absicht, bis die Kernabsicht erfahren wird. Dabei wird davon ausgegangen, daß es Unterschiede in der Art und Qualität von Zielvorstellungen gibt. Manche Ziele werden wegen ihres Ergebnisses angegangen, wobei das Ergebnis aus den Konsequenzen berechnet wird. Andere Ziele hingegen stehen leuchtend gleich Leitsternen am Himmel und haben die Funktion von leitenden Visionen, von Leitbildern und Modellen. Manche Ziele haben nur Trittbrett-Funktion, weil ihre Erfüllung eine Plattform bietet, von der aus weitergegangen werden kann. Auch gibt es Ziele, hinter denen Bedürfnisse stehen, die zur Zeit ihrer Entstehung nicht adäquat erfüllt werden konnten, z.B. kindliche Primärbedürfnisse. Aufgrund ihrer damaligen Nichterfüllbarkeit verwandelten sie sich in Zielvorstellungen, die zu erreichen der Erwachsene sich erhofft. Diese sekundäre Bedürfnisbefriedigung bleibt jedoch immer nur Ersatz für das Eigentliche und kann nie das primäre Defizit auffüllen. Das meist unbewußte Defizit bleibt eine treibende Kraft, ein starkes Motiv, das Strategien der Selbstmotivierung anregt und aufrechterhält. Der Zusammenbruch ist jedoch vorprogrammiert, wenn die ursprüngliche Bedürftigkeit nicht geheilt und die primären Bedürfnisse eines Menschen nie thematisiert werden, geschweige denn eine Erfüllung dieser tiefen Sehnsucht in Aussicht gestellt wird. Die Unterscheidung zwischen rationalen und emotionalen Strategien zur Erreichung eines Ziels oder der Erfüllung eines Wunsches kann anhand der zwei möglichen Bedeutungen des Wortes Absicht getroffen werden:

> – Absicht als rationale Berechnung der Konsequenzen, die sich aus einem absichtsvollen Tun ergeben, wobei eventuelle Fehler häufig kommentiert werden mit einer Entschuldigung: »Das war nicht meine Absicht.« Oder: »Das habe ich nicht gewollt.«
> – Absicht als emotionale Getriebenheit mit einer bestimmten Ausrichtung und Tendenz, die durch tieferliegende und unbewußte Motive bestimmt ist. Da diese Motive nicht bewußt sind, entwickeln sie eine Eigendynamik, die das Dilemma des menschlichen Willens aufzeigt: Ist der Wille eine rationale Entscheidung oder emotional bedingt?

Auch muß unterschieden werden zwischen Strategien, die sich am Ergebnis und den Konsequenzen orientieren, und Strategien, die die tiefste Intention eines Menschen berücksichtigen. Im NLP spricht man von:

> – *Meta-outcome* als demjenigen Ergebnis, das sich als Endergebnis aus den Konsequenzen eines Verhaltens ermessen läßt. Das Präfix *meta* deutet an, daß das Verhalten aus einer übergeordneten Perspektive beobachtet wird und aufgrund dieser Beobachtungen von außen Prognosen erstellt werden. Dies ist ein rationales, kausal-lineares Vorgehen, das aus der ausgelagerten Beobachterposition der Meta-Ebene geschieht. Der Beobachter ist nicht involviert – deshalb ist er auch nicht über eventuelle interne Entwicklungen, die sich im Laufe der Prozesse ergeben mögen, informiert. Die kausal-lineare Sicht verhindert zudem ein tieferes Verständnis für eine Dynamik, für die Gesetze von selbststeuernden Regelkreisläufen und Feedback-Schleifen, die aus kybernetischer Sicht auch im Bereich der Psychologie gelten. Auch wenn ich von einer Meta-Position zur nächsten wechsle, komme ich doch nie in Berührung mit dem Kern meines absichtsvollen Tuns, mit der Kernabsicht, die sich als das eigentliche und wesentliche Motiv herausstellt. Im Gegenteil: Ich entferne mich immer weiter davon.
> – *Core-intention* (Kernabsicht) als jener Absicht, die hinter allen vordergründigen, oberflächlichen Absichten steht. Sie ist das, was mich weitertreibt, das Kernmotiv, das mich motiviert. Da Gefühle auf dem kinästhetischen Sinneskanal Gestalt annehmen und gespeichert werden, ist das Erfahren der *core-intention* vornehmlich kinästhetisch vermittelt. Wie das deutsche Wort schon besagt, muß ich mich bewegen (fahren), um Erfahrung zu machen. Es reicht nicht, sie sich auszudenken und als Weg zu sehen (visueller Kanal) oder als Leitspruch und Glaubenssatz zu hören (auditiver Kanal). Die Erfahrung dessen, was mich zutiefst bestimmt und bewegt, ist abhängig von meinem Engagement, meiner Art, mittendrin zu sein und dabeizubleiben. Ich bin im Prozeß involviert – und nur so informiert, was abläuft und wirklich »läuft«.

Eine hier vorgenommene Unterscheidung trennt das Verhalten von der Absicht, wobei:

– die *meta-outcome*-Strategie sich am Ergebnis des Verhaltens orientiert, also sich auf externe Referenzen (wie wirke ich auf die anderen, und welche Auswirkung hat das wiederum auf mich?) bezieht,
– der *core-intention*-Prozeß hingegen der Kernabsicht nachgeht. Dieses Nachgehen bezieht sich auf internale Referenzen. (Was macht das mit mir selbst, und wie fühle ich mich dabei?)

Das Erleben des innersten Wesenskerns (der Kernabsicht) läßt sich an folgenden Kriterien erkennen:

– Es tritt ein veränderter, nicht-alltäglicher Zustand ein, der sich durch tiefe Entspannung, Veränderung der Hautfarbe, des Muskeltonus, der Atemfrequenz und der Frequenz der Gehirnwellen äußert. Es ist ein Zustand, der sich sofort von den gewohnten Zuständen des Alltags unterscheidet und ohne Zweifel festgestellt werden kann. Es fühlt sich an, als wäre man nach langer Suche endlich dort angekommen, wo man immer schon sein sollte, wo man irgendwie auch immer schon gewesen ist, ohne daß dies während der vordergründigen, oberflächlichen und außenbestimmten Suche zu Bewußtsein gekommen ist.
– Es ist ein Zustand des Seins. Das Sein wird als Essenz, als eine besondere, wesentliche, ursprüngliche und erfüllende Qualität erlebt – im Gegenteil zur Existenz, die als mehr oder weniger zufälliges Dasein erlebt wird. Sprachliche Äußerungen in diesem Zusammenhang sind: Anwesenheit; einfach da sein; sich sein lassen; sein, so wie man ist; Menschsein; sich angenommen fühlen; Verbundenheit mit allem; tiefer Friede; in Ordnung sein; wertvoll sein; All-Liebe; bedingungslose Liebe; Gnade; Anmut ...
– Dieser Zustand wird als Gefühl wahrgenommen: Ein Gefühl, das sich von spezifischen Emotionen grundlegend unterscheidet und das jederzeit, unabhängig von der Situation und dem Kontext des Daseins, erlebt werden kann, wenn sich der innere Fokus darauf richtet (so etwa in der Meditation).
– Dieser Zustand überwindet die Subjekt-Objekt-Spaltung. Tänzer und Tanz sind eins geworden.
– Sie verspüren keinen Impuls mehr weiterzugehen. Sie haben »es« gefunden. Es gibt keine weitere Intention, keinen Impuls, kein Motiv, keine Motivation.
– Es geht hier und jetzt nicht mehr darum:
  1. etwas zu tun oder zu erreichen (Erfolg),
  2. etwas von anderen zu bekommen (Anerkennung durch externale Referenz),
  3. sich selbst zu beweisen (Anerkennung durch internale Referenz),
  4. Informationen zu sammeln (Ansammlung von Wissen),

sondern nur darum, sich vom Wesentlichen, von der Essenz, vom inneren Kern, von der inneren Stimme, dem inneren Auftrag leiten zu lassen.

Diese Erfahrung überträgt sich vorwiegend auf dem kinästhetischen Sinneskanal, der durch seine Vermittlung sowohl von Impulsen, »Motionen« (inneren Bewegungen, Zuständen des Bewegtseins), als auch Emotionen (Gemütsbewegungen mit einem Motiv, das sich ausdrücken und äußeren möchte) am besten geeignet ist, diesen Prozeß sich im inneren Erleben manifestieren zu lassen. So ist auch die Erfahrung, von etwas geleitet zu werden, bis man an einem Punkt anlangt, an dem es nicht weiter geht, eine kinästhetische Erfahrung. Das Gefühl der Gewißheit stellt sich als Folge davon ein – es ist nicht etwas, was gedacht, vorgestellt und konstruiert werden kann. Die Erfahrung des *core-intention*-Prozesses (nach C. und S. Andreas) kann als Wallfahrt, als Prozession oder als persönliche Visions-Suche *(vision quest)* erlebt werden. Eine bekannte Metapher dafür ist die Suche nach dem heiligen Gral.

Wie finde ich meine Kernabsicht?

1. Entscheide, was zu verändern ist. Das kann eine Emotion oder auch ein Impuls sein, der sich immer wieder als Reaktion auf einen bestimmten Reiz einstellt, das kann auch ein Verhalten sein, das sich als störend erwiesen hat und verändert werden soll. Schreibe auf, was du verändern möchtest und lege den Zettel am Ausgangsort der Prozession nieder.
2. Erlebe diesen Teil von dir, der für die Emotion, den Impuls, das Verhalten ver-

antwortlich ist. Vielleicht hat er sogar einen Namen. Nenne ihn respektvoll bei seinem Namen und sprich deine Wertschätzung ihm gegenüber aus, denn du weißt, daß er im Grunde eine positive Absicht hat. Schreibe die positive Absicht auf und begib dich damit in die Ausgangsposition. Lasse dich nun von der positiven Absicht leiten und gehe der Intention nach, die dich zu einem zweiten Ort zieht. Finde diesen Ort der positiven Absicht und lege den Zettel dort nieder.

3. Du bist bei der zweiten Station – das schlechte Verhalten wurde zurückgelassen, es wurde der guten Absicht gefolgt. Frage dich nun: Angenommen, die positive Absicht, die der Teil mit dem schlechten Verhalten verfolgte, hätte sich erfüllt, wohin würde es dich dann ziehen? Finde also die Absicht, die hinter der guten Absicht steht, die eigentliche Absicht, die sich eines Zwischenziels bediente. Die Absicht wird dich zu einem dritten Ort führen. Notiere dort die Absicht hinter der Absicht und frage dich, ob es dich weiterzieht.

4. Gehe in dieser Reihenfolge von Ort zu Ort, lege einen Boden-Anker nach dem anderen aus, bis du das Gefühl hast, der Kernabsicht auf der Spur zu sein. Verfolge diese Spur nun bis zu ihrem Ursprungsort, bis dorthin, wo alles anfing oder wo alles endet, wo du die Mitte erreicht hast und keinen weiteren Impuls spürst, einer Spur folgen zu wollen. Es gibt keine Spur. Du bist mittendrin, angekommen, dies ist der Kern, zu dem alle Spuren zurückführen und von dem alle Wege ausgingen. Frage den inneren Teil, der die gute Absicht verfolgte:

5. Wenn wir alle Zwischenziele verwirklicht und somit alle Schritte, die zum eigentlichen Kern der guten Absicht geführt haben, durchschritten haben, gibt es etwas noch Besseres, Tieferes, Wesentlicheres, was du für mich beabsichtigst? Läßt sich das Erleben, auf der richtigen Spur zu sein, noch steigern, oder ist es das schon, das, was unabhängig von jedem Kontext, von allen Bedingungen immer gültig ist und einen Wert darstellt, der sich mit anderen Werten nicht vergleichen läßt?

6. Wenn ja, bitte dein Unbewußtes, deinen Organismus, dir ein untrügliches Zeichen zu geben, das du immer wieder erkennen kannst. Begib dich ganz in diesen »Kern-Zustand«, in dieses »Kern-Gefühl«, und verankere es in dir. Verankere dich in deiner Mitte. In diesem Zustand weißt du, daß es nicht stimmt, daß erst etwas Bestimmtes getan werden oder von anderen kommen muß, um dieses Gefühl zu haben. Es ist eine Gewißheit, die sich dir jetzt durch unmittelbares Erleben vermittelt: Der Zustand, das Gefühl ist immer da für dich. Alles, was es braucht, ist, sich dafür zu entscheiden und mit deiner Aufmerksamkeit dorthin zu gehen, dort zu sein, hier zu sein, einfach da zu sein. Tritt ein!

7. Kehre von dieser Mitte aus zurück und durchlaufe alle Zwischenstationen, die du als Boden-Anker ausgelegt hast. Lies alle Zettel noch einmal und nimm wahr, wie sich die Zwischenschritte des Prozesses anfühlen, nachdem du die »Kern-Erfahrung« gemacht hast. Was wird sich von nun an verändern, wenn du wieder in die Situationen kommst, die du als Zwischenstationen auf dem Weg in die Mitte markiert hast? Wie beeinflußt dich die Erfahrung, in der Mitte gewesen zu sein und jederzeit dorthin gehen zu können? Wie beeinflußt diese spezielle Erfahrung die anderen Erfahrungen, die sich mitten im Leben, in Situationen und Kontexten der Bedingtheiten und Abhängigkeiten ergeben werden?

8. Kehre nun zurück zum Ausgangspunkt, an dem das störende Verhalten notiert und deponiert wurde. Wie verändert sich dein Bezug dazu, und wie wird sich dies auf dein Verhalten auswirken? Was ist jetzt anders, da du eine Erfahrung der inneren Gewißheit gemacht hast? Und wie beeinflußt diese Gewißheit dein Leben?

Bewegungsmeditation »Suche nach dem innersten Kern«

Setzen Sie sich bequem in einen Stuhl mit Lehne. Stellen Sie sich vor: vor Ihnen liegt das Leben, das Sie planen möchten. Vor Ihnen sind die Ziele und die Ergebnisse Ihrer Entscheidungen und Ihres Handelns. Nun lenken Sie Ihre Aufmerksamkeit auf das, was hinter Ihnen ist. Stellen Sie sich vor: im Rücken spüren Sie Ihren Ursprung, Ihre Quelle. Wenn Sie sich zurücklehnen und die Stuhllehne berühren, kommen Sie in Kontakt mit dem, was Sie eigentlich treibt und was Ihnen wesentlich ist. Spüren Sie in Ihren Körper hinein, wie es ist, in Verbindung zu sein mit dem innersten Wesenskern. Pendeln Sie mit dem Oberkörper leicht nach vorne und nach hinten, und finden Sie dann die Mitte, in der Sie sich aufrichten.

Strategie-Arbeit

Für die Verwirklichung Ihrer Pläne ist es hilfreich, sich eine Strategie zurechtzulegen. Strategien sind hier nicht im militaristischen Sinne zu verstehen, sondern bezeichnen blitzschnell und unbewußt verlaufende Vorgehensweisen, die im Gehirn bei der Verarbeitung von Informationen ablaufen. Sie betreffen Prozesse des Denkens, Erinnerns, Bewertens und Auswertens und des Entscheidens (siehe Repräsentationssysteme, S. 165). Das bewußte Denken verfügt lediglich über die Ergebnisse, die daraus erfolgen. Diese Strategien können bewußt gemacht und beeinflußt werden.

Es gibt einige grundlegende Vorentscheidungen, an denen ich prüfen kann, ob ich selbst über mein Leben entscheiden oder keine Verantwortung dafür übernehmen möchte:
- Ich setze mich mit mir selbst auseinander. Oder: Ich will es nicht so genau wissen und meide die Auseinandersetzung.
- Ich bin bereit, Fehler zu erkennen und zu korrigieren. Oder: Ich halte lieber an den Fehlern fest.
- Ich beachte die Tatsachen. Ich informiere mich. Oder: Tatsachen interessieren mich nicht. Gleichgültigkeit ist bequemer.
- Ich bin beharrlich in meinem Bemühen, etwas verstehen zu wollen. Oder: Ich gebe auf, wenn ich es nicht gleich verstehe, ich verzichte darauf, mich weiter zu informieren oder mehr zu wissen.
- Ich bin empfänglich für neues Wissen und bereit, den alten Wissensstand einschließlich der daraus erwachsenen Meinungen und Urteile aufzugeben, wenn ich etwas eingesehen habe. Oder: Ich bleibe beim Alten, so ist es doch bis jetzt auch ganz gut gegangen.
- Ich achte darauf, ob mein Handeln und meine Absichten in sich übereinstimmen. Oder: Ich übergehe Widersprüche.
- Ich bin mir selbst gegenüber ehrlich und bleibe mir selbst treu. Oder: Ich nehme es nicht so genau und mache Kompromisse, auch wenn sich das als Verrat an mir selbst anfühlt.
- Ich bin mir bewußt, daß ich in jedem Augenblick die Wahl habe, Verantwortung für mich zu übernehmen, und ich entscheide mich dafür, bewußt zu leben. Oder: Es kommt doch so, wie es kommt – was soll ich da viel machen und mich abmühen? Andere kommen auch so durchs Leben.

Es gibt eine (buddhistische) Meditationstechnik (Vipassana), die vielen Menschen aus dem Westen als Einstieg in die geistige Disziplin der Meditation dient. Ziel dieser Meditation ist, den Geist zu beruhigen und Einsicht zu wecken. Dies geschieht, indem der Geist sich selbst dabei beobachtet, wie er ständig neue Objekte im Wechsel produziert, um sich beschäftigen zu können. Im Dazwischen eröffnet sich die Leere, die von dem Zyklus der Konditionierungen befreit. Durch Achtsamkeit kann der Meditierende die Impulse erkennen, die wie Kitt die Verkettung von Denken, Erleben und Handeln gewährleistet. Auf einen Handlungsimpuls muß aber nicht unbedingt die Handlung folgen. Man kann innehalten und überprüfen, ob der Handlungsimpuls es wirklich wert ist, verwirklicht zu werden. Nicht umsonst nennt man Menschen, die ohne diese Selbstkontrolle handeln, impulsiv. Strategie-Arbeit und Achtsamkeitsübung können miteinander verbunden werden, indem nicht nur Strategien für ein erfolgreiches Handeln entworfen, sondern auch unbewußte Strategien eines impulsiven Handelns überprüft werden.

Mit Hilfe der Einsichten in das menschliche Innenleben (das sogenannte Mikro-Verhalten, das durch Modalitäten und Submodalitäten der Wahrnehmung und Organisation der inneren Repräsentationen bestimmt ist), ist es möglich, Strategien als Wege nachzuzeichnen, zu notieren und Veränderungen dort anzubringen, wo dies nützlich ist. Strategie-Arbeit besteht also darin, die inneren, auf ein Ziel ausgerichteten Abläufe Schritt für Schritt nachzuvollziehen.

Beispiele für Strategien

Im folgenden werden einige Strategien als Beispiel aufgeführt. Vielleicht erkennen Sie in der einen oder anderen Strategie Teile Ihres Verhaltens, auch wenn es Ihnen bislang nicht bewußt war. Oft erleben wir Frust und wissen nicht genau, wie es zu diesem unerfreulichen Zustand gekommen ist. Hier ein Beispiel für eine (unbewußte und ungewollte) Frust-Strategie.

1. Ich sehe etwas von außen (mein Spiegelbild) und sehe dadurch auch innerlich etwas ein (Ich bin zu dick). Das versetzt mich in einen schlechten Zustand, der sich als körperliches Unbehagen äußert. (Beides, das Spiegelbild und die darauf folgende Einsicht, deprimieren mich. Ich fühle mich zu niedergeschlagen. Ich sinke zusammen.)
2. Schon höre ich, was andere dazu sagen. (Ich höre noch die Stimmen von lästernden Kindern in meiner Volksschule.)
3. Es folgt ein langer, innerer Dialog, der mich mit der Bilanz meiner vergangenen Sünden und mit meinem schlechten Verhalten allgemein konfrontiert. (Wie eine Radiostimme plappert es in mir weiter, während ich nach außen hin weiter mein Alltagspensum absolviere. Innerlich fühle ich mich jedoch schlechter und schlechter, denn mittlerweile hat der innere Dialog die Zukunft in den düstersten Farben ausgemalt und präsentiert mir meine Unfähigkeit, meine guten Vorsätze zu befolgen.)
4. Ich nehme mir wieder einmal vor, mein Leben zu verändern. Die neuen Vorsätze werden sinnesspezifisch visuell und auditiv als innere Filme, Dialoge, Szenarien und Hörspiele konstruiert und als virtuelle Konstruktionen durchgespielt. Sie ergeben eine stilisierte Zukunftsvorstellung, »irgendwie ganz anders zu sein«. Dabei spielt der kinästhetische Sinn eine untergeordnete oder gar keine Rolle, d. h. es wird nicht vermittelt, wie es sich anfühlt, in Zukunft anders zu sein. (Ich sehe mich in Kleidern in einer Größe, die mir schon vor Jahren nicht mehr gepaßt hat. Ich sehe mich als Bild, aber ich fühle mich nicht als Körper.)

5. Plötzlich aber holt mich die Wirklichkeit ein – spätestens beim nächsten Mal, wenn ich mich in eine enge Hose zwänge. (Das verschlechtert meine Laune, denn erstens war das Ziel meiner Phantasien zu hoch gegriffen, zweitens bin ich zu weit davon entfernt, um auch nur die geringste Motivation zu verspüren, das Ziel anzugehen.)
6. Der innere Dialog der Radiostimme – er sollte besser Monolog genannt werden, obwohl die Stimme vorgibt, mit mir zu sprechen – interpretiert das schlechte Gefühl durch Einführung von einem Glaubenssatz, wie »Bei mir klappt das nicht.«, der unterstützt wird von der Erinnerung: »Das letzte Mal hat es auch nicht geklappt.« (Die Radiostimme in mir erfährt weitere Unterstützung von anderen Stimmen, die ich innerlich höre, einem ganzen Chor, der in das Lied einstimmt »Das schaffst du nie!«)
7. Dazu habe ich die Erinnerung an den letzten gescheiterten Versuch vor meinen Augen, und ich bin, vereint mit den inneren Stimmen und dem miesen Körpergefühl, dabei, meine eigene Lebenstragödie zu inszenieren.
8. Natürlich bezieht sich diese Inszenierung nicht nur auf meine Vergangenheit, sondern wird als Vorstellung, wie es auch nächstes Mal schiefgehen wird, in die Zukunft projiziert. Ich sage im Brustton der Überzeugung: »Ich kann es schon kommen sehen.«
9. Schließlich gebe ich auf. Ich habe allen Grund dazu.
10. Ich komme zu dem Schluß: »Ich bin ein Versager.«
11. Ich untermauere diesen Glaubenssatz durch einen Wechsel von der Identitäts-Kategorie zur Kategorie der Zugehörigkeit, gehe also eine Stufe weiter im Dilts'schen Modell und rufe allen, die es wissen möchten, zu: » Ich komme eben aus einer Familie der Versager.«
12. Das ist der Endzustand der Hoffnungslosigkeit und Verzweiflung (verminderte Erlebensqualität durch Betäubung, »Taubheit«, Unbeweglichkeit). Ich lande in »meiner« Depression. Endlich kann ich mit Recht sagen: » Es hat alles keinen Sinn.« Ich verpasse mir ein Etikett durch Schuldzuschreibung und bekenne mich zu »meinem Versagen«. Endlich kann ich sagen: »Es ist sowieso egal.« Der Prozeß wird abgebrochen, jede Möglichkeit der Wiederaufnahme unterbunden. Das ist der perfekte Endzustand, der insofern per-fekt ist, als er abgeschlossen hat mit dem Leben. Fazit: Nichts geht mehr.
13. Aber dann erinnere ich mich an die Kunst des schnellen Umsteigens (siehe S. 70) und singe vor mich hin: » Es hat keinen Sinn, es hat keinen Sinn – we all live in a yellow submarine«. Und überlege mir eine bessere Strategie.

Ich probiere es mit einer anderen Strategie der Selbstmotivierung. (Die Schritte 1-3 sind identisch mit denen der eben beschriebenen Strategie.)

4. Heute jedoch werden die neuen Vorsätze als Verhaltensweisen visuell und auditiv durchgespielt und ergeben ein Idealbild von mir selbst, das durch eine kinästhetische Vorstellung, »ganz anders zu sein«, gestützt wird.
5. Im inneren Dialog wird das Idealbild als Motiv für die Motivations-Strategie verwandt und durch Glaubenssätze unterlegt wie »Alles ist möglich, wenn man nur will.« Oder: »Man muß es nur wollen.« (Das Idealbild wird visuell und auditiv konstruiert, die Glaubenssätze positiv formuliert.) Aus dem Wollen-Müssen wird ein Dürfen, im Sinne von »Ich darf es wollen. Ich gebe mir selbst die Erlaubnis.«
6. Ich versuche, die kinästhetische Konstruktion meines Idealbilds (Ich in engen Jeans: Klasse!), das eine angenehme emotionale Reaktion hervorruft (tolles Ge-

fühl, so durch die Welt zu gehen!), auch als Körperempfindung zu vergegenwärtigen (Ich kann es schon jetzt fühlen), und als kinästhetische Erinnerung (Ich erinnere mich, wie sich das damals anfühlte), in meinem Selbstbild zu verankern (schließlich bin ich dieselbe Person, halt mit ein paar Pfunden mehr). Die Differenz zwischen Erinnerung und Ideal wird bewußt, und die beiden Körpergefühle (damals, jung, und heute, älter geworden) werden unwillkürlich miteinander verglichen. Hier mache ich den entscheidenden Fehler.
7. Es passiert mir (wieder einmal), daß im inneren Dialog eine Abschreckungsstrategie entworfen wird, die auf einem schlechten Körpergefühl basiert. (Ich fühle mein Alter als schlechtes Körpergefühl.) Das schlechte Körpergefühl (älter = dicker) wird als abschreckendes Bild visuell konstruiert, was zu einer realen Verschlechterung meines Körpergefühls beiträgt. Mir fehlt der nötige Aufschwung.
8. Dann tappe ich in die Falle. Als emotionale Reaktion auf den Minus-Zustand, den ich kinästhetisch erfahre, folgt ein Handeln aus einem Impuls heraus. Dieses Handeln ist aber der ursprünglichen Zielvorstellung entgegengesetzt. (Und bevor ich es mich versehe, habe ich doch glatt wieder drei Tafeln Schokolade gegessen.) Ich erkenne: das ist die Folge von impulsiven Bedürfnisbefriedigungen.
9. Weil ich das erkannt habe, habe ich noch eine Chance. Im inneren Dialog wird meine Verhaltensweise diskutiert. Das impulsive Handeln wird einerseits verurteilt, andererseits als Ersatz gerechtfertigt. Nach dem Motto »Man kann nicht alles haben« tausche ich das Fern-Ziel (gute Figur) gegen die naheliegende Befriedigung (Lust auf Süßes, schließlich lebt man nur einmal, und das Leben ist bitter genug) ein. Diese impulsive Nah-Ziel-Strategie erfüllt das Bedürfnis, etwas für mich selbst zu tun, und dieses Ziel habe ich erreicht. Kein Grund also, in die Depression abzusinken, auch wenn das Fern-Ziel so fern wie eh und je ist.
10. Leider hört hier bei dem vorläufigen Happy-End der innere Film nicht auf. Aufgrund kontinuierlichen Nörgelns der inneren Stimmen und in Folge von wiederholten Selbstvorwürfen verschlechtert sich mein Befinden. Die Glaubenssätze frieren das Experiment der Selbstmotivierung ein und enden im Verzicht auf Veränderung.

Also gebe ich nicht auf und versuche es weiter. Und das wäre doch gelacht. Eigentlich schmeckt es mir gar nicht, so schnell aufzugeben. Es paßt irgendwie nicht zu mir (Identität).

Und ich finde sie, die erfolgreiche Motivations-Strategie!

Denn schließlich erkenne ich meine Tendenz, zu große Schritte machen zu wollen. Der innere Dialog ist schließlich doch zu etwas gut. Ich flechte Ratschläge ein und sage mir: »Eins nach dem anderen« oder »Schritt für Schritt«, »Nicht zuviel auf einmal wollen!«, und lobe mich: »Das ist schon einmal ein Anfang!«, »Für den Anfang ist das ganz gut!« Natürlich versinke ich immer wieder in Selbstmitleid. Aber mittlerweile weiß ich, das gehört dazu. Und ich lasse mich nicht davon ablenken. Ich nehme meine Minus-Zustände wahr, aber ich mache mein Handeln nicht von ihnen abhängig. Ich weiß, daß aller Anfang schwer ist, wenn Idealbild und Realität weit voneinander entfernt sind, und daß es frustrierend ist, wenn Veränderungen nicht schnell vor sich gehen. Aber ich mache weiter: (Punkt 1-6 wie in der letzten Strategie.)

7. Der innere Dialog wägt ab zwischen dem schlechten Körpergefühl des realen Zustandes und dem schlechten Körpergefühl, das sich aus der Differenz von Ist-

Zustand und Ziel-Zustand ergibt. (Der innere Dialog berücksichtigt in seinem Dauerjammern den glücklichen Umstand, daß ich gesund und erfolgreich bin – er jammert deshalb ein bißchen weniger.)
8. Zum inneren Dialog, der immer öfter auch ermutigende und ermunternde Töne findet, kommt die motivierende visuelle Vorstellung, eine andere geworden zu sein und von anderen Menschen in dem positiv veränderten Zustand wahrgenommen zu werden. Das gibt mir ein gutes Gefühl. Dieses gute Gefühl wird zum Kriterium des weiteren Vorgehens. Wie kann ich öfter dieses gute Gefühl bekommen? Was muß ich dazu tun? (Kinästhetisch etwas unternehmen, was in die richtige Richtung geht, d.h. also sich bewegen, nicht nur denken und träumen …)
9. Der Wechsel vom auditiven Sinneskanal (innerer Dialog, Denken in Form von Selbstgesprächen) und vom visuellen Sinneskanal (visuelle Vorstellungen, sich selbst verändert sehen) zum kinästhetischen Kanal (sich bewegen, etwas tun, sich selbst körperlich fühlen) ist ausschlaggebend. Diesmal schaffe ich es. Das habe ich jetzt schon im Gefühl!
10. Es wird immer besser. Ich unternehme weitere Schritte in Richtung des Ziels (»gute Figur und ideales Körpergewicht«) und denke weniger über Erfolgschancen nach. Ich beziehe mich dabei immer auf das eigene gute Körpergefühl und nicht die negativen Glaubenssätze. Das gute Körpergefühl gibt mir Schritt für Schritt Feedback darüber, ob der eingeschlagene Weg der richtige ist. (Nach einem Bissen Schokolade mache ich eine Pause und spüre nach, wie sich das körperlich anfühlt. Ich esse nicht impulsiv weiter, bis alles aufgegessen ist, sondern spüre nach, wieviel mir im Grunde wirklich schmeckt.)
11. Das liefert eine starke Motivation auf der Basis eines außerordentlich guten Körpergefühls – es ist in sich schon eine Belohnung, noch bevor das eigentliche Ziel erreicht ist. Fazit: Erfolg stellt sich ein, der Weg ist das Ziel.

Der ausschlaggebende Unterschied zu den negativ verlaufenden Strategien ist
– der Wechsel vom visuell-auditiven Kanal zum kinästhetischen Kanal des Körpergefühls.
– der Wechsel von der externalen Referenz (sich durch die Augen der anderen sehen, hören, was die anderen dazu sagen) zur internalen Referenz (kinästhetische Empfindungen und Emotionen in bezug zum eigenen Wohlgefühl setzen, sich auf sich selbst beziehen, etwas für sich tun, und Schritt für Schritt an dem Feedback der internalen Referenz testen, ob und wie man sich fühlt). Kurz: »Weg von sich selbst« (Selbstablehnung) wird »hin zu sich selbst« (Selbstwertschätzung bzw. der erste Schritt dazu: sich dafür entscheiden).

Einige grundsätzliche Richtlinien für den erfolgreichen Verlauf von Strategien

– Seinen Verstand aktivieren, statt passiv zu lassen. Beispiel: innerhalb langwieriger innerer Dialoge darauf achten, daß nicht die passive Opferhaltung (Selbstmitleid) überwiegt, sondern nach einer kurzen inneren Standortbestimmung Aktivität in Form einer Entscheidung erfolgt. Denken ist nicht nur Nachdenken, sondern heißt auch: sich entscheiden wollen, etwas verändern wollen.
– Seine Intelligenz einsetzen, Probleme als (Denk-)Aufgaben und Herausforderungen annehmen. Den inneren Dialog dazu nutzen, Informationen zu verarbeiten, statt sich

Phantasien zu konstruieren, wie es wäre, wenn es bestimmte Probleme nicht gäbe (unproduktives Wunschdenken).
- Gezielt Tatsachen ins Auge sehen, statt sie zu ignorieren. Aufgaben angehen, statt sie aufzuschieben. Sich mit der Außen- und Umwelt auseinandersetzen, statt ausschließlich in der eigenen Innenwelt zu leben. (Externale Referenzen als wichtiges Feedback einholen, sich informieren.)
- Gezielt wissen wollen, ob meine Handlungen im Einklang mit meinen Absichten sind. (Überprüfung meines Verhaltens: Komme ich dadurch meinem Ziel näher?)
- Gezielt wissen wollen, wo ich innerhalb der Verwirklichung meines zielgerichteten Plans stehe. (Standortbestimmung durch Vergleich von Ist-Zustand und Soll-Zustand als innere Repräsentationen. Welche Ressourcen brauche ich noch? Welche internalen oder externalen Referenzen brauche ich, um mich in einen ressourcevollen Zustand zu bringen?)
- In Kontakt sein und bleiben mit sich selbst, mit dem eigenen Wert. Die Würde bewahren wollen und sich dafür entscheiden in jedem Moment. (In Kontakt sein und bleiben mit der internalen Referenz positiver innerer Repräsentationen – positives Selbstbild, Ideale, Vorbilder, motivierende Glaubenssätze, die die Würde bewahren und Aussagen darüber sind, daß ich mir selbst etwas wert bin – daß ich mir etwas schulde – daß ich mir selbst verpflichtet bin – daß ich für mich selbst Verantwortung übernehme.)

Prozesse der Veränderung

Was unterscheidet Wege von Prozessen? Ein Weg läßt sich auf dem Reißbrett einzeichnen. Aber was auf dem Weg, der dann tatsächlich begangen wird, alles geschieht, ist meist nicht im Plan eingezeichnet. Ebenso muß eine Vorstellung realisiert werden, um zu einer Erfahrung zu werden. Der Erfahrung liegt der Prozeß des Er-fahrens zugrunde. Und während dieser Fahrt kann sich manches ergeben, was nicht vorgesehen war. Viele unbekannte Faktoren können mitspielen und den Prozeß anders gestalten, als er gedacht war. In diesem Sinne haben alle NLP-Techniken mit Prozessen zu tun, denn die für das NLP so typische Ziel-Orientierung versteht sich aus einem kybernetischen Denken. Aus dem letzten Kapitel wissen wir: Um einen Zielzustand erreichen zu können, braucht man eine klare Repräsentation des Ziels. Man muß sich eine Vorstellung, ein inneres Bild von dem, was man will, machen können. Ziele dürfen nicht abstrakt und verschwommen bleiben. Je konkreter die Vorstellung vom Ziel, desto kleiner der Abstand davon. Die Präzisierung und Konkretisierung des Ziels als Repräsentation macht die halbe Arbeit aus. Für diese Art von Ziel-Orientierung würde es reichen, einen Weg auf der Landkarte einzuzeichnen. Aber das ist ja nur der Anfang. Denn: Das Gehirn ist so gebaut, daß es ausgehend von einem klaren Suchbild (die Repräsentation) beginnt, automatisch selbstkorrigierende Rückmeldungen (Feedbacks) zu benutzen, um auf seinem Weg zum Ziel zu bleiben. Jede Abweichung wird notiert und ausgeglichen. Das kybernetische Modell vom Gehirn vergleicht dieses gerne mit einem System, das fortlaufend Rückmeldungen über seinen eigenen Ist-Zustand erhält, so daß es sich selbst korrigieren und seinen Soll-Zustand erreichen kann. Eine ferngelenkte Rakete ist ein gutes Beispiel für ein solches System. Ihr Ziel ist genau definiert, und die zahlreichen äußeren Faktoren, die die Rakete vom Kurs abbringen könnten, werden dem System durch Feedback gemeldet, das dann seine Flugbahn entsprechend verändert, um wieder auf Kurs zu kommen. Je näher die Rakete dem Ziel kommt, desto kleiner werden die möglichen Abweichungen, und schließlich wird das Ziel erreicht. Jeder Teil dieses Systems ist dazu bestimmt, ein einziges, klares, konkretes Ziel zu erreichen.

Der schwierigste Teil eines solchen zielorientierten Prozesses ist also sein Anfang. Alles ist noch offen. Abweichungen sind möglich. Und Rückmeldungen an das System finden zwar statt, beeinflussen aber auch die Zielvorstellung selbst, wenn es sich um menschliche oder um gesellschaftliche Systeme handelt. Je flexibler das System ist, desto mehr läßt es Abweichungen vom vorgefaßten Ziel zu. Je mehr die Orientierung an der Prozeßhaftigkeit selbst vorwiegt, desto mehr wird auch während des Prozesses offengelassen, um was es eigentlich geht. Diese Einstellung, sich weniger am klar definierten Ziel und mehr am Prozeß selbst und seinen unüberschaubaren, komplexen Verhältnissen zu orientieren, erfordert einen souveränen Umgang mit Chaos als Zwischenstation zwischen alter und neuer Ordnung. Überraschend ist allerdings die erstaunliche Übereinstimmung von erwartetem Ergebnis und den tatsächlich erreichten Zielen. Prozeß-Orientierung hat sich deshalb immer mehr sowohl im therapeutischen als auch im organisatorischen Denken durchgesetzt.

Der eigenen Kreativität eine Chance geben

Die Technik des Umdeutens in sechs Schritten (das *Six-Step-Reframing*) ist wohl deshalb die bekannteste NLP-Technik, weil sie mit scheinbar unüberwindlichen Problemen spielerisch leicht umgeht und erstaunliche Erfolge erzielt – und das angeblich in nur sechs Schritten. Und selbst wenn es mehr Schritte sein sollten – die Ergebnisse der *quick fixes* (die Heilung im Schnellverfahren versprechen) sind verblüffend. Dies liegt an der Kreativität des Unbewußten, das manchmal Lösungen finden kann, die sich das Bewußtsein nicht hätte träumen lassen.

1. Finde ein unerwüschtes Verhalten oder eine unerwünschte Eigenschaft X.
Sicher wird es den wenigsten Menschen schwerfallen, irgend etwas an sich zu finden, das sie ablehnen oder zumindest verbessern möchten. Dabei ist die Formulierung sehr wichtig. Oft sprechen wir davon, zu sehr X zu sein (zu dick, zu faul, zu blöd, zu alt ...), um dann, im gleichen Atemzug, hinzuzufügen: »So bin ich eben.« Das heißt: X gehört zu meiner Identität. Wer mich wirklich liebt, nimmt auch X in Kauf. X ist also nicht nur eine Eigenschaft, sondern auch eine unter Umständen liebgewonnene Eigenheit meines Wesens. Wir tun uns also leichter, wenn wir auf der Suche nach X etwas als einen Teil von uns finden und anerkennen. Wir erklären uns jedoch zu dem Versuch bereit, uns in dieser Hinsicht zu verbessern und uns die Vorschläge des kreativen, innovativen Teils anzuhören. Wir können es ja offenlassen, ob wir die Vorschläge annehmen und umsetzen.

2. Stelle die Kommunikation mit dem Persönlichkeitsanteil her, der für X verantwortlich ist.
Mit einer Haltung von Respekt, Anerkennung und Achtung können wir zu dem Teil X Kontakt aufnehmen. Die Suche nach dem Verantwortlichen läßt sich nicht so schnell erledigen, denn oft stellt sich während des Prozesses selbst heraus, daß mehrere Parteien daran beteiligt sind, das Verhalten zustande kommen zu lassen, und dies so kontinuierlich, daß daraus eine Eigenschaft, ein Charaktermerkmal geworden ist. Wie immer drücken wir erst unsere Anerkennung für diese Arbeit aus und loben den Verantwortlichen, wer auch immer er ist, denn er hat tatsächlich auf ein tiefsitzendes Bedürfnis geantwortet. Vielleicht hat er viele Antworten gefunden und will sie uns nun, da unsere Aufmersamkeit darauf gelenkt wird, mitteilen. Da wir nicht genau wissen, wie viele Teile bei der Entstehung des Verhaltens beteiligt sind, richten wir uns an eine ganze Partei, so daß wir es eher mit einem Parteiprogramm zu tun haben und weniger mit den Aktionen eines einzelnen. Wir richten uns also an diese Partei in unserem Seelenhaushalt und nehmen uns die Zeit, alles anzuhören, was es zu dem Thema zu sagen gibt.

3. Trenne Verhalten/Eigenschaft von Intention.
Auch wenn die Antworten noch so vielfältig und vielleicht sogar widersprüchlich sind, erinnern wir uns an die positive Absicht. Wir brauchen nicht genau zu wissen, welche Absicht es ist, und was für ein Ziel sie verfolgt, sondern können gleich damit beginnen, anzuerkennen, daß es sich hier um einen kontinuierlichen Prozeß handelt, dessen Ergebnisse – die sich in Verhaltensweisen, Gewohnheitsmustern und Eigenschaften äußern – nur vorläufig sind. Es geht immer weiter, ob wir das wissen oder nicht, ob wir das wollen oder nicht. Wenn wir uns jedoch entschieden haben, auf diesen kontinuierlichen Prozeß Einfluß zu nehmen, dann werden wir erleben, daß es weniger schwerfällt, Identität nicht als ein in Ewigkeit festgefügtes Gebäude von Merkmalen und Eigenschaften anzusehen, sondern sich mit der Flüchtigkeit

der vorherrschenden Identifikationen anzufreunden.

Identifikationen sind wie Vorlieben – sie können wechseln, trotzdem als wesentlich und wichtig leidenschaftlich verteidigt werden oder auch verblassen. Ein meditatives Erleben der eigenen Identität als Produkt vorübergehender Identifikation führt dazu, hinter die Absichten und Ziele zu schauen und uns in gelassener Absichtslosigkeit zu üben. Aus dieser gelassenen, heiteren Haltung heraus fällt es uns auch leichter, Abschied zu nehmen von der verfestigten Struktur unserer Eigenheiten und Veränderungen zuzulassen. Durch die Trennung von Verhalten und Intention ergibt sich eine Sichtweise, die zwischen Vordergrund und Hintergrund unterscheiden und das Verhalten als Zwischenergebnis und nicht als Naturgesetz einordnen kann. Es wird erkannt, daß alles im Fluß ist, auch das Verhalten.

4. Finde neue Wege, die positive Intention ohne die unerwünschten Nebenwirkungen zu realisieren.
Hier geht es weniger darum, etwas zu erfinden, als sich finden zu lassen. Stellen wir uns vor: Die Zukunft mit all den zukünftig möglichen Lösungen findet uns – wir müssen sie nicht erfinden, sie ist schon da. Die Zukunft kommt auf uns zu. Die Zukunft ist etwas, was uns zukommt. Es geht darum, eine heitere Haltung der Gelassenheit einzunehmen, die eher passiv zulassend als aktiv ist. Nun, da wir unseren Geist gestreckt, gedehnt und entspannt haben, indem wir die Absicht hinter der Absicht, das Ziel hinter allen Zielen anvisiert haben, eröffnet sich eine neue Dimension. Wir ahnen, daß es mehr gibt als das, was wir für die Wirklichkeit halten. Aus dieser Einsicht, die gleichzeitig ein Ausblick ist, entsteht ein Gefühl von Leichtigkeit und Freiheit. Das Erkennen und Erfahren einer übergeordneten Ordnung verhilft uns dazu, nicht alle Aufgaben selbst lösen zu müssen, sondern sie einer Instanz zu übergeben, die besser damit umgehen kann. Ohne daß wir etwas dazu tun müssen, ordnen sich die Dinge von selbst. Alles findet seinen angemessenen Platz. Es geht nur darum, diesen großen, weiten Rahmen zu setzen und uns darin eingliedern zu lassen. Wir können uns in diese Ordnung hineingeben, uns ergeben, aber nicht im üblichen Sinne des Wortes, indem wir aufgeben und dies als eine Niederlage empfinden, sondern als Erleichterung, die auf die Übergabe erfolgt. Dieser größeren Ordnung, von der wir uns vielleicht noch keine richtige Vorstellung machen können, vertrauen wir unseren Erfolg an. Warten wir ab, was aus dieser Dimension, die sich wie ein innerer Raum in uns eröffnet, für Antworten kommen.

Horche öfter in dich hinein und erzwinge nichts. Mache nichts, erhoffe nichts Besonderes. Du kannst diese Dimension benennen, wie du willst, um mit ihr in Dialog zu treten. Im NLP wird sie der »kreative Teil« genannt, aber du kannst andere Namen finden, um Kontakt herzustellen. Es ist aber auch denkbar, sich mit dem Namenlosen zu unterhalten.

5. Verankere die neuen Verhaltensmöglichkeiten und mache den Öko-Check.
Beides geschieht von selbst, wenn wir uns die Frage stellen, wie wir die Ideen und Einfälle, die uns zugekommen sind, in unseren Alltag integrieren werden. Diese Überlegungen drängen sich förmlich auf, denn alles Neue will an dem Alten gemessen und irgendwie eingeordnet werden. Dabei kann es vorkommen, daß die alte Ordnung zu eng erscheint und eine neue gefunden werden muß. Bei diesem Prozeß der Umordnung ist es natürlich, daß wir uns Gedanken darüber machen, welche Auswirkungen es auf unser Leben haben wird, wenn wir die neuen Ideen umsetzen. Welcher Lebensstil wird sich daraus ergeben? Was wird aus der neuen Lebensweise erfolgen? Woran werden wir den Erfolg erkennen? Und wie wird der Erfolg

113

wohl sein? Sicher werden wir damit konfrontiert sein, daß bei der Umordnung und Neuorientierung einige Veränderungen anstehen. Diese betreffen zunächst vor allem die Rangordnung dessen, was uns wichtig ist. Es mag also einen Wechsel in der Auflistung der Wertigkeit und Gewichtungen geben, so daß eine Präferenz-Liste (Wertehierarchie) vielleicht neu geschrieben werden muß. Wir müssen unter Umständen neu unterscheiden und neu entscheiden. Allein dieser Vorgang des Unterscheidens und Entscheidens wird die neuen Verhaltensoptionen in unserem Bewußtsein verankern, indem wir sie auch hinsichtlich unserer Zukunft durchdenken. Auf emotionaler Ebene können wir sie verankern, indem wir uns in die Zukunft versetzen und nachspüren, welche Gefühle die neuen Lösungen in uns hervorrufen. Auf körperlicher, kinästhetischer Ebene können wir entlang der Zeitlinie unseres Leben (siehe *Time-Line*, S. 125, 167) nach vorne, hinein in die anvisierte Zukunft gehen und an unserem Körper ablesen, welche Veränderungen sich in Haltung, Bewegungsqualität, Atemfluß und Körpererleben ergeben. Was für einen Körper haben wir nun, wenn die neuen Optionen so sehr verinnerlicht wurden, daß wir sie wirklich verkörpern? Hat sich etwas in unserer Vorstellung von uns selbst als körperliche Erscheinung, hat sich etwas in unserem Körperbild verändert?

6. Im Future-Pace reisen wir in die Zukunft und stellen uns vor, bei nächster Gelegenheit die neuen Verhaltensweisen auszuprobieren. Wann bietet sich diese Herausforderung als Chance an, und wie werden wir auf sie reagieren? In unserer Vorstellung spielen wir durch, wie wir die Herausforderung annehmen und uns mit unseren neuen Verhaltensweisen zeigen, so daß alle es sehen können. Wie wird das wohl ausschauen, welchen Eindruck wird das auf die anderen machen, welche Reaktion wird das bewirken?

Vielleicht fragen wir uns dann: Bin ich noch ich selbst? Wenn nicht, kann das *Six-Step-Reframing* in dieser Form als Meditation öfter wiederholt werden, bis wir uns daran gewöhnt haben, ein Selbst zu besitzen, das groß und weit genug ist, neue Ordnungen zu verwirklichen, ohne alte Ordnungen verachten zu müssen.

Das Teile-Modell im NLP

Ihre Persönlichkeit hat viele Unterabteilungen (»Ministerien«), die verschiedene Funktionen vertreten und verschiedene Interessen verfolgen. Jeder Teil hat nur das Beste im Sinn, aber oft blockieren sich die Beteiligten gegenseitig, so daß es zu negativen Begleiterscheinungen des Zusammenwirkens kommt. Es fehlt an Übereinstimmung und Absprache – oft wissen die einzelnen Parteien nichts voneinander, geschweige denn, daß sie Verständnis füreinander hätten. Es herrschen hier Verhältnisse wie in der realen Welt auch – die Folgen sind bekannt: gegenseitige Behinderung, Abwertung und Verachtung der anderen, destruktive Verhaltensweisen. Das gleiche gilt auch für die Persönlichkeit, die nicht mit sich selbst eins ist. Auch sie leidet unter Selbstbehinderung, Selbstabwertung, Selbstzerstörung.

Das Teile-Modell stammt ursprünglich aus der systemischen Familientherapie, in der die Heilung nicht mehr direkt am »Symptom-Inhaber« ansetzt, sondern den Lebenskontext – die Familie – einbezieht, so daß das System im Vordergrund steht, das Ganze, und nicht eines der Teile. Veränderung wirkt dann am nachhaltigsten, wenn sie die Beziehungen der Teile zueinander kuriert. Denn die Welt ist nicht objektiv irgendwo dort draußen, sondern entsteht im gemeinsamen

Miteinander. Genauso wie eine Familie durch eine »primäre Liebe« zusammengehalten wird, verfügt die gesunde Persönlichkeit über einen Zusammenhalt, der trotz aller Vielfalt ein Gefühl der Identität erzeugt. Diese Fähigkeit, ein Gleichgewicht des Zusammenhalts immer wieder herzustellen und dennoch die Zusammenhänge zwischen den vielen verschiedenen Teilen zu erkennen, unterscheidet eine Persönlichkeit, die sich selbst zwar als vielfältig, aber doch integriert – integer – erlebt, von einer Persönlichkeit, die diese Integrationsleistung nicht erbringt. Das unterscheidet eine MultiMind-Persönlichkeit (siehe das MultiMind-Modell von Ornstein, S. 160) von einer multiplen Persönlichkeit *(multiple personality)*.

Selbstmanagement mit Hilfe des Teile-Modells

Die hier aufgeführten Persönlichkeitsanteile entsprechen den Dilts'schen Ebenen, so daß sie nach den verschiedenen Arten des Lernens und den Funktionen, die sie für die Persönlichkeit haben, geordnet sind. Finden Sie für Ihre Teile persönliche Namen und notieren Sie die Merkmale, durch die Sie sie erkennen.

Notieren Sie auch die typischen Situationen, in denen die Teile sich bemerkbar machen, und die Art, wie sie ihren Beitrag zur Organisation der Persönlichkeit gestalten.

– Umwelt: Hier gibt es einen Teil, der sich darum kümmert, daß die Existenz einer Person gesichert ist. Er sorgt sich um die Befriedigung grundlegender Bedürfnisse und stellt seine Fähigkeit der Anpassung zur Verfügung. Dieser Teil richtet sich nach

---

Jede Art von Integration ist ein komplexer Prozeß. Voraussetzungen für die Integration von Persönlichkeitsanteilen sind:
- Eine grundsätzlich wertschätzende Haltung (positive Absicht anerkennen).
- Geeignete Mittel zu kennen, den Kontakt mit dem Unbewußten aufzunehmen, denn die meisten Teile, die Probleme schaffen, sind eben nicht bewußt (Entspannungstechniken, Trance, Innerer Dialog, Visualisation, Psychodrama und kreative Medien wie Malen, mit Ton gestalten, »automatisches Schreiben«, Bewegungs- und Tanzimprovisation, Theaterspielen, Arbeit mit dem Atem, mit der Stimme).
- Selbsterforschung über einen längeren Zeitraum zu betreiben – die unbewußten Teile geben sich nicht direkt und auf rationalem Wege zu erkennen. Sie senden Signale aus, die sich indirekt in Form von Träumen, Symptomen, Gefühlen, Motiven äußern und Symbolcharakter haben. Das heißt, die Signale sind Hinweise und Zeichen und nicht der Inhalt der Information selbst.
- Ein spielerischer, kreativer Umgang mit den Teilpersönlichkeiten, die ernst, aber nicht zu ernst genommen werden sollten. Humor als die Fähigkeit, über sich selbst lachen zu können, bewahrt die nötige Distanz, um nicht von den eigenen »Dämonen« vereinnahmt zu werden. Geben Sie Ihren Teilen Namen – das ist ein altbewährtes Mittel, die Übersicht zu behalten und Selbstbestimmung zu erarbeiten. Sie haben das Sagen!
- Und zuletzt das Wichtigste: die selbstgemachten Bilder immer wieder auflösen und sich vergegenwärtigen, daß alles, was Sie (über sich) wissen, nur vorläufig und begrenzt ist. Lassen Sie die »Geister, die Sie riefen« auch wieder in Frieden ziehen und üben Sie sich im meditativen Zulassen des unbesetzten Raumes, wo Leere Fülle und Fülle Leere sein kann. Bewahren Sie sich immer einen Platz im Herzen, wo jenseits aller Formen das Fließen von Energie beobachtet werden kann.

– Verhalten: Hier gibt es einen Teil, der Gewohnheiten ausbildet, um die täglichen Aufgaben automatisiert ablaufen zu lassen. Er reguliert den Wechsel zwischen Aktivität und Passivität, zwischen Ruhe und Bewegung, bestimmt das Tempo, den Rhythmus und Schwung, die besondere Qualität von Handlungsabläufen, die unbewußt koordiniert und gesteuert werden. Er ist verantwortlich für spielerische Grazie, für Eleganz, für eine Perfektion, die sich nur aus einer selbstvergessenen, nicht durch den Willen erzwungenen Betätigung ergibt. Er liebt Action. Immer soll etwas los sein. Er möchte gerne etwas tun können, sich mit etwas auseinandersetzen, die Dinge angehen, impulsiv handeln. Er bildet Routine aus, läuft reibungslos wie am Schnürchen, vermittelt selige Momente, in denen alles von selbst geht (*Flow-Erlebnis*). Er ist der Motor der Maschine, vorausgesetzt er verfügt über die nötige Energie, die er für den Betrieb braucht. Er ist also von der Kooperation des Energie-Teils und des Motivations-Teils abhängig und oft im Konflikt mit beiden. Der Energie-Teil ist nämlich darauf bedacht, die Kräfte einzuteilen. Bei zu langfristigen Zielsetzungen reguliert er durch Müdigkeit, Unlust, Konzentrationsmangel, schlechtes Funktionieren, Fehlleistungen oder sogar Krankheit und setzt damit dem Willen und Durchhaltevermögen Grenzen. Er handelt im Auftrag des Organismus und schützt ihn so vor Ausbeutung. Dieser Teil hat eine Tendenz zur Sabotage. Alle Entschlüsse und Entscheidungen werden zunichte gemacht, wenn er nicht seine Zustimmung gibt, die Motivation nicht aufbringt und die nötigen Kräfte nicht mobilisiert. Der Motivations-Teil ist meist kapriziös – und es ist gut zu wissen, was für Launen und Vorlieben er hat (siehe Meta-Programme, S. 39). Wer auf seine Capricen eingeht, kann sich seiner Dienste sicher sein. Metaphern für diesen Teil

dem, was die Sinne melden und orientiert sich an den Notwendigkeiten und Begrenzungen des Lebens, das (unter anderem) durch den äußeren Rahmen festgelegt ist. Dieser Teil ist realistisch. Er will Geborgenheit, Schutz, Sicherheit, körperliches Wohlbefinden, und er will dauerhafte Lösungen, um sich nicht immer wieder neu einstellen und anpassen zu müssen. Er hat es gerne bequem, er liebt die vertraute Umgebung, an die er sich gewöhnt hat und an die er sich gebunden fühlt, weil sie das einzige ist, das er kennt. Er ist ein konservativer Teil, der eher bewahren möchte, als allzu schnelle Veränderungen zu riskieren. Da er realistisch ist, fällt es ihm schwer, an Wunder zu glauben. Metaphern für diesen Teil kommen oft aus der Natur: wie ein Fels in der Brandung, empfindlich wie eine Mimose ...

kommen aus der Tierwelt: Faultier, innerer Schweinehund, Angsthase ...
- Fähigkeiten: Hier meldet sich ein Teil, der erst denken und dann handeln möchte. Er ist kritisch veranlagt und bedenkt, was alles besser gemacht werden könnte. Er beurteilt das Wie und verliert die Unschuld. Spontanität lehnt er ab. Alles muß einen Sinn und Zweck haben und sich durch Qualität auszeichnen. Hier meldet sich der Wille und der Anspruch auf Kontrolle, nichts soll dem Zufall überlassen werden, und mehrere Möglichkeiten des Handelns sollen zur Auswahl stehen. Dieser Teil haßt den Zugzwang, den Druck, handeln zu müssen, die Sachzwänge und die Zwickmühlen, in die er sich hineingestellt fühlt. Er will Zeit haben, sich kundig zu machen. Er plant, entwirft Strategien, verarbeitet eine Fülle von Informationen, die er erst integrieren muß, bevor er zu seiner Hochform aufläuft. Er baut Fachwissen auf, legt Wert auf Kompetenz und will wissen, warum er etwas tun soll. Das reibungslose Funktionieren genügt ihm nicht, Routine löst Langeweile aus. Er ist zuständig für Lernerfahrungen der gehobenen Art, er lernt aus Einsicht, und dafür nimmt er sich auch Zeit. Er grübelt gerne und fragt sich bei allem: »Was kann ich daraus lernen?« Fehler nimmt er sofort wahr, er prüft und überprüft die Leistungen der anderen Teile, ist selten zufrieden. Er ist der Teil, der Ehrgeiz entwickelt, fleißig ist, hart arbeitet, Erfolg will und zielstrebig die Karriere durchzieht. Allerdings braucht er die Unterstützung von unten und von oben. Er braucht die Kraft und Energie, um seine Pläne zu verwirklichen, und er braucht den Sinn, den das Ganze macht. Metaphern kommen aus der Welt der Arbeit; in der Arbeitswelt werden spezifische Fertigkeiten ausgebildet und als gesellschaftliche Rolle durch die jeweilige Zunft vertreten. So rät das Sprichwort: »Schuster, bleib' bei deinen Leisten« dazu, die gelernte und oft von den Vorvätern übernommene Fertigkeit beizubehalten, statt auf andere Arbeitsbereiche überzuwechseln. Der heutige Arbeitsmarkt verlangt jedoch gerade dort Flexibilität, wo es darum geht, in kürzester Zeit sich auch ungewohnten Herausforderungen zu stellen und das Gewohnheitsrecht durch Kreativität zu ersetzen.
- Werte: Auf dieser Ebene sind meist mehrere Persönlichkeitsanteile angesiedelt, denn wie wir in der Arbeit mit konfligierenden Glaubenssätzen feststellen konnten, bewährt sich vor allem hier der gequälte Ausruf Fausts: »Zwei Seelen wohnen, ach, in meiner Brust!« Der Konflikt wird in der Brust, in der Mitte des Menschen, im Herzen ausgetragen. Hier werden nicht nur die eigenen, sondern auch die Werte anderer vertreten. Es gibt Verpflichtungen, Loyalitäten, unbewußte Verträge. Es ist quälend, an etwas glauben zu wollen – z.B. an etwas, woran alle anderen auch und immer schon glauben, und gleichzeitig daran zweifeln zu müssen. Zweifel nagen an der Seele, innere Zerrissenheit schwächt den Organismus, widersprüchliche Ideale untergraben den guten Willen, Zweideutigkeiten verhindern eine klare Entscheidung, ein zweispältiges Verhältnis zur Sache dämpft die Begeisterung. Halbherzigkeit ist die Folge. Andererseits kann sich auf dieser Ebene ein Teil entwickeln, der neue Erfahrungen unvoreingenommen beurteilen und die Ergebnisse zu eigenständigen Einsichten verarbeiten kann. Der ethische Teil befähigt dazu, sich in andere Menschen hineinzudenken und ein Gerechtigkeitsempfinden zu entwickeln, das allgemeingültige Gesetze verlangt. Das Denken für das allgemeine Wohl und die Tendenz zur Verallgemeinerung ist typisch für das Bedürfnis dieses Teils, von der eigenen Person und ihren persönlichen Erfahrungen abzusehen, sie zu verallgemeinern, zu abstrahieren und die gewonnenen Einsichten begrifflich zu formulieren. Meta-

phern für diese Teile kommen unter anderem aus der Theaterwelt, wo Masken und Kostüme die eigene Persönlichkeit verbergen und die Rolle, das exemplarische Verhalten in den Vordergrund stellen. Figuren in einem Stück werden durch die Werte, für die sie einstehen und die sie bis zum Ende mit allen Konsequenzen einhalten, charakterisiert. Die großen Rollen sind gekennzeichnet von der differenzierten psychologischen Führung der Charaktere, die die Motive, Werte und Ideale in eine menschliche Form bringen, z.B. Hamlet, Ophelia oder die Jungfrau von Orleans ...

- Identität: Es gibt einen Teil, der für die eigene Würde eintritt. Er vertritt den Aspekt der Selbstachtung. Er wahrt das Gesicht, er hat Stolz, er kennt die Ehre, die zur Ehrlichkeit sich selbst und anderen gegenüber führt. Der Würde-Teil setzt Maßstäbe dafür, unter welchen Bedingungen das Leben lebenswert ist und wann nicht mehr. Der Narzißmus-Teil hingegen will Aufmerksamkeit und Anerkennung. Er will attraktiv sein und so den eigenen Selbstwert erhöhen. Der Teil der Selbstliebe sorgt für das Aussehen, schmückt und stilisiert sich gerne, baut ein Image auf und bringt die nötige Disziplin auf, um sich in Form zu halten. Für die Schönheit werden Opfer gebracht. Der Mythos erzählt von Narziß, er habe sich in unbefriedigter Liebe zu seinem Spiegelbild verzehrt und sei schließlich in eine Narzisse verwandelt worden. Die Selbstbezogenheit des Narziß schließt für ihn alle anderen Beziehungen aus. Narziß ist schlecht informiert, weil er nur Informationen aus dem eigenen Erleben (internale Referenz) zuläßt. An diesen Teil (der Eitelkeit oder des Ego) appelliert die Werbung, wenn sie ihre Produkte mit einem Flair umgibt und sie mit dem Versprechen verkauft, der Eigentümer könne durch den Erwerb teilhaben an dem Glanz, den das Produkt ausstrahlt. Vertreter der abendländischen Auffassung, daß das Ich/Ego der einzige Inhaber von Bewußtsein sei, eine Insel im Meer der Unbewußtheit, werden durch die östlichen Philosophien eines anderen belehrt. Es geht auch ohne. Ja, es lebt sich angeblich sehr viel leichter und freier, denn so ein Ich zu warten und zu pflegen erweist sich als aufwendig. Für den westlichen Alltag jedoch empfiehlt der Management-Trainer und Trendsetter Gerd Gerken, ein reiches Sortiment von Ichs für jede Gelegenheit bereitzuhalten, ähnlich einer gut ausgestatteten Garderobe. Hier ist der kreative Teil angesprochen, ihm kommt bei der Persönlichkeitsentfaltung und bei Veränderungsprozessen die zentrale Rolle zu, aus dem Fundus der Lebenserfahrungen, der Einsichten, Wertvorstellungen, Ideen und Modelle zu schöpfen und diesen Reichtum immer wieder neu Gestalt annehmen zu lassen. Der kreative Teil wird dazu aufgefordert, Kraftquellen anzuzapfen, altes ebenso wie fremdes Wissen zu nutzen, eigenes Wissen zu integrieren und zu ganz neuen Kombinationen zu kommen. Daraus entstehen die Alternativen, die als Optionen zur Auswahl stehen. Metaphern für diese Image-Teile kommen unter anderem aus einer Welt, wo das Image eines Menschen sorgsam auf seine erwünschten Wirkungen hin entworfen und dann nachgebaut wird, also Gestalten des öffentlichen Lebens, die Mächtigen, die Führer, Verführer, Götter und Göttinnen (Diva), die Idole. Heute wird zunehmend von beispielhaften und charismatisch ausstrahlenden Figuren gesprochen, die zur »Ikone« werden. Der kreative Teil ist manchmal auch der Teil, der sich selbst verewigen möchte.

- Zugehörigkeit: Es gibt etwas in uns, das möchte zu einem größeren Ganzen gehören. Die Zugehörigkeit erfüllt das Bedürfnis nach Anerkennung von außen – das ist der Teil, der sich nach der Bewertung von außen richtet (externale Referenz), Belohnung erwartet und Bestrafung fürchtet.

Nur so sind Gefühle der Schuld und Scham möglich, da sie den äußeren Bezugrahmen des Kollektivs voraussetzen. Vielleicht gibt es einen Teil, der für die externale Referenz zuständig ist. Er fragt sich ständig: Was bin ich für die anderen? Was für Auswirkungen hat mein Sein und Handeln auf das System, in das ich eingebunden bin? Das könnte ein Teil sein, der Verantwortung übernimmt. Der Harmonie-Teil ist der Teil in uns, der Ausgleich, Versöhnung und Frieden herbeiführen möchte – manchmal um jeden Preis, sogar den des eigenen Lebens. Er ist ein opferbereiter Teil. Er ist sich des übergeordneten Wertes von Solidarität bewußt, identifiziert sich mit dem Kollektiv, spricht nicht von Ich, sondern von Wir, und stellt die eigenen Interessen hinter die Interessen oder Forderungen des größeren Ganzen. Es gibt einen Teil, der ein Vermächtnis hinterlassen möchte – hier ist das Kollektiv erweitert zur Nachwelt oder Geschichte. Es gibt einen Teil, der möchte etwas schaffen, und das nicht nur für sich selbst. Er möchte etwas weitergeben, sei es als biologische Fruchtbarkeit, die Leben weitergibt, sei es als geistige Fruchtbarkeit, die eine Spur im kollektiven Gedächtnis hinterlassen möchte. Es gibt einen Teil, der läßt sich von seiner Sehnsucht leiten, aufzugehen in einer Ganzheit und Einheit, die so im Alltag nicht zu finden ist, es sei denn in der Regression auf eine frühkindliche Stufe der Symbiose. Dieser Teil ist immer auf der Suche. Ein anderer Teil sinnt auf die Verwirklichung von Visionen, läßt sich vieles einfallen, liebt progressive Ideen, schlägt Innovationen vor, ist ein Pionier an der Grenze des Bekannten, immer im Aufbruch und mit der Nase im Wind. Auch er ist ein Sucher, aber einer anderen Art. Metaphern, die diese Teile der Persönlichkeit betreffen, kommen aus den Mythen und Märchen. Da gibt es die Sucher, die Helden, die geheimnisvollen Welten und ferne Königreiche, deren Thron neu besetzt werden soll. Es gibt die alten Zauberpriester mit ihren magischen Formeln. Da gibt es viele Träumer, und für manche werden die Träume wahr.

– Spiritualität: Es gibt einen Teil, der sich über die sichtbaren, vergänglichen Dinge hinaus im Unsichtbaren und Unvergänglichen beheimaten möchte. Das ist der Teil, der nach dem geistigen Ursprung des Menschen sucht. Er zeigt sich in Gestalt von Eremiten, Mönchen und Nonnen, Besessenen, Heiligen, Ekstatikern ebenso wie Asketen. Auch abstrakte Zeichen, wie etwa der Kreis, können diesen Teil symbolisieren.

Wir sind an der Spitze des Stufenmodells angelangt. Sicher entdecken Sie für sich auch andere Teile, aber diese Auflistung vermittelt Ihnen einen Eindruck davon, wie Ihr »inneres Parlament« mit seinen jeweiligen Parteien oder Ministerien ausschauen kann.

Das innere Parlament einberufen

Berufen Sie nun eine Parlamentssitzung ein und informieren Sie sich über die Interessen und Bedürfnisse der verschiedenen Gruppen. Vielleicht gibt es ein besonderes Thema auf der Tagesordnung – eine Entscheidung, die gefällt, ein Plan, der entwickelt und durchgeführt werden muß, größere Ausgaben, die auf den Gesamtorganismus zukommen, »Finanzierungen« und »Investments«, die nicht nur mit dem Energie-Teil abgesprochen werden sollen. Oder schmeißen Sie eine Party für Ihre Teile – das wäre dann die *Parts Party* nach Virginia Satir. Bei der Gelegenheit können nicht nur Sie selbst Ihre Teile kennenlernen, sondern auch den Teilen selbst die Möglichkeit geben, miteinander Kontakt aufzunehmen. Inszenieren Sie mit Hilfe von einigen Stühlen ein Fest, bei dem Sie jeden Gast persönlich willkommen heißen und ihn den anderen Gästen vorstellen. Sie werden erstaunt sein, wie gut es sich anfühlt, einen solchen Empfang durchzuführen. Und Sie werden bemerken, daß Ihre eigene Empfänglichkeit anderen Menschen gegenüber zunimmt – Sie »fremdeln« nicht mehr, wenn Sie unter fremden Menschen sind. Schließlich ist der Aufbau einer menschlichen Persönlichkeit doch nicht so verschieden. Indem wir uns selbst kennenlernen, können wir offener auf andere Menschen zugehen.

Natürlich können Sie nicht erwarten, daß der Kontakt gleich zustande kommt. Es ist schon ein entscheidender Schritt, überhaupt Kontakt zum eigenen Unbewußten und zu den einzelnen (meist unbewußten) Persönlichkeitsanteilen zu bekommen. Ein weiteres Unternehmen ist die geduldige Verhandlung der verschiedenen Interessen. Das verlangt nicht nur nach Durchhaltevermögen, sondern auch nach einer geeigneten Technik des Vorgehens (siehe das Verhandlungsmodell im Rahmen des Konfliktmanagements, S. 98). Meist gliedern sich die Teile in zwei Gruppen auf – die, die gemäß den Vorstellungen des Ich-Willens »richtig« funktionieren, auf die das Ich stolz ist und die deshalb bewußt sind. Die anderen sind weniger beliebt beim Ich und werden deshalb auch nicht bewußt als Mitglieder des Vereins vermerkt. Oft machen sie sich erst dann bemerkbar, wenn sie unangenehm auffallen, weil sie Symptome, Störungen oder Sabotageakte produzieren, um auf die Dringlichkeit der von ihnen vertretenen Interessen aufmerksam zu machen. Schon aus Gründen der Prophylaxe ist es also gut, zu allen Teilen Kontakt aufzunehmen.

Für diese Übung eignen sich am besten Momente der Entspannung, in denen Sie sich Zeit nehmen, ein Problem anzugehen. Sie sollten sich jedoch nicht in der üblichen Weise den Kopf darüber zerbrechen, sondern Ihr Unbewußtes für sich arbeiten lassen. Vom mentalen Konzept her bedeutet das, einen Suchprozeß auszulösen. Dies geschieht durch das Starten einer »unbewußten Schleife«, die sich wie ein ferngesteuertes Programm nach einer Lösung ausrichtet und vortastet. Dabei werden die einzelnen Teile »befragt« und beauftragt, sich mit dem Problem oder der Aufgabe zu befassen. Je mehr Teile Sie in Ihrem Dienst haben und als »Spezialisten für Inneres« achten, desto mehr verschiedene Sektionen und Abteilungen können an der Lösung mitarbeiten, desto breiter ist das Spektrum der möglichen Lösungen und desto größer die Wahrscheinlichkeit, eine wirklich optimale Lösung zu finden.

Es geht also um Ihre binnenpsychische Komplexität. Das heißt nicht, daß Sie deshalb komplizierter sind oder werden, sondern daß Ihnen eine größere Auswahl an Handlungsoptionen zur Verfügung steht. Persönlichkeitsanteile sind nicht Teil der natürlichen Ausstattung des Menschen, sondern beruhen auf der Pflege und Wartung, die ein Mensch für seine Persönlichkeit aufbringt. Erst dann spricht man eigentlich von Persönlichkeit – sie ist ein Zeichen von Kultur. Eine Person kann sich jedoch durchaus auch dafür entscheiden, es sich einfach zu machen. Und wir alle wissen, daß es einfacher ist, alles unter einen Hut zu bringen, je weniger verschiedene Meinungen vereint werden müssen. Am einfachsten ist es mit nur einer Meinung, zugleich ist aber auch diese Monokultur durch Einfalt eine Gefahr für das Gesamtsystem, das immer nur Einfalt produziert statt Vielfalt und darüber hinaus an Flexibilität und Lebendigkeit verliert. Die überzeugende Ausstrahlungskraft einer Person hingegen ist bedingt durch das harmonische Zusammenwirken vieler und vielleicht auch widersprüchlicher Persönlichkeitsanteile. Was ausstrahlt, ist die Fähigkeit und Bereitschaft, Dinge auszuhandeln – statt sie unter den Tisch fallen zu lassen.

Ablauf der Übung:

1. Wählen Sie eine geeignete Zeit (am besten in Phasen der Entspannung, vor dem Schlafengehen, so daß Ihnen die Lösung im Schlaf kommt).

2. Formulieren Sie die Aufgabe, definieren Sie das Problem. Stellen Sie dem Unbewußten eine Frage.
3. Bestimmen Sie einen Zeitraum, innerhalb dessen Sie die Lösung erwarten.
4. Bitten Sie um eine gute Zusammenarbeit, im Interesse aller Beteiligten.
5. Gehen Sie innerlich die Liste der Persönlichkeitsanteile durch, von denen Sie meinen, daß sie besonders verantwortlich oder betroffen sind (Problemteile) und laden Sie sie dazu ein, ihre Sichtweise zu veranschaulichen – durch einen Traum Signale zu senden oder Erinnerungen hochkommen zu lassen, die wertvolle Informationen enthalten. Bitten Sie sie, sich zu zeigen und ihre Absichten klarzumachen.
6. Wenden Sie sich nun an diejenigen Teile, von denen Sie meinen, daß sie Spezialisten sind und sich mit der Materie des Problems oder der Aufgabe besonders gut auskennen. Reden Sie die Teile mit ihren Namen an und fügen Sie der Bitte um Kooperation eine lobende Bemerkung bei, durch die sich der angesprochene Teil motiviert fühlt, wieder sein Bestes zu geben. Spielen Sie Mentor – werden Sie für sich selbst ein Mentor, indem sie ganz gezielt die verborgenen Ressourcen, über die jeder Teil verfügt, ansprechen. Drücken Sie ihm Ihr Vertrauen und Ihre Zuversicht aus.
7. Wenn Sie den Auftrag gegeben haben, lassen Sie den Dingen ihren Lauf und verschwenden Sie keinen weiteren bewußten Gedanken daran. Übergeben Sie das Denken ganz dem Unbewußten, entspannen Sie sich, körperlich wie geistig, atmen Sie ein paar Mal kräftig ein und aus und lassen Sie mit jedem Ausatmen alle Restspannung, die noch in Ihnen ist, herausfließen.
8. Lassen Sie sich treiben, überantworten Sie sich dem Fluß der Zeit und dem Puls des Lebens. Stellen Sie sich vor, wie Sie vom Wasser getragen werden, leicht werden und schwer zugleich ...

Auf Visionssuche mit NLP (Walt-Disney-Technik)

Zunächst ist es wichtig, die drei Zentren der Persönlichkeit zu klären. Die Dreiteilung der Persönlichkeit wird mit der Einordnung von

– Unterem Selbst
– Vermittlerselbst (Herz)
– Höherem Selbst

in Zusammenhang gebracht. Dies entspricht einer möglichen Dreiteilung in

– das handelnde Ich
– das denkende Ich
– das träumende Ich.

In den klassischen Modellen wird von

– Bauch
– Herz
– Kopf

gesprochen, wobei das Herz mehr für das Gefühl und der Kopf für das rationale, logische Denken steht. Das soll hier anders sein, denn es geht um die Entdeckung von neuen Formen des Denkens, die das Gefühl einschließen und sowohl zu Intuition als auch zu tiefem Verständnis und echtem Mitgefühl verhelfen. Der Kopf ist weniger für das rationale logische Denken zuständig, sondern erfüllt die Funktion einer Antenne, die mit den Sphären des Geistigen – den Ideen, Inspirationen und Visionen – Kontakt aufnimmt. Die drei Zentren können sowohl als Informationsspeicher als auch als Kraftquellen genutzt werden. In diesem Kontext soll dazu übergegangen werden, die drei Zentren, die durch energetische Körperarbeit (BodyMindManagement) direkt aktiviert werden können, zu einem NLP-Modell in

Beziehung zu bringen, womit sich persönliche Strategien für zielorientiertes Handeln, Kommunikationsfähigkeit, Kreativität und Vision entwickeln lassen.

Die folgende Übung baut auf der Übung »Der eigenen Kreativität eine Chance geben« (siehe S. 112) auf. Die Partei der Kreativität hat drei Abteilungen eingerichtet, von denen Sie jetzt Gebrauch machen können. Diese Abteilungen heißen »Abteilung des kreativen Träumens«, »Abteilung des kreativen Denkens« und »Abteilung des kreativen Handelns«. Durch diese Arbeitsteilung kann jede Abteilung ihrer Aufgabe besser nachkommen. Nutzen Sie also die Gelegenheit und finden Sie etwas, was Sie schon lange verwirklichen wollten – ein Projekt, einen Plan, einen Wunsch, eine Vision, eine Idee. Es kann sein, daß Sie in der Vergangenheit immer wieder daran gedacht hatten, aber keine rechte Vorstellung davon entwickeln konnten, wie diese Idee Wirklichkeit werden soll. Sie hatten keine Strategie. Versuchen Sie es nun mit dieser.

1. Für die folgende Übung benötigen Sie drei separate Zimmer in Ihrer Wohnung. Sollten Sie darüber nicht verfügen, richten Sie die drei Zimmer in einem Raum ein, indem Sie sie durch Kissen, Stühle oder andere Gegenstände markieren und voneinander abgrenzen. Diese drei Räume symbolisieren die drei Abteilungen der Partei der Kreativität. Die äußeren Räume entsprechen inneren Räumen, also inneren Zuständen. Es ist hilfreich, diese Zustände zu trennen, um zu kreativen Lösungen zu kommen.

    a) Begeben Sie sich in den Raum und somit in den Zustand des »kreativen Träumens«, wobei hier ein Tagträumen oder Wachträumen gemeint ist, das eine entspannte, gelassene, vielleicht sogar romantische Befindlichkeit erfordert. Begeben Sie sich bewußt in einen Zustand, in dem Sie sich Ihren geheimsten Wünschen und Visionen am nächsten fühlen. Stellen Sie sich vor, Sie sind frei von Sachzwängen und lästigen Vorgaben. Aktivieren Sie diesen Zustand, auch wenn Sie ihn (noch nicht) von sich kennen und auch wenig davon halten. Und halten Sie inne, um weiterzugehen.

    b) Begeben Sie sich anschließend in den Raum und in den Zustand des »kreativen Handelns«. Erinnern Sie sich an eine Zeit, in der Sie tatkräftig und zufrieden mit sich waren. Und wenn Sie niemals mit sich zufrieden waren, dann stellen Sie sich einfach vor, wie es wäre, so ein Mensch zu sein, der planen und umsetzen kann, und den Sie gerne für sich arbeiten ließen. Welche Fähigkeiten müßte er haben? Versetzen Sie sich in die Befindlichkeit eines solchen Menschen. Wie fühlt sich das an, ein tatkräftiger Mensch zu sein? Aktivieren Sie diesen Zustand, auch wenn Sie ihn sich nicht zutrauen. Und halten Sie inne, um weiterzugehen.

    c) Gehen Sie nun in den Raum und in den Zustand des »kreativen Denkens«. Hier ist ein kreatives, aber kritisches Denken gemeint, das Unterschiede erkennen kann und genau auf Fehler achtet. Dieses Denken ist hellsichtig und ermöglicht sogar, Fehler zu erkennen, bevor sie eintreten. Tatsächlich gibt es ja im NLP keine »Fehler«, sondern nur Feedback, aber auch das Feedback läßt sich vorher berechnen oder erfühlen, wenn man die Auswirkungen bestimmter Vorgehensweisen bedenkt. Hier geht es also um das Bedenken, das eine gewisse Bedenkzeit benötigt. Wir alle kennen diese innere Stimme, die uns gewarnt hat, wenn etwas kritisch erschien, und der wir nicht folgten, weil wir entweder so von unseren Träumen vereinnahmt oder so von den Impulsen zu handeln getrieben waren, daß wir keine Vorsicht walten ließen. Im nachhinein entdecken wir dann oft, daß wir es eigentlich besser hätten wissen müssen – und es auch wußten, hätten wir dieser Stimme nur getraut oder sie zumindest einmal angehört. Doch jetzt bietet sich die Gelegenheit, dieser kreativen und zugleich kritischen Stimme in uns einen großen Raum zu geben, wo sie ganz für sich in Resonanz treten und auf diese Weise re-sonieren = »räsonieren« (von *raison*, französisch = Vernunft) kann. Geben Sie sich hier also Bedenk-Zeit und Bedenk-Raum, auch wenn Sie sonst Kritik nicht mögen und sich dadurch sowohl im Träumen wie auch im Handeln behindert fühlen. Räumen Sie Ihrem inneren Kreativ-Kritiker offiziell einen Platz in Ihrem Bewußtsein ein.

2. Nachdem Sie diese inneren Zustände erörtert haben, ist Ihnen vielleicht aufgefallen, daß es durchaus Unterschiede gibt, bzw. daß Sie (unbewußt) Unterschiede machen. Schauen Sie sich nun diese drei Räume an und beobachten Sie genau:
   a) In welchem Raum halten Sie sich am häufigsten auf?
   b) Wo wären Sie gerne öfter und wo sind Sie am liebsten?
   c) Welcher Raum ist unterbesetzt?
   d) Welcher Raum entspricht einem abgelehnten Teil in Ihnen?
   e) Welche Ressourcen bräuchten Sie, um diesen Teil wertschätzen zu können?
   f) Welche Auswirkungen würde eine solche neue Wertschätzung in Ihrem Alltag haben – bzw. was ist Ihr Motiv dafür, an dem bestehenden Verhältnis zwischen den drei Räumen etwas verändern zu wollen?

3. Nach dieser Selbstbefragung richten Sie ganz bewußt und auch räumlich verankert eine Meta-Position ein, aus der heraus Sie beurteilen, wie sich das Verhältnis verändert hat und ob diese Veränderung Ihren Wünschen entspricht. Oft spielt hier das Unbewußte einen Streich und verstärkt zunächst das unbewußt gewünschte, nämlich gewohnte Verhältnis. Lassen Sie sich dadurch nicht beirren und behalten Sie Ihr Ziel bewußt im Auge. Sie sollten Ausgewogenheit anstreben, so daß alle drei Bewußtseinsfunktionen – Träumen, Handeln und Denken – verfügbar sind, auch wenn gewisse Präferenzen bestehen bleiben und Sie weiterhin Schwerpunkte entsprechend Ihrer Neigung und Begabung setzen möchten.

4. Beobachten Sie nun, nachdem Sie ein erstes Gleichgewicht zwischen den drei Positionen bzw. Räumen hergestellt haben, ob es Überlappungen gibt. Oft unterbricht der Kritiker den Träumer während seiner schönsten Träume, so daß er sie nicht zu Ende träumen kann und das Endergebnis nicht erhält. Der Kritiker (oft ein Teil der Persönlichkeit, der fremdbestimmt ist und aus der Kindheit oder Jugend übernommen wurde – ein strenger Elternteil, ein unverständiger Lehrer, ein hart urteilender und abweisender Chef) überschreitet oft sein Territorium und breitet sich sowohl im Bereich des Träumens als auch des Handelns aus. Er beschneidet das Träumen mit Sätzen wie: »Das wird doch nie was – das glaubst du doch selbst nicht!« und das Handeln mit Sätzen wie: »Das schaffst du doch nie, da brauchst du gar nicht erst anfangen, das überlasse mal anderen, die das besser können!« Lassen Sie diese Glaubenssätze dorthin zurückkehren, wohin sie gehören, nämlich zunächst zum Kritiker und dann zu den Personen aus Ihrer Vergangenheit, von denen Sie diese Glaubenssätze übernommen haben. Der Kritiker muß in seine Schranken verwiesen werden. Gleichzeitig ist es wichtig, den Kritiker aus der Fremdbe-

stimmung zu erlösen. Der Kritiker meint es eigentlich gut mit einem. Erschaffen Sie einen solch positiven Kritiker in sich und geben Sie ihm einen Auftrag, der positiv formuliert ist. Vertrauen Sie ihm die Aufgabe an, auf Erfahrungen zurückzugreifen, ungenutzte Potentiale zu erkennen und Lösungen, die sich schon gefunden haben, daraufhin zu bedenken, ob sie sich nicht optimieren lassen. Schicken Sie ihn auf die Suche nach den bestmöglichen Lösungen. Und schicken Sie zum Ort des Träumers und zum Ort des Handelnden die Aufgaben zurück, die der Kritiker an sich gerissen hat. Jeder soll seine Arbeit machen und die anderen nicht stören.

5. Nachdem Sie auf diese Weise den Raum des Kritikers neu eingeräumt haben, gehen Sie wieder in die Meta-Position und beobachten, was sich dadurch verändert hat. Gehen Sie nun in den Raum des Handelns und erleben Sie sich (assoziiert) dort.
   a) Wie erleben Sie sich?
   b) Wie fühlt sich das an, welches Körpergefühl haben Sie da?
   c) Welche Rolle übernehmen Sie, woher kennen Sie diese Rolle?
   d) Was brauchen Sie, um diese Rolle besser spielen zu können?
   e) Wie machen das andere, die Sie um ihren Erfolg beneiden?
   f) Was können Sie aus dem Beispiel anderer lernen? Wie können Sie Neidgefühle utilisieren?
   g) Welche Glaubenssätze haben Sie, was das Handeln betrifft? Welche Ängste, welche Wünsche verbinden sich für Sie mit der Fähigkeit, selbstbestimmt, schnell und »bündig« zu handeln?
   h) Übernehmen Sie Verantwortung für Ihr Handeln?
   i) Welche Konsequenzen würden daraus erwachsen, wenn Sie öfter zielbewußt und selbstbestimmt handeln würden?
   j) Welche Glaubenssätze müßten Sie übernehmen oder in sich entwickeln, um erfolgreich handeln zu können?
   k) Welche Auswirkungen hätten diese neuen Glaubenssätze auf Ihr Leben?

6. Nachdem Sie auf diese Weise die Abteilung für kreatives Handeln neu eingeräumt haben, begeben Sie sich feierlich in den Raum Ihrer Visionen. Jeder Mensch hat Visionen. Sie können sich dessen sicher sein. Visionen zu haben und sich von Visionen leiten zu lassen gehört einerseits zu den grundlegenden menschlichen Fähigkeiten, andererseits zu den Bedürfnissen, die jeder Mensch hat, ob er sich dessen bewußt ist oder nicht. Unter dieser Vorannahme, sowohl einem menschlichen Grundbedürfnis nachzukommen als auch eine allgemein bekannte und anerkannte Fähigkeit des Menschen zu nutzen, unter diesem Vorwand (wenn Sie einen Vorwand brauchen) betreten Sie nun das Reich der Visionen. Falls Sie meinen, daß Sie keine Visionen hätten und auch nicht bräuchten, weil Sie bis dahin ganz gut ohne ausgekommen sind, lassen Sie sich trotzdem auf dieses Experiment ein.

7. Im Visions-Raum lassen Sie Ihre Wünsche wahr werden – in der Vorstellung. Gehen Sie ganz in das Gefühl hinein, Ihre Visionen verwirklicht zu haben. Fragen Sie sich:
   a) Wer bin ich dann? (Identität)
   b) An was glaube ich jetzt? (Glaubenssätze)
   c) Was ist mir das wert? Bin ich das wert? Welchen Wert müßte ich haben, um diese Visionen verwirklichen zu dürfen? (Wertvorstellungen)
   d) Welche Zugehörigkeit habe ich, wenn ich mich zu dieser Vision bekenne?

Falls sich hier Widersprüche und Konflikte zwischen Glaubenssätzen, Rollen, Zugehörigkeiten und Verpflichtungen zeigen, arbeiten Sie zunächst daran, die Glaubenssätze miteinander zu versöhnen und sich die Erlaubnis einzuholen, Erfolg mit der Verwirklichung Ihrer Visionen zu haben. Die Träumer-Position muß ebenfalls ganz von Ihnen besetzt sein, um ihre volle Wirkungskraft entfalten zu können!

8. Überprüfen Sie aus der Meta-Position, ob die drei Räume bzw. Persönlichkeitsanteile sich in einem ausgewogenen Verhältnis zueinander befinden. Wenn nicht, berufen Sie eine Konferenz ein, geben Sie ein Fest oder führen Sie eine Verhandlung durch.

9. Fahren Sie mit der Strategie fort, sobald Sie das Verhältnis der beteiligten Parteien geklärt haben. Fragen Sie dann die einzelnen Parteien:
   a) Welche Wünsche, Vorstellungen, Ideen, Pläne, Projekte möchtest du, der Träumer in mir, verwirklichen?
   b) Du, Handelnder in mir, was meinst du, was wäre nötig, um dies zu verwirklichen?
   c) Du, Denker in mir, was meinst du, fehlt?

10. Überprüfen Sie aus der Meta-Position, ob alle Teile angehört und respektiert wurden, und lassen Sie dann das Vorhaben ruhen. Falls Sie dem Unbewußten einen Auftrag erteilen wollen, tun Sie das, und tun Sie es eindeutig – überlassen Sie es dem Unbewußten, eine Lösung zu finden. Kümmern Sie sich nicht mehr darum – Sie haben den Auftrag vergeben.

11. Abschließend machen Sie noch einmal einen Durchgang durch die drei Positionen, indem Sie
    a) mit den Einwänden, die der Denker geltend gemacht hat, wieder
    b) in die Position des Träumers gehen und weiterträumen, und danach
    c) in die Position des Handelnden gehen, um zu sehen, welche Schritte genau vonnöten sind, um das Ganze funktionieren zu lassen.
    d) Und dann, mit all den Informationen, die Sie erhalten haben, gehen Sie ganz bewußt in einen Zustand der Offenheit und Gelassenheit.

Diese Gelassenheit (der Zustand, nachdem Sie losgelassen haben) ermöglicht Ihnen, immer schneller die drei Positionen zu durchlaufen, ohne anhalten und nachbessern zu müssen. Dabei wird der Kreis, in dem Sie sich bewegen, immer enger und enger, bis er auf seinen Mittelpunkt zusammenschmilzt und dort alle Teile vereint. Dies ist der Punkt der Intuition, dort, wo alle Informationen zusammengeflossen sind.

NLP- Zeitmanagement »Zurück in die Zukunft und vorwärts in die Vergangenheit«

Das Modell der Dilts'schen Ebenen bringt Ihre Lernerfahrung in eine bildhafte Form. Dabei ist auch die Zeit einbezogen, sie ist der Trägerstoff, der Lernerfahrung erst möglich macht. Im NLP wird mit den Zeitstrukturen der Vergangenheit, der Gegenwart und der Zukunft so gearbeitet, daß alle Erlebnisse, die durch Zeitstrukturen eingeordnet werden, zu demselben System gehören und dadurch miteinander verbunden sind. Wie wir erfahren haben, macht das Gehirn zunächst keinen Unterschied zwischen inneren Bildern und äußeren Erfahrungen. Die Repräsentation von Erfahrung erfolgt immer auf dem Wege, einen inneren Zustand zu erschaffen, und dann erst durch die Organisation der Erfahrung den Zustand entsprechend einzuordnen. Innere Zustände sind deshalb eng gekoppelt mit Zeitvorstellungen. Wenn ich diese Organisationsformen der zeitlichen Einordnung verändere, kann ich auch die damit verbundenen Konsequenzen verändern. Es verändern sich – ohne daß ich mir dessen bewußt sein muß – meine Gefühle, meine Deutungen und damit die Bedeutung, die ich dem Geschehen beimesse.

Die Zeit als System

Das systemische Denken unterscheidet sich vom analytischen Denken durch das Prinzip der Zirkularität, das das der linearen Kausalität ersetzt. Im systemischen Ansatz wird davon ausgegangen, daß die Welt, so wie sie in uns als Weltmodell repräsentiert wird, nicht aus Ursachen besteht (Ursache-Wirkung-Prinzip, Kausalitätsbezüge), sondern durch Unterscheiden entstanden ist. Unterschiede wurden bemerkt und abgespeichert. In der Veränderungsarbeit ist Kausalität meist keine sehr erfolgversprechende Möglichkeit. Denn was nützt es, die Ursachen zu kennen? Eine präzise Unterscheidung der Auswirkungen hingegen ist sehr nützlich. Denn so können wir uns darauf einstimmen, was das Beste ist, was wir tun können und wie wir dies erreichen. Zeit ist keine objektive Realität – und selbst wenn es sie wäre, woher sollten wir das wissen? All unser Wissen ist subjektiv. Die Vorstellungen also, die wir uns von unserer Zukunft machen, wirken auf unser subjektives Empfinden der Gegenwart zurück. Erinnerungen sind subjektiv. Unser Zugang zu vergangenen Erfahrungen ist durch subjektive Erfahrungen (unsere oder die anderer) bedingt. Zeit ist eine Kategorie unserer Wahrnehmung. Verändere ich die Zustände oder ihre Einordnung innerhalb dieser Kategorie, verändere ich die Gesamtheit des subjektiven Erlebens, das als System in sich geschlossen ist und sich selbst organisiert. Dieses System ist verbunden mit anderen Systemen, mit anderen Subjekten. Es entsteht Intersubjektivität als eine Realität, die von mehreren Subjekten miteinander erschaffen wird.

Um ökologische Veränderungen zu bewirken, müssen nicht nur die Beteiligten eines intersubjektiven Systems (z. B. einer Familie oder eines Teams), sondern auch alle drei Zeitebenen als Teile eines intrapsychischen Systems berücksichtigt werden. Die Vergangenheit ist nicht vergangen, die Zukunft beginnt schon jetzt, und die Gegenwart ist nicht der alleinige Ausgangspunkt für Veränderungsarbeit. Manchmal ist es besser, die Zukunft oder die Vergangenheit zu verändern und den selbstorganisierenden Prozessen der Heilung, der Entscheidung, des Wachstums, des zunehmenden Wissens durch Lernerfahrungen eine Chance zu geben, so daß sich diese Veränderungen positiv auf die Gegenwart auswirken können.

Zeitlinien und Lebensräume

Um mit den Kategorien der Zeit, die das subjektive Erleben prägen, schöpferisch umgehen zu können, beginne ich damit, die Lebenslinie als Zeitlinie auszulegen. Diese Zeitlinie ist tatsächlich erst einmal linear und »von der Wiege bis zur Bahre« ausgelegt. Dies entspricht dem chronologischen Zeiterleben.

Nehmen Sie sich für diese Übung etwa 15 Minuten Zeit, und achten Sie darauf, nicht gestört zu werden. Sie sollten diese Zeit begrenzen, um nicht in endlose Prozesse des unproduktiven Grübelns zu geraten. Beenden Sie die Übung mit einem kleinen Abschlußritual, indem Sie sich vor Ihrem eigenen Lebenslauf in Dankbarkeit verneigen – er hat Ihnen schon soviel beigebracht.

– Legen Sie eine gerade Linie im Raum aus.
– Bestimmen Sie den Punkt, an dem Sie die Gegenwart als gegenwärtig erleben – gehen Sie hin und her, bis Sie den richtigen Punkt gefunden haben. Nehmen Sie sich Zeit, dem Gefühl für Stimmigkeit nachzugehen.
– Nehmen Sie die Position der Gegenwart ein, und bestimmen Sie nun, wo auf der Linie die Vergangenheit und wo die Zukunft sein soll. Dabei können Sie mit drei Positionen experimentieren:

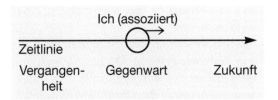

1. Die Vergangenheit liegt hinter Ihnen, Sie schauen vorwärts, in die Zukunft. Der Rücken ist also der Vergangenheit zugewandt, das Gesicht der Zukunft. Der Körper als Innenraum füllt die Gegenwart aus. Sie stehen auf der Zeitlinie, die durch Sie hindurch verläuft. Es ist, als würden Sie in einem Zug sitzen. Dies entspricht der Vorstellung, die Zeit sei eine Einbahnstraße – es geht nur in eine Richtung. Die Frage, die dieses Zeiterleben erschließt, ist: »Wohin führt das?« Allerdings kann die Gegenwart so sehr das Erleben bestimmen und ausfüllen, daß die Person ganz in der Gegenwart aufgeht (*Here-and-Now*-Prinzip, *In-Time*). Dieses Zeiterleben ruft das Gefühl hervor, ganz im Körper zu sein. Der Körper mit seinen Bedürfnissen, die Sinne mit ihrer unmittelbaren Erfahrung, die Impulse, die als Reaktion auf Reize entstehen, bestimmen das Leben.

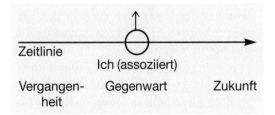

2. Sie machen eine Vierteldrehung nach links, so daß Sie, immer noch auf der Zeitlinie stehend, die Vergangenheit links von sich haben und rechts die Zukunft. Wenn Sie nun die Zeitlinie ein wenig krümmen, haben Sie sowohl Vergangenheit als auch Zukunft im Blick und können die beiden Kategorien in Zusammenhang bringen. Da Veränderungsarbeit auf der Fähigkeit des Vergleichens und Unterscheidens aufbaut, ist diese Position also besonders günstig.

Sie können die Veränderungen, die Sie in der Zukunft (zielorientierte Planspiele) und der Vergangenheit (*Re-Imprinting*) vornehmen, gleichzeitig im Bewußtsein nebeneinander notieren und darüber hinaus die Auswirkungen der Veränderungen am eigenen Leibe erleben, weil Sie auf der Zeitlinie stehen und mit der Gegenwart »assoziiert« sind. Sie erleben Zeit als etwas, was Ihnen die Wechselwirkungen Ihrer Aktionen bewußt macht. Sie erleben Zeit als Kontinuität, die nicht nur Dauer bedeutet, sondern auch das Gefühl gibt, darin enthalten zu sein. Die Frage, die dieses Zeitgefühl erschließt, ist: »Wo stehe ich jetzt? Und wie verändert sich das Erleben meines Standortes, wenn die Bedingungen, die zu der Bestimmung meines Standorts beigetragen haben, sich verändern?« Das Bewußtsein gleitet mit einem umgreifenden Blick ständig zwischen den inneren Zuständen hin und her, die die Erfahrungen – sei es der Zukunft, sei es der Vergangenheit – repräsentieren.

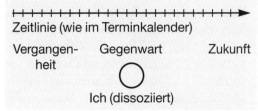

3. Eine weitere Position ergibt sich, wenn Sie nun einen Schritt hinter die Zeitlinie treten. Sie sehen das ganze Leben als Zeitlinie vor sich. Dies ist die Sichtweise, mit der streßgeplagte Manager ihr Leben planen und oft verplanen. Die Zeit verläuft von links nach rechts, säuberlich in Kästchen aufgeteilt, die nur darauf warten, mit Terminen gespickt zu werden. Bei aller Übersicht, die diese Position bietet, weist sie einen entscheidenden Nachteil auf: da die auf der Meta-Position stehende Person sich selbst zu einer körperlosen *res cogitans* im Sinne von Descartes reduziert hat,

also sich vom Erleben »dissoziiert«, wird dem Organismus meistens nicht Rechnung getragen, weil er – buchstäblich – nicht ins Gewicht fällt. Er wird nicht gefühlt und meist nicht einmal bedacht. Die Phasen der Regeneration, die schöpferischen Pausen, die notwendigen Aus-Zeiten werden nicht einberechnet, was in einer gnadenlosen Selbstausbeutung endet. Und wer sich selbst ausbeutet, sieht nicht ein, warum er das, was er von sich selbst verlangt, nicht auch von seiner Umwelt verlangen kann. Für die Veränderungsarbeit ist diese Position aber geeignet, weil sie es ermöglicht, aus den Gewohnheitsmustern der Wahrnehmung herauszutreten, und dazu auffordert, Bilanz zu ziehen, das Leben in großem Bogen als Entwurf zu planen oder als Gesamtergebnis gesammelter Lernerfahrung vor sich zu sehen. Das Zeitgefühl, das sich mit dieser Position verbindet, erschließt sich durch die Frage: »Was habe ich hinter mir (und kann es abhaken), und was steht mir noch bevor (und muß erledigt werden, um es hinter mich gebracht zu haben)?« Das ist zwar kein sehr lustbetontes, aber pflichtbewußtes Zeitgefühl (*Through Time: Thank God, I'm through* = Gott sei Dank bin ich da durch und habe es hinter mir). *In-Timer* hingegen werden von *Through-Timern* häufig des Schlendrians bezichtigt, oft kommen sie gerade noch rechtzeitig an – *Just in time*!

– Nachdem Sie die Position in der Gegenwart eingenommen haben, die Ihnen zunächst am meisten liegt, experimentieren Sie auch mit den anderen zwei Positionen und beobachten, ob und wie sich Ihre Einstellung zum Leben verändert.

– Nun sind Sie wieder *in time* und haben das Leben vor sich. Gehen Sie mit bestimmten Zielvorstellungen langsam in die Zukunft. Wann werden Sie Ihr Ziel erreicht haben und was brauchen Sie noch an Ressourcen, um wirklich ans Ziel zu gelangen? Notieren Sie innerlich die notwendigen Zwischenschritte.

– Stellen Sie sich nun vor, Sie hätten eines Ihrer Nahziele erreicht. Drehen Sie sich um: was haben Sie durchgemacht und unternommen, um an dem Punkt anzukommen, an dem Sie jetzt sind? Was waren die entscheidenden Schritte, die zum Erfolg führten?

– Sie sind am Ziel und schauen zurück. Wie erleben Sie aus dieser Position die Gegenwart, die von der Zukunft aus gesehen zur nahen Vergangenheit geworden ist? Angenommen, Sie würden einem Bekannten erzählen, was passiert ist in der kurzen Zwischenzeit, die aus der damaligen Gegenwart (vielleicht von Unsicherheit und Selbstzweifel gekennzeichnet) eine längst überwundene Episode gemacht hat, die der Anfang Ihrer erfolgreichen Entwicklung war? Wenn Sie diese wundersame Geschichte Ihres Erfolgs erzählen würden, was könnten Sie alles aufzählen? Und ab wann wußten Sie, daß es sich hier um Erfolg handelt (und nicht um Versagen)? Begann dieses Erfolgsgefühl erst in der damaligen Gegenwart, in der Sie sich entschieden haben, Veränderungsarbeit zu leisten, oder lassen sich auch in der Vergangenheit schon Hinweise darauf finden, daß Sie im Grunde immer für den Erfolg bestimmt, sozusagen darauf programmiert waren, auch wenn Sie es damals noch nicht wußten. (Jetzt wissen Sie es – oder?)

– Gehen Sie mit dem Gefühl, schon von klein auf für den Erfolg bestimmt gewesen zu sein, zurück in die Vergangenheit. Stellen Sie sich vor, Sie wären durch ein Versehen in eine Hollywood-Story mit Happy-End geraten. Es steht Ihnen jederzeit offen, sich danach wieder für die Tragödie zu entscheiden, wenn Sie sich grundsätzlich zu keinem positiv bestimmten Schicksal entschließen können. Hier geht es nur darum, das Repertoire an Theaterstücken zu erweitern.

- Wachsen Sie noch einmal heran – diesmal mit dem Erfolgsprogramm im Hinterkopf. Der Erfolg lauert nur darauf, die sich ihm bietende Gelegenheit zu ergreifen. Wann ist es soweit? Lassen Sie Ihre Phantasie arbeiten! Erfinden Sie Gelegenheiten.
- Sie sehen das Leben vor sich und wissen, daß dieses Leben vom Glück bestimmt ist (oder vom Erfolg oder von der Gnade Gottes – welche Worte auch immer Sie dafür finden mögen). Wie schaut Ihr Leben aus dieser Perspektive aus? Wie würden Sie diese Biographie jemandem erzählen, der um eine genaue Beschreibung Ihres Lebens gebeten hat und sich besonders für die Anfänge interessiert? Und wie fühlt es sich an, wenn Sie jetzt, sehr langsam und sehr bewußt, noch einmal die Stadien Ihres Aufwachsens durchschreiten? Jeder Schritt ist wichtig, baut auf dem vorhergehenden auf und ist ein Teil von Lernelementen, die zusammengefügt das Mosaik Ihres Lebenssinnes ergeben. Sie müssen das, was geschehen ist, keineswegs verdrängen oder verschönern. Betrachten Sie es nur als das, was es ist: ein Teil, der zu dem lebenslangen Prozeß des Lernens beiträgt.
- Gehen Sie diese Schritte meditativ durch, bis Sie an den Punkt kommen, der sich für Sie als Gegenwart anfühlt. Halten Sie dort inne und lassen Sie das, was Sie soeben durchschritten haben, im Rücken als Rückendeckung, als Unterstützung und Erfahrung von Energie, als Quelle der Kraft wirken. Wie fühlt sich das an, eine solche Vergangenheit zu haben?
- Stellen Sie sich vor, noch mehr in Kontakt mit Ihrem Potential – von dem Sie ja wissen, daß Sie es haben, das Sie aber vielleicht noch nicht ausgelebt haben – zu kommen. Gehen Sie mit kleinen Rückwärtsschritten wieder hinein in die Vergangenheit und spüren Sie die Stellen auf, wo Sie den Bedarf – und damit die Gelegenheit – fühlen, sich an das Potential zu erinnern. Holen Sie das, was Sie brauchen, bewußt in Ihr Leben hinein, indem Sie darum bitten.
- Wenn Sie das Gefühl haben, daß die Vollkommenheit, die Sie jetzt angestrebt haben, sich in Ihrer Vorstellung verwirklicht hat, dann gehen Sie in vollem Bewußtsein Ihrer erfüllten Vergangenheit einen Schritt nach vorne, und noch einen und noch einen, bis Sie das Gefühl haben, am Ende des Lebens angekommen zu sein. Es ist nicht das Gefühl eines Lebens, dessen Linie abbricht, sondern das Gefühl einer abgerundeten Gestalt am Ende eines erfüllten Lebens. Hier, an diesem Ende, beziehen Sie Position. Es ist die Position »erfülltes Leben«. Spüren Sie es in Ihrem Rücken. Was für ein Leben liegt hinter Ihnen? Wie fühlt sich diese Kraft an? Haben Sie Ihr Potential umgesetzt?
- Steigen Sie rückwärts wieder ein in Ihr Leben und gehen Sie vom Endpunkt Schritt für Schritt zurück zur Gegenwart. Wo gibt es noch Lücken, an denen sich eine Gelegenheit für das Glück auftut? Wo haben Sie eine Chance ungenutzt gelassen? Wo haben Sie versäumt, um das Glück zu bitten, und haben sich vielleicht abgefunden mit dem, was Sie gewohnt sind oder was andere Ihnen als Norm zugemessen haben? Und wo auch immer Sie Raum vermuten, der sich dazu eignet, das Potential in Ihnen umzusetzen, da halten Sie an, atmen tief durch und füllen diesen Ort ganz mit der Kraft und Energie Ihres Potentials, mit allen potentiellen Ressourcen aus. Gehen Sie wieder nach vorne, zurück in die Zukunft, in die Position »erfülltes Leben«.
- Wenn Sie nun zufrieden sind mit Ihrem Leben, so wie es hinter Ihnen liegt, dann drehen Sie sich ganz langsam um, so daß Sie das gelebte Leben nun vor sich haben. Nehmen Sie den Reichtum der durchlebten Lernerfahrungen wahr, nehmen Sie die Fülle in sich auf, und reichern Sie jede Zelle des Körpers mit der Kraft an, die aus einem reifen und erfüllten Leben erwächst.

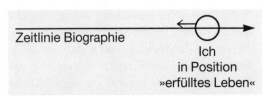

- Sie sind in der Position »erfülltes Leben«, und Sie haben sich Ihrer Vergangenheit zugewandt. Stellen Sie sich nun dieses gelebte Leben als einen einzigen großen Lernprozeß vor. Die Stufen und Stadien, die Sie durchschritten haben, haben dazu gedient, all das zu lernen, was Sie zu der Position »erfülltes Leben« gebracht hat. Vielleicht erkennen Sie ein Muster, das Ihnen verrät, welcher Lehrplan hinter den Lernerfahrungen verborgen war.
- Und dann, wenn Sie zu einer vorläufigen Einsicht gekommen sind, treten Sie mit einem sehr bewußten Schritt nach rückwärts aus der Lebenslinie heraus. Sie betrachten Ihr Leben von außen, aus der Perspektive der Ewigkeit, und fragen sich wieder, was Sie gelernt haben aus diesem Leben, das nun als abgeschlossene Gestalt erscheint. Sie müssen dazu aber nicht mit dem Leben abschließen. Benutzen Sie nur die Kraft Ihrer Vorstellung und stellen Sie sich das Leben als Gestalt, als Muster, als Bild, als Symbol vor, oder lassen Sie sich vom Sinn Ihres Lebens inspirieren. Verweilen Sie einen Moment in einer offenen, empfänglichen Haltung und lassen Sie sich überraschen, aber erzwingen Sie auch nichts.
- Kehren Sie mit einem entschiedenen und bedeutungsvollen Schritt wieder ins Leben zurück, gehen Sie vom Ende des Lebens in Richtung Mitte und Gegenwart, drehen sich um, so daß Sie mit dem Gesicht wieder zur Zukunft schauen, verankern sich ganz in der Gegenwart und Ihrer gegenwärtigen Lebenssituation, um dann seitwärts herauszutreten und das Leben von der Seite zu betrachten. Vielleicht fällt Ihnen plötzlich noch etwas dazu ein – etwas, das in Ihrem Leben noch fehlt und darauf wartet, sich erfüllen zu können.
- Sie verneigen sich vor Ihrem Leben und steigen aus dem dissoziierten Zustand hinein in den assoziierten Zustand des Erlebens im Hier und Jetzt.

Zeit neu erleben

Die folgenden Übungen können zu Meditationen werden, wobei nicht das Wesen der Zeit selbst Gegenstand der Betrachtung ist, sondern die Möglichkeiten, die sich uns eröffnen, wenn wir Zeit nicht kausal-linear, sondern zyklisch geschlossen, zirkulär betrachten und erleben. Es geht um die Integration von Erfahrungen, die wir im Laufe der Zeit gemacht haben, und um ihre Neuorganisation, wenn sich das Ergebnis der bisherigen Art, mit den gemachten Erfahrungen umzugehen, behindernd, beschränkend oder sogar zerstörerisch auf Gegenwart und Zukunft erweisen sollte. Die hier aufgeführten Meditationen in Form von Fragekatalogen umkreisen die Themen:

1. Subjektives Zeiterleben, Zeitvorstellungen, die Lebenszeit als Gestalt.
2. Die Neuorganisation von negativen Erfahrungen aus der Vergangenheit.
3. Die Heilung der Vergangenheit.

Beginnen Sie damit, die folgenden Glaubenssätze zu lesen und nachzuspüren, wie sie auf Sie wirken.

- Ich habe nie Zeit für mich selbst.
- Für das, was mir wichtig ist, habe ich nie Zeit.
- Ich komme nie zu dem, was mir wirklich wichtig ist.
- Ich lebe in einer anderen Zeit als die meisten Menschen um mich herum.
- Mit der Zeit habe ich es nicht so – Unpünktlichkeit hat schon immer zu mir gehört.
- Pausen kann ich mir nicht leisten. Pausen sind Zeitverschwendung.

- Es ist nicht gut, zuviel Zeit für sich zu haben.

Formen Sie sie nun in ihr Gegenteil um. Was löst das in Ihnen aus?

Fragen Sie sich nun:

- Angenommen, die Zeit ist eine Linie: würde ich sie graphisch sehen, als Melodie oder Text hören oder mich darauf bewegen? Erlebe ich Zeit als visuellen, als auditiven oder als kinästhetischen Eindruck? Und wenn das einen Unterschied macht – welcher wäre es?
- Angenommen, die Lebenszeit ist auf eine Linie gebannt: in welchem Verhältnis würde ich mich dazu erleben? Würde ich mich auf dieser Linie befinden (assoziiert) oder sie von außen sehen (dissoziiert)? Wie würde die Lebenszeit verlaufen? Von links nach rechts, von hinten nach vorne, von unten nach oben? Über mir, unter mir, neben mir, durch mich hindurch?
- Angenommen, ich befinde mich in einem dissoziierten Zustand und sehe meine Lebenszeit von außen – wie weit wäre sie von mir entfernt? Wann käme sie näher? Gäbe es Wechsel in den assoziierten Zustand, und wann? Angenommen, ich würde mich mittendrin im Leben fühlen – wann würde ich aussteigen und die Lebenszeit als etwas, was außerhalb meiner selbst abläuft, sehen?
- Angenommen, Vergangenheit, Gegenwart und Zukunft sind Orte im Raum – wo würde ich diese Orte plazieren? Und in welchem Verhältnis befänden sich die drei Zeiträume zueinander?
- Angenommen, die Lebenslinie und die Zeiträume haben eine Form, eine Gestalt, eine Ausdehnung – wäre das eine gerade Linie, ein Bogen, eine Spirale, ein Mäander, eine Schleife, oder sind es Knäuel, Parallelen, Ströme und Flüsse? Oder Berge? Sind diese Formen stufenförmig angeordnet oder auf einer Ebene? Gibt es Höhenunterschiede? Wäre das Leben ein Photoalbum oder ein Film? Eine Straße, ein Strahl, ein Mikrochip mit vielen Informationen, die abrufbar sind? Wäre das Leben in meiner Vorstellung 1:1 abgebildet, oder würde ich es gerne in Metaphern, Symbole, Allegorien oder abstrakte Begriffe übersetzen? Wären die Erlebnisse in meinem Leben miteinander verbunden oder Inseln des Bewußtseins im Meer des Unbewußten? Gäbe es Unterbrechungen, Ausfälle, Lücken, Risse, und wenn ja, wo? Gäbe es Begrenzungen in der Vergangenheit oder in der Zukunft, oder wäre Zeit etwas, was sich unbegrenzt in mir ausdehnen würde, wenn ich diesem Gefühl Raum gäbe?
- Angenommen, meine Lebenszeit und die in ihr enthaltenen Abschnitte und Zeiträume hätten ein Aussehen, gäbe es dann Unterschiede bezüglich der Kriterien: Wo ist es bunt? Wo ist es schwarz-weiß? Wo heller, wo dunkler? Gäbe es Stellen, die deutlich umrissen sind, und Stellen, die nicht so scharfe Konturen haben, vielleicht ein wenig verschwommen gezeichnet sind, wie hinter einem Dunstschleier? Wären die Farben glänzend oder matt? Wie wäre die Form, wenn es eine Form gäbe: wären die einzelnen Bilder oder Sequenzen in Großaufnahme zu sehen oder weit entfernt, wie auf vergilbten Fotos? Wären die Inhalte darauf sehr eng gedrängt, stünde viel im Vordergrund, oder gäbe es weite leere Strecken, viel Hintergrund, viel Horizont? Und vielleicht würde ich auch eine bestimmte Qualität der Bewegung wahrnehmen, wenn ich darauf achte: ich frage mich, ob die Bilder Standfotos sind, Momentaufnahmen, Schnappschüsse oder Filmsequenzen; ob sie sich ruckartig bewegen oder fließend übergehen, schnell oder langsam, in Zeitlupentempo oder im Zeitraffer.

Und höre ich etwas, wenn ich hinhöre? Kann ich mich an Geräusche erinnern, an die Qualitäten von Tönen, Klängen, Stimmen? Und wie war diese Tonqualität – ich versuche mir vorzustellen, ich würde zu dem Film jetzt nur die Tonspur hören, und frage mich: Was höre ich da? Wie ist die Tonqualität? Schrill oder gedämpft, laut oder leise, klar oder undeutlich, wie unter Wasser, bei Wind?

- Angenommen, der Geruchs- und Geschmackssinn sind bei der Vorstellung meiner Lebenszeit beteiligt – gäbe es da Bereiche, die sich mit bestimmten Gerüchen oder Geschmäcken verbinden? Und wäre das überall so, oder gäbe es im Kontrast dazu auch Bereiche, wo ich nichts schmecke, nichts rieche – vielleicht wäre auch ein anderer Sinn ausgefallen, z. B. indem ich nichts hören (auditiver Zugang zu Bewußtseinsinhalten) oder nichts fühlen würde (kinästhetischer Zugang zu Bewußtseinsinhalten).

Was bin ich für ein Zeittyp? (Natürlich kann ich zwischen Verhaltensweisen bezüglich der Zeit wechseln, aber oft gibt es die eine oder andere Verhaltensweise, mit der ich mich eher identifiziere oder die mir anscheinend mehr entspricht.)

- Fällt es mir leicht, mich dem Augenblick hinzugeben, ganz im Hier und Jetzt zu sein? Oder bin ich jemand, der viel nachdenkt und vorplant, also mit den Gedanken eher in der Vergangenheit oder in der Zukunft ist? Und was ist dann für mich wichtiger: der Blick in die Zukunft oder die Erinnerung an die Vergangenheit?
- Bin ich jemand, der gerne alles überschaubar vor sich hat? Alles vor sich sehen und die Dinge sichtbar machen möchte, um sie wirklich anschaulich begreifen zu können? Oder handle ich spontan aus dem Augenblick heraus, wie es gerade kommt und wie der Impuls, der Instinkt oder die Intuition es mir eingibt?
- Sind genaue Zeitpläne und präzise Zeitabsprachen für mich wichtig, oder bin ich flexibel, nehme ich es, wie es kommt?
- Bin ich in meinen Erinnerungen im Bild enthalten, oder sehe ich mich selbst von außen, wie auf einem Foto?

Wie bei der Übung mit den Meta-Programmen geht es auch hier darum, das Gewohnheitsmuster zu durchbrechen und das Ungewohnte auszuprobieren. Dann erst kann ich mich mit spezifischen Bewußtseinsinhalten befassen und eventuell eine neue Interpretation meiner Lebensgeschichte finden.

Die Neuorganisation von negativen Erfahrungen aus der Vergangenheit *(Time-Line-Reframing)*

Diese Meditation beruht auf der NLP-Technik des *Time-Line-Reframing* nach Dilts/Epstein. Alle Gedankenschritte stelle ich als Fragen an mich selbst. Diese Fragen allein können dazu beitragen, negative Erfahrungen positiv umzudeuten. Ich frage mich ...

a) Ob es eine negative oder problematische Erfahrung in meinem Leben gibt, mit der zu befassen ich jetzt bereit bin? Welche ist es? Wenn es mehrere gibt, frage ich mich, welche mir am besten geeignet scheint, um Thema für die Meditation zu sein? Was möchte ich genauer betrachten?

b) Ob es mir gelingt, mir eine neutrale Sichtweise anzueignen und meinen Lebensweg aus der Distanz, wie ein Zeuge, zu beobachten, um neue Lernerfahrungen machen zu können? Welche Metaphern können mir helfen, eine Übersicht über meinen Lebensweg zu erlangen? Welche Metaphern erleichtern mir den Wechsel in die Beobachterposition? (So kann ich mir vorstellen, auf einen Berg zu steigen und von oben auf den Fluß meines Lebens zu blicken.) Was brauche ich, um Distanz zu gewinnen? Woher kenne ich das Gefühl, aus der

unmittelbaren Gegenwart auszusteigen und mein Leben aus der Distanz (darüber schwebend, aus der Ferne betrachtend, als Kinofilm ablaufend) zu sehen?
c) Und nun frage ich mich, während ich an eine bestimmte negative Erfahrung denke, was noch schlimmer gewesen wäre als das, was ich tatsächlich erlebt habe: Gibt es etwas, was diese negative Erfahrung in irgendeiner Weise relativieren kann?
d) Ob es nicht sogar positive Resultate gibt, die aus dieser negativen Erfahrung erwachsen sind. Vielleicht habe ich sie nicht sofort als solche erkennen können. Ist es möglich, daß auch diese negative Erfahrung ihr Gutes hatte? Und was könnte es sein? Vielleicht wäre mir ja etwas, das ich als eine positive Erfahrung in meinem Leben bewerte, nie passiert, wenn diese negative Erfahrung nicht vorher geschehen wäre. Bin ich auch bereit, bestimmte positive Erfahrungen bis in die Vergangenheit zurückzuverfolgen, wo sie sich eventuell durch eine negative Erfahrung bedingt herausstellen?
e) Ich frage mich, was die positive Absicht hinter dem negativen Verhalten (meines eigenen oder der anderen) gewesen sein könnte? Was sollte ich aus der Erfahrung lernen – angenommen, alle Erfahrungen sind potentielle Lernerfahrungen?
f) Ich frage mich, ob die negative Erfahrung im Grunde nicht nur eine positive Bedeutung hatte, sondern sogar eine Lösung zu einem Problem anbot, dessen ich mir vielleicht – zumindest damals – nicht bewußt war? Und welches Problem könnte das gewesen sein? Und auf welcher Ebene wurde das Problem zum Problem? Und auf welcher Ebene erfolgte die Lösung, die damals keine Lösung zu sein schien, sondern ein anderes Problem? War es der Kontext, der die negative Erfahrung bedingte, mein eigenes Verhalten oder ein Defizit, das meine Fähigkeiten betraf? Hing es mit meiner inneren Haltung zu-

sammen, mit dem Bild, das ich von mir hatte, oder war es eine Frage der Einordnung in einen größeren Zusammenhang? Auf welcher Ebene erfolgte die Lösung? Und auf welcher Ebene machten sich die Auswirkungen der Lösung bemerkbar?
g) Und wenn ich mir das alles so anschaue, frage ich mich, wie das alles wohl miteinander zusammenhängt.
h) Und ich frage mich heute, was ich dazu brauche, um das Ganze künftig von der guten Seite zu nehmen, und was mir noch fehlt, um Humor entwickeln zu können – Humor als die einzig richtige Reaktion auf die Paradoxien des Lebens?

Die Heilung der Vergangenheit (Re-Imprinting)

Diese Meditation beruht auf dem *Re-Imprinting*-Modell, einer bekannten und bewährten NLP-Technik, die von Dilts entwickelt wurde, um negative Glaubenssätze zu verändern. Sie geht von der Annahme aus, daß die Prägungen aus der Vergangenheit (*imprints*) zu der Ausformung von Glaubenssätzen geführt haben, so daß es notwendig ist, in die Vergangenheit, an den Ort der Entstehung, zurückzukehren, um Veränderung zu bewirken. Der Zweck des *Re-Imprinting* ist, nicht nur den Glaubenssatz zu verändern oder durch einen besseren zu ersetzen (wie dieses im positiven Denken und dem Arbeiten mit positiven Affirmationen geschieht), sondern auch die Zusammenhänge und Begleitumstände, die zur Entstehung des Glaubenssatzes geführt haben, zu beachten. Zu den Gründen der Entstehung eines negativen Glaubenssatzes gehört in vielen Fällen eine Übernahme von Rollen oder die Orientierung an Modellen, die damals unter Umständen überlebenswichtige Funktionen hatten, so daß es keine andere Alternative gab. Im Laufe der Zeit mögen sich zwar Alternativen aufgetan haben, diese konnten aber auf Grund der Glaubenssätze

Prozesse der Veränderung

nicht wahrgenommen werden. Nun müssen die fehlenden Ressourcen gefunden und in den gegenwärtigen Realitätszusammenhang gestellt werden. Das *Re-Imprinting* geschieht meist in einem therapeutischen Kontext, in dem Traumata aus der Vergangenheit auf diese Weise erfolgreich bearbeitet werden können. Diese Technik eignet sich auch zu einer Art Selbstbefragung, wie wir es manchmal tun, wenn wir über die Vergangenheit reflektieren, ohne uns ganz bewußt zu sein, was genau und wie wir es tun.

Sie können diese Heilmeditation entweder im Liegen in Ihrer Vorstellung durchführen oder die Zeitlinie und die einzelnen Ressourcen-Kreise mit Raum-Ankern markieren. Die Meditation vollzieht sich in folgenden Schritten:

1. Beginnen Sie auf der Zeitlinie in der Gegenwart, und gehen Sie mit kleinen Rückwärtsschritten in ihre Vergangenheit zurück. Finden Sie eine Schwachstelle, die Sie bearbeiten und mit Ressourcen auffüllen möchten.
2. Markieren Sie die Schwachstelle.
3. Gehen Sie auf der Zeitlinie nun noch ein Stück weiter in die Vergangenheit zurück und finden Sie eine Zeit, in der dieses Problem (dieses unerwünschte Verhalten oder dieses Defizit) noch nicht existierte. Markieren Sie diesen Ort.
4. Treten Sie aus der Zeitlinie heraus, sobald Sie sich Ihre vergangene Schwäche und den Zustand davor, »als die Welt noch in Ordnung war«, vergegenwärtigt haben.
5. Markieren Sie neben der Zeitlinie einen Ort mit dem Schild »Meta« und treten Sie bewußt dort ein. Dissoziieren Sie sich von der vergangenen Schwäche, und finden Sie heraus, was Ihnen damals gefehlt hat bzw. welche Ressourcen Sie damals gut hätten gebrauchen können.
6. Für jede Ressource eröffnen Sie einen Ort, an dem Sie sie verankern (siehe Übung »Ressourcen-Kreis«, S. 55), und hinterlegen Sie Zettel, auf denen die Ressourcen notiert sind.
7. Sammeln Sie danach die Ressourcen (in Form von Zetteln) ein, und begeben Sie sich wieder auf Ihrer Zeitlinie an den Ort, »als die Welt noch in Ordnung war«, und integrieren Sie in sich diese Ressourcen. Variante: Sie können auch von der Meta-Position aus Ressourcen in den Ort vor der Schwachstelle »bannen« (als Zettel hinterlegen) und dann feierlich dort einsteigen, um sich mit den Ressourcen zu verbinden.
8. Betrachten Sie Ihre Vergangenheit aus der Meta-Position und überprüfen Sie, ob Sie

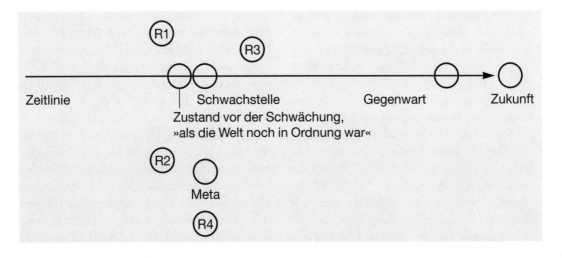

mit den in Ihrer neuen Vergangenheit vorhandenen Ressourcen zufrieden sind.
9. Wenn nein, fahren Sie fort, Ressourcen zu erzeugen, sie an Orten außerhalb der Zeitlinie zu verankern, und übertragen Sie sie dann auf die Zeit vor der Schwächung, bis Sie meinen, durch die Ressourcen so sehr gestärkt zu sein, daß Sie die vor Ihnen liegende Schwachstelle ohne Schaden passieren können. Bauen Sie eine »Ressourcenbrücke« über die Schwachstelle.
10. Wenn ja, assoziieren Sie sich, auf der Zeitlinie stehend, mit dem Erleben Ihrer neuorganisierten Vergangenheit, und gehen Sie dann feierlich vorwärts hinein in die Gegenwart. Beginnen Sie nicht an der Schwachstelle selbst, sondern in der Zeit davor. Überqueren Sie die Schwachstelle im vollen Bewußtsein aller Ihnen zur Verfügung stehenden Ressourcen. Kehren Sie in die Gegenwart zurück. Wie fühlt sich diese jetzt an? Sind Sie zufrieden mit dem, was Sie erleben?
11. Überprüfen Sie Ihre neuorganisierte Vergangenheit mit Future-Pace und Öko-Check. Werden Sie auch in Zukunft mit dieser neuen Vergangenheit zufrieden sein, und wird sich diese für alle Beteiligten vorteilhaft auswirken?
12. Woran merken Sie zuerst, daß sich die Neuorganisation Ihrer Vergangenheit zu bewähren beginnt?

Kurzform des *Re-Imprinting*
Wenn Sie mit dem Ergebnis dieser Heilmeditation zufrieden sind, möchten Sie diese Vorgehensweise sicher öfter anwenden, um sich in Alltagssituationen der Schwächung schneller stärken zu könnnen. Finden Sie deshalb eine Möglichkeit, das *Re-Imprinting* als Kurzform vor dem inneren Auge ablaufen zu lassen. Sollte das Defizitgefühl, das unerwünschte Verhalten oder der problematische Zustand, der auf einer negativen Prägung beruht, doch wieder auftreten oder aufzutreten drohen, stellen Sie sich Ihre Zeitlinie vor, und gehen Sie zurück an die Stelle, an der die Prägung noch nicht stattgefunden hatte. Geben Sie Ihrem jüngeren Selbst jene Ressourcen, von denen Sie wissen, daß diese die negativen Auswirkungen der (späteren) Prägung ausgleichen können. Schicken Sie dem jüngeren Selbst die Ressourcen jetzt, um den gegenwärtigen Zustand zu beeinflussen. Üben Sie diesen Vorgang öfter, so daß Sie im Notfall sofort eingreifen können, wenn das alte Verhaltensmuster oder der unerwünschte Zustand sich anmeldet. Reagieren Sie sofort. Vertrauen Sie darauf, daß die Lernerfahrungen, die auf Einsicht beruhen *(cognition)*, die Oberhand über die Lernerfahrungen durch Konditionierung *(imprinting)* gewinnen, weil sie einer höheren Ebene des Lernens angehören.

Re-Imprinting für andere
Sie können ein *Re-Imprinting* auch für andere durchführen, und zwar für diejenigen Menschen, die mit Ihrer eigenen Prägesituation in Verbindung standen. Überlegen Sie sich aus der Position des neutralen und erwachsenen Beobachters heraus, was ein Mensch damals gebraucht hätte, um anders handeln zu können. Dies kann Fähigkeiten und Wahlmöglichkeiten betreffen, über die er damals aus äußeren Gründen nicht verfügt hat. Sie können auch Ressourcen in Form von Energien, die durch Farbe, Licht, Klänge oder auch durch Gegenstände symbolisiert sind, in Form von Gedanken und Sätzen schicken, oder denken Sie in einer aufbauenden, unterstützenden und einsichtigen Weise an diesen Menschen. Sie werden erstaunt sein, wie sich Ihre Gefühle dadurch wandeln können und Sie in einen Zustand kommen, in dem Sie sich versöhnt fühlen – was letztlich Ihnen zugute kommt. Nehmen Sie sich Zeit und machen Sie sich die Mühe, zu überlegen und sich einzufühlen, welche Ressourcen genau damals benötigt wurden, aber nicht zur Verfügung standen. Übermitteln

Sie dann diese Ressourcen symbolisch der Person, indem Sie sich mit ihr identifizieren und an ihrer Stelle die Ressourcen in sich verankern. Versetzen Sie sich in die Lage des anderen Menschen damals, und erleben Sie die Situation (vor der Prägung) noch einmal aus der Perspektive des anderen, der nun, dank Ihrer Vorstellungskraft, mit den nötigen Ressourcen und Wahlmöglichkeiten ausgestattet ist. Beachten Sie dabei alle Ebenen, auf denen sich Lernen vollzieht (siehe das Stufenmodell der Dilts'schen Ebenen, S. 24), schicken Sie also Ressourcen nicht nur auf die Ebenen von Verhalten und Fähigkeiten, sondern auch auf die höheren Ebenen der Glaubenssätze, der Identität, der Zugehörigkeit und Spiritualität. Setzen Sie Ihre Phantasie dazu ein, Szenarien zu finden und zu erfinden, die aus heutiger Sicht betrachtet eine bessere Gestaltung der gemeinsamen Episode ermöglichen. Wenn Sie Gefahr laufen, Anklage erheben oder beschuldigen zu wollen, dann stellen Sie sich vor, es ginge hier um die Erfindung eines Lehrstücks, in dem allein die intelligenten Lösungen zählen. Machen Sie diese Übung wie ein Kreuzworträtsel. Wenn Sie merken, wie das Geschehen von damals Sie wieder packt und Sie sich darin verlieren, gehen Sie sicher, daß Sie das Sammeln von Ressourcen und Wahlmöglichkeiten im neutralen Zustand eines Beobachters oder Stückeschreibers machen. Nur das Übermitteln der gefundenen Ressourcen geschieht im assoziierten Zustand durch Identifikation mit der Person!

Wechseln Sie immer wieder zwischen der Position der Neutralität außerhalb der Zeitlinie und der Position, in der Sie im assoziierten Zustand sind, und vertrauen Sie darauf, daß sich eine Lösung (in Form von Einsicht und Versöhnung) aus diesem Prozeß ergeben wird. Wenn Ihr jüngeres Selbst und die beteiligten Personen die nötigen Ressourcen haben, lassen Sie im Schnellauf die Zeit vergehen, sich selbst dabei in Sprüngen und Schüben eine neue Entwicklung durchmachen und kommen wieder in die Gegenwart. Treten Sie nun aus Ihrer Zeitlinie heraus und entscheiden Sie, welche Lernerfahrung Sie aus diesem Prozeß gewonnen haben. Dann assoziieren Sie sich wieder mit Ihrer Gegenwart auf der Zeitlinie und nehmen Sie abschließend wahr, welche Veränderungen sich durch den Prozeß ergeben haben: wie Sie sich körperlich fühlen, was für ein Bild Sie sich von sich selbst machen, welche Glaubenssätze für Sie gelten, und ob sich in Fragen der Zugehörigkeit oder Spiritualität entscheidende Veränderungen ergeben haben. Die Lernerfahrungen durch den *Re-Imprinting*-Prozeß können sich auf Ihr ganzes Leben positiv auswirken.

NLP-Beziehungs-Arbeit »Sich im anderen spiegeln«
(Meta-Mirror)

Stellen Sie sich vor: Jeder Blick, der auf Sie geworfen wird und den Sie auf sich selbst werfen, wird zum Spiegel. So gibt es Tausende solcher Spiegel, die den Blick reflektieren und wieder reflektiert werden. Suchen Sie die Wahrheit in einem Spiegelbild. Wie würden Sie das Leben wahrnehmen? Sobald Sie den Spiegelsaal, jenen Irrgarten, betreten, den andere die Wirklichkeit nennen, in dem Augenblick, da Sie den ersten Schritt tun, eröffnet sich eine neue Dimension. Sie werden Ihren Blick nie mehr so ungebrochen und naiv auf die Wirklichkeit richten können, wie Sie das vielleicht einst konnten. Dafür werden Sie belohnt mit der schimmernden, schillernden Vielfalt eines Kaleidoskops, und in dem Augenblick, da Sie durch das Kaleidoskop blicken, wissen Sie, was auch immer Sie sehen, unabhängig vom Inhalt:

– »Das alles bin ich.«
– »Von all dem bin ich ein Teil.«

So betrachtet sind Kommunikationsschwierigkeiten, die man mit anderen hat, häufig ein Spiegelbild der Beziehung, die man zu sich selbst hat. Die andere Person ist nicht das Problem. Noch ist sie die Lösung. Sowohl Problem wie auch Lösung liegen ganz bei einem selbst. Schade – einerseits. Andererseits ist das die große Chance, den Umgang mit uns selbst zu kultivieren.

Für die NLP-Beziehungs-Arbeit ist es wichtig, die Positionen (mit Raum-Ankern markiert) zu unterscheiden und so zu klären:

– Die Position des Ich, das in Verbindung ist mit dem, was geschieht. Es ist das Ich, das gar nicht anders kann, als Ja zu sagen zu der Erfahrung, die es gerade macht und sich damit unmittelbar in Verbindung bringt, d.h. assoziiert (Ich erlebe mich selbst unmittelbar in allem, was ich erlebe). Kurz: das Ich-Ass.
– Die Position des Ich, das sich von sich selbst distanziert, also »dissoziiert«. (Das, was ich da erlebe, bin wohl ich, aber ich erlebe es als Beobachter. Ich beobachte mich dabei, wie ich etwas erlebe.) Kurz: das Ich-Diss.
– Und nun gibt es ein Meta-Ich, das das Verhältnis zwischen Ich-Ass und Ich-Diss beobachtet. Folgende Fragen stellen sich aus dieser Perspektive:
  – Was geht da vor?
  – Was ist das für eine Beziehung?
  – Kooperieren die beiden, oder arbeiten sie gegeneinander?
  – Inwiefern spiegelt das Verhalten der beiden das Verhältnis des Ich zum Du und zur Welt wider? Gibt es da Übereinstimmungen der Muster, der Ähnlichkeiten?
  – Was ist das grundlegende Motiv?
  – Was ist attraktiv für beide, was abträglich für ihre Motivation?
  – Was ist das Beste, was die beiden durch ihre Kooperation erreichen könnten?

Folgende Schritte leiten einen Prozeß ein, der sowohl das Verhältnis zu einer anderen (»schwierigen«) Person als auch zu sich selbst reflektiert und der die Veränderung des Verhältnisses zum Ziel hat, ohne auf die Inhalte der Auseinandersetzung eingehen zu müssen. Diese Technik eignet sich vor allem dann, wenn es auf der Hand liegt, daß die Argumente nur ein Vorwand sind und andere Probleme das Verhältnis belasten. Diese Übung kann auch allein gemacht werden.

1. Denken Sie an eine Person in Ihrem Leben, mit der Sie Schwierigkeiten haben, wobei Sie wissen oder ahnen, daß die Inhalte der Auseinandersetzung nicht der eigentliche Grund für die Probleme sind. Stellen Sie sich diese Person vor und betrachten Sie sie aus der Position »Ich-Ass«. Benennen Sie nun den Charakterzug der anderen Person, der die Kommunikation mit ihr so unangenehm oder schwierig macht. Listen Sie einige Merkmale auf, die diesen Charakterzug oder diese Eigenschaft umschreiben. Erlauben Sie sich, Urteile zu fällen – Sie tun dies sowieso, also tun Sie es ganz bewußt.

2. Treten Sie nun heraus aus der Position des assoziierten Ich und wechseln Sie die Wahrnehmungsposition. Gehen Sie zur Position Ich-Diss. Sehen Sie sich selbst in Interaktion mit der anderen Person, und beurteilen Sie das, was Sie sehen. Wie würden Sie das bezeichnen, was zwischen Ihnen und der anderen Person passiert? Welche Eigenschaften zeichnen sich in dem Verhältnis, in der Beziehung selbst ab? Während Sie in Ihrer Vorstellung die Auseinandersetzung sich in der ihr typischen Weise weiterentwickeln lassen, beobachten Sie, wie das Verhalten Ihrer Person das Verhalten der anderen Person beeinflußt, welches Verhaltensmuster die Eskalation auslöst und verstärkt. Wie, meinen Sie,

würde sich diese Person im Kontakt mit jemand anderem verhalten, wenn es zwar um dieselben Inhalte ginge, aber Sie nicht anwesend wären? Wie würden Sie sich wohl verhalten, wenn Sie mit einer anderen Person dieselben Inhalte diskutieren würden? Spielen Sie diese beiden Möglichkeiten als Szenarien durch. Was ist anders? Was macht den Unterschied aus?

3. Stellen Sie sich vor, Sie hätten sich entschieden, das Drehbuch, das das spezifische Verhalten zwischen Ihnen und der »schwierigen« Person festlegt, umzuschreiben. Welche anderen, neuen Verhaltensweisen stünden Ihnen zur Verfügung? Wie würden diese Veränderungen sich auswirken? Fragen Sie sich, warum Sie an der alten Verhaltensweise festhalten. Welche Motive und Gründe gibt es, die dafür sprechen?

4. Wechseln Sie nun die Wahrnehmungsposition, und gehen Sie in die Position des Meta-Ich. Beobachten Sie von dieser Warte aus, wie das Ich-Ass mit dem Ich-Diss umgeht. Wenn Sie kein Gefühl dafür haben, wie Ihr Verhältnis zu sich selbst ist, finden Sie jetzt die beste Gelegenheit zu beobachten, wie Sie mit anderen Menschen umgehen, vor allem mit »schwierigen« Menschen, mit denen die Auseinandersetzung offensichtlich nicht (nur) um die Inhalte geht.
Fragen Sie sich:
 – Hat es mit dem Kontext zu tun? Treten die Schwierigkeiten aufgrund der äußeren Umstände auf? Hängt es von einer spezifischen Situation ab? Ist das Muster der Interaktion bestimmt durch den Ort, die Zeit und die Beteiligten?
 – Hat das, was da geschieht, mit einem typischen Verhalten zu tun? Was würde passieren, wenn die »schwierige« Person sich anders verhalten würde? Wäre meine Reaktion dieselbe? Was genau an dem Verhalten des anderen löst meine Reaktion aus?
 – Läßt sich das, was sich an Schwierigkeiten immer wieder einstellt, durch das Niveau der Fertigkeit erklären? Würde sich etwas verändern, wenn der andere (oder ich) fähiger wäre?
 – Sind Glaubenssätze im Spiel und wenn ja, welche?
 – Welche Identität nehme ich in der Auseinandersetzung an? Womit identifiziere ich mich? Spielt das in der Auseinandersetzung eine Rolle? Bestimmt meine Identifikation die Weise, wie ich mit mir selbst, mit dem anderen umgehe?
 – Was vertrete ich, für was stehe ich ein, wenn ich in der Auseinandersetzung meinen Standort beziehe? Wie bezieht sich mein eigenes Engagement auf die Beziehung, die ich mit dem »schwierigen« Menschen habe? Wie bezieht sich meine Sehnsucht, dazuzugehören, mich hingeben zu wollen, auf meine Beziehung, die ich zu mir selbst habe?

5. Inwiefern ist meine Reaktion auf mich selbst ein Spiegelbild dessen, wie ich auf das Verhalten eines anderen Menschen (zu sich selbst) reagiere?

6. Fragen Sie sich aus der Meta-Position ...
 – ob die Art, wie Sie sich selbst behandeln, die Art ist, wie Sie sich der Person gegenüber verhalten.
 – ob die Art, wie die andere Person sich Ihnen gegenüber verhält, die Art ist, wie sie sich selbst gegenüber verhält.

7. Versetzen Sie sich nun in die Du-Position des »schwierigen« Menschen. Sehen Sie sich selbst aus den Augen des Du an. Was sehen Sie da? Wie nehmen Sie jetzt Ihr eigenes Verhalten wahr? Was, glauben Sie, braucht diese »schwierige« Person, um die Kommunikation besser gestalten zu können, und was brauchen Sie selbst?

8. Gehen Sie wieder zurück auf die Position des Meta-Ich, und beobachten Sie, wie sich hier die Sichtweise verändert hat, wenn sie nun sowohl das Verhältnis von

Ich und Du als auch das Verhältnis von Ich-Ass und Ich-Diss betrachten und alle Informationen, die sie über die Verhältnisse gewonnen haben, berücksichtigen.
- Was sehen Sie jetzt?
- Wie reagieren Sie auf das, was sie sehen?
- Welches Bild von einem idealen Verhältnis, in dem alle Beteiligten gewinnen (*Win-Win*-Modell), entwickelt sich in Ihnen, und was wird benötigt, um diesem Ideal näher zu kommen?
- Haben Sie eine Vorstellung, welche Ressourcen dazu noch aktiviert werden sollten?
- Können Sie sich vorstellen, wie es sich auswirken würde, wenn die Ressourcen aktiviert wären und in das Verhältnis einfließen würden?
- Gestaltet sich in Ihnen eine Idee (eine Metapher, ein Symbol, eine Geschichte), die dieses ideale Verhältnis charakterisieren könnte?
- Wie würden Sie ein solches Verhältnis beschreiben?
- Welche Kriterien gibt es dafür?
- Achten Sie auf die Kriterien von Ausgewogenheit (für alle verträglich) und Funktionalität (für alle nützlich).

9. Abschluß: Wann werden Sie in nächster Zukunft die Gelegenheit haben, diese Idee in die Realität umzusetzen? Wann werden Sie voraussichtlich die »schwierige« Person wieder treffen? Und wie fühlt es sich an, wenn Sie sich vorstellen, mit ihr das *Win-Win*-Modell zu realisieren?

Ein Beziehungsdrama umschreiben

Denken Sie an Ihr Lieblings-Beziehungsdrama, d.h. das Drama, das Ihnen einerseits die Gelegenheit gibt, starke Gefühle zu empfinden, das Sie andererseits aber gerne klären würden, um mit dem Beziehungspartner eine bessere Beziehung eingehen zu können. Lassen Sie das Drama, dessen Ablauf Sie aus Ihrem Alltag kennen, vor Ihren Augen abspielen. Stoppen Sie es dann, treten Sie »heraus«, und dissoziieren Sie sich davon.

1. Gehen Sie in eine »neutrale Position«. Aus dieser treten Sie ein in die
   - Du-Position, und erleben Sie, was es dort zu erleben gibt. Wie fühlt es sich in der Du-Position an, sich selbst als Gegenüber zu haben? Wie nehmen Sie sich selbst wahr? Was fällt Ihnen auf? Können Sie etwas feststellen, was Ihnen neu ist? Was sagt das, was Sie wahrnehmen, Neues über Sie selbst aus?
   - Begeben Sie sich nun wieder in die Position »neutral«, und beobachten Sie das, was zwischen dem Ich und dem Du abläuft. Wie nehmen Sie jetzt die Gesamtsituation wahr? Wie nehmen Sie die Beteiligten, die das Wir gemeinsam erschaffen, wahr? Wie machen sie das, was sie als problematische Beziehung oder als schwieriges Verhältnis bezeichnen?

2. Steigen Sie nun aus der sogenannten »neutralen« Position aus, und entfernen Sie sich noch einen Schritt weiter, um sich noch mehr zu neutralisieren (Meta II). Was können Sie von hier aus erkennen? Sehen Sie die Beziehung der beiden Personen als ein Verhältnis an, das Sie näher bestimmen möchten. Sie fragen sich:
   - Um was geht es den beiden?
   - Was ist eigentlich das Problem?
   - Was hält das Problem aufrecht und verhindert eine Lösung?
   - Welche Fähigkeiten werden nicht genutzt?
   - Welche Ressourcen könnten die beiden gebrauchen?

Wenn Sie erkennen, welche Ressourcen fehlen, erschaffen Sie sie, indem Sie an sie denken, einfach daran denken und sich lebhaft vorstellen, die Ressourcen wären schon da, und müßten nur übermittelt werden. Stellen Sie sich vor, die Ressourcen wären schon in dem Augenblick, da Sie daran dachten, angenommen und inte-

griert worden, als hätte alles nur darauf gewartet, und hätte sich nun, da Sie daran denken, ergeben können. Spielen Sie den guten Engel oder den lieben Gott. Reden Sie sich ein, Sie wüßten, was zu tun ist. Aus dieser entfernten Beobachter-Position gelingen solche Gedanken meist, weil Ihr Eigeninteresse abgenommen und Ihre Weisheit zugenommen hat. Und wenn nicht, dann tun Sie als ob. Fragen Sie sich nun:
– Was verändert diese Perspektive an meiner Sichtweise der Situation? Der Personen? Des Problems?
– Haben die beiden Beteiligten eigentlich dasselbe Thema? Dasselbe Problem? Um was für Themen geht es bei beiden, und wie schauen die Probleme aus, die daraus erwachsen?
– Welche Ressourcen könnte jeder von den beiden für sich gebrauchen?
– Was wäre das Beste, was den beiden – jedem für sich – geschehen könnte?
– Wie würde das aussehen? Finden Sie eine Form, in der Sie die Ressourcen schenken können – ein Symbol, eine Metapher, eine Vorstellung, einen Gedanken, ein Gefühl, eine Farbe, einen Klang, einen Duft oder einen Geschmack.
– Spielen Sie den Weihnachtsmann oder eine gute Fee, und schenken Sie den beiden die Ressourcen, die sie brauchen.
– Welche Wirkung haben die Ressourcen auf die beiden für sich genommen?
– Welche Wirkung hat das Eintreffen der Ressourcen und ihre persönliche Integration auf die Beziehung zwischen den beiden, auf das Problem?
– Fehlt noch etwas, was Sie als Weihnachtsmann oder gute Fee an Wünschen den beiden erfüllen könnten?
– Wenn ja, erfüllen Sie den beiden ihre geheimsten Wünsche, und beobachten Sie die Auswirkung, die dies hat.

3. Betrachten Sie das Ganze angesichts der Unendlichkeit. Installieren Sie einen Ort, den Sie »Unendlichkeit« nennen, und betrachten Sie die Dinge von dieser Perspektive aus. Dort sieht wahrscheinlich alles wieder anders aus, und Ihre Weisheit hat nochmals zugenommen. Und wenn nicht, dann tun Sie als ob. Fragen Sie sich nun:
– Was verändert diese Perspektive an meiner Sichtweise der Situation? Der Personen? Des Problems?
– Haben die beiden Beteiligten eigentlich dasselbe Thema? Dasselbe Problem? Um was für Themen geht es bei beiden, und wie schauen die Probleme, die daraus erwachsen, für beide jeweils aus?
– Welche Ressourcen könnte jeder von den beiden für sich gebrauchen?
– Was wäre das Beste, was den beiden – jedem für sich – geschehen könnte?
– Wie würde das aussehen? Finden Sie eine Energie, mit der Sie die Ressourcen in feinstofflicher Form senden können. Versetzen Sie sich ganz in diese Energie, die Sie aussenden wollen, und dann übergeben Sie sie dem Universum.
– Spielen Sie die Rolle eines überirdisch weisen und guten Wesens, das das Beste für alle Wesen will und das Schicksal in Güte lenkt. Schenken Sie den beiden dort unten die Ressourcen, die sie brauchen.
– Welche Wirkung haben die Ressourcen auf die beiden?
– Welche Wirkung hat das Eintreffen der Ressourcen und ihre persönliche Integration auf die Beziehung zwischen den beiden, auf das Problem?
– Fehlt noch etwas, was Sie als gütiges Wesen für die Schicksalsgestaltung der beiden tun können?
– Wenn ja, erfüllen Sie den beiden ihre geheimsten Wünsche, und beobachten Sie die Auswirkung, die dies hat.

4. Wenn Sie spüren, daß Sie genügend Einsichten und Ressourcen am Ort »Unendlichkeit« entwickelt haben, dann gehen Sie Schritt für Schritt zurück und sammeln sie

ein. Erinnern Sie sich, was Sie in jeder Position und durch jeden Akt des Wünschens gelernt haben. Gehen Sie also von der Position »Unendlichkeit« zurück in die »neutrale Position« (Meta II) und dann von dort in die Position Meta I (neutral, aber involviert). Bemerken Sie den Unterschied, der sich aus dem Wechsel der Positionen ergibt.
- Was hat sich verändert?
- Wie haben Sie sich verändert?
- Wie schaut das Problem jetzt von hier (der neutralen Position) aus?

Gehen Sie nun von »Meta I« in die Du-Position, und fragen Sie sich:
- Was hat sich verändert?
- Wie hat sich der andere (das Du, dessen Position Sie jetzt einnehmen), verändert?
- Wie schaut die Beziehung zwischen Ich und Du jetzt aus?
- Wo liegt das Problem?
- Gibt es ein (neues) Problem?
- Welche Lösung, meinen Sie, könnte sich beim nächsten Durchlauf dieses Prozesses ergeben?

5. Gehen Sie in die Ich-Position und stellen Sie sich dieselben Fragen.
6. Gehen Sie nun, nachdem Sie aus der Ich-Position und aus der Du-Position ausgestiegen sind, wieder in die Position »neutral« (Meta I), und nehmen Sie alle Ihre Erkenntnisse und Ressourcen mit. Lassen Sie sie in diese Position und Sichtweise einfließen. Betrachten Sie die zwei Positionen, und untersuchen Sie, ob die Standorte der beiden Positionen verändert werden sollen. Fragen Sie sich, ob die Positionen näher aneinander oder weiter voneinander entfernt gerückt werden oder so bleiben sollen. Vielleicht möchten Sie auch den Winkel, in dem die beiden zueinander und im Verhältnis zur neutralen Position stehen, verändern. Danach betreten Sie zuerst die Ich-Position, und nach einem Separator, der sich wie ein Keil dazwischen schiebt, die Du-Position, um die Auswirkung des veränderten Arrangements zu überprüfen.
7. Treten Sie abschließend wieder heraus aus der Du-Position, und schließen Sie den Meta-Mirror-Prozeß ab, indem Sie sich assoziiert in der Ich-Position überlegen, wann, wo und wie Sie ganz konkret dem anderen begegnen werden. Überprüfen Sie die Auswirkungen, die das veränderte Verhältnis auf die Situation, ihren Kontext, und alle Beteiligten haben könnte. Machen Sie im assoziierten Zustand und in der Ich-Position den Future-Pace und Öko-Check.

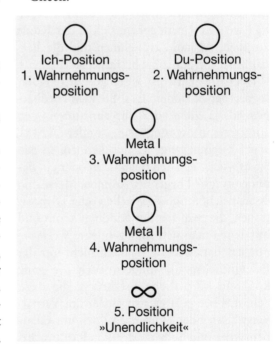

Kommunikation mit abgelehnten Teilen des eigenen Selbst

Es geht um die Kommunikation mit psychischen und psychosomatischen Symptomen, mit körperlichen Beschwerden, Dysfunktionen, Störungen, um unausgeglichenes Befinden, unangenehme Stimmungen, destruktive Emotionen und andere Probleme, die sich körperlich äußern. Zugrunde liegt das Teile-Modell, denn das Symptom wird als Teil des Selbst angesprochen – d.h. eigentlich nicht das Symptom oder die Störung selbst, sondern der Teil, der dafür verantwortlich ist und damit – laut einer Grundannahme im NLP – eine positive Absicht verfolgt.

Der Problemteil wird als gleichwertiger Partner akzeptiert, da er eine wichtige Botschaft hat und Aufmerksamkeit verlangt. Das Symptom wird also zum Dialogpartner erhoben. Der Dialog selbst wird nach Art der Meta-Mirror-Methode geführt. Auch hier wird es darum gehen, sich in der Kunst zu üben, Abstand zu nehmen und die Verhältnisse von außen zu betrachten.

Der erste Schritt ist, einen geeigneten Dialogpartner zu finden. Es sollte kein vorübergehendes Leiden oder eine vor kurzem erst aufgetretene Störung sein, sondern etwas, was Sie schon lange an sich kennen, so daß Sie es wie einen alten Bekannten oder ein Familienmitglied begrüßen können. Meist sind es Schwächen, Schwachstellen oder Dispositionen, die man seit der Kindheit kennt und mit denen man sich auf irgendeine Weise arrangiert hat. Wichtig ist dann nicht nur der Bekanntheitsgrad, sondern auch die ganz konkrete körperliche Erfahrung, die dazu gehört. Hier geht es also weder um Verhaltensweisen oder Haltungen noch um Glaubenssätze und Selbstbilder, sondern um Eigenheiten, die sich körperlich bemerkbar machen.

Wenn Sie einen Dialogpartner gefunden haben, wenden Sie die folgende Technik an. Nehmen Sie sich Zeit dafür, achten Sie darauf, daß Sie nicht gestört werden, geben Sie sich selbst eine Chance, indem Sie das, was Sie tun, ernst nehmen und davon überzeugt sind, daß es einen Unterschied macht, wie Sie mit Symptomen, körperlichen Problemen, Störungen, Dispositionen und Krankheiten umgehen.

1. Konzentrieren Sie sich auf Ihren Körper. Suchen Sie im Körper nach dem Symptom, und geben Sie ihm, falls es nicht lokalisierbar ist, einen Platz, von dem aus es sich bei Ihnen melden kann. Wo spüren Sie Niedergeschlagenheit oder Schwäche zuerst? Wie merken Sie, daß der Streß, die Nervosität oder der Druck wieder beginnt? Atmen Sie langsam und tief in den Körper und dann in jenen Bereich hinein, der das Symptom beherbergt. Und während Sie sich nun darauf konzentrieren, Kontakt zu dem Symptom oder zu der Störung zu erhalten, kann es gut sein, daß Sie spontan ein Bild vor Augen haben, das für dieses Symptom steht. Es kann ein Eindruck sein, vielleicht auch eine Erinnerung oder ein Symbol, ein Wort, ein Satz. Nehmen Sie den Kontakt auf, bleiben Sie in Kontakt, während Sie tief weiteratmen und entspannt wahrnehmen, was Ihnen Ihr Körper sagen möchte. Allein diese Kontaktaufnahme kann sich schon als wichtig und heilend erweisen, also nehmen Sie sich Zeit für diese erste Phase, geben Sie nicht auf, warten Sie voller Vertrauen auf die Informationen, die sich Ihnen vermitteln, ohne etwas zu erzwingen. Bleiben Sie in einer Art Dämmerzustand, als ob Sie in Tagträumen verloren wären oder kurz vor dem Einschlafen sich sinken lassen.

2. Ein Besuch beim Symptom: Nehmen Sie sich vor, heute dem Symptom einen Besuch abzustatten. Gehen Sie dazu in Ihren Körperinnenraum (was auch immer das sein mag – ein Haus, ein Park, ein von innen erleuchteter Körperumriß mit ver-

schiedenen Bereichen, die den Körperzonen entsprechen). Oder reisen Sie mit einem Suchstrahl durch den Körper, um der Einladung zu folgen, die das Symptom ausgesprochen hat. Und wenn es nicht so ist, dann stellen Sie es sich vor – tun Sie, als ob es so wäre. Folgen Sie dem Ruf, auch wenn Sie noch nicht genau wissen, woher und von wem er kommt. Lassen Sie die Begegnung geschehen. Stellen Sie sich vor: Nach langer Zeit des Zusammenlebens begegnen Sie nun endlich diesem Wesen, das zwar ein Teil von Ihnen ist und Wohnrecht in Ihrem Körper hat, dessen Beteiligung an dem Lebensstil, der in diesem Körper geführt wird, aber nie offiziell anerkannt wurde. Je persönlicher Ihr Kontakt zu dem Symptom, desto größer die Chancen, die Informationen zu erhalten, die für Sie wichtig sind. Begegnen Sie Ihrem Symptom also auf der einen Seite wie einem alten Bekannten oder Familienmitglied, lassen Sie sich auf der anderen Seite überraschen, was dieser unbekannte Bekannte, dieser Außenseiter, Ihnen zu sagen hat. Personifizieren Sie das Symptom. Wenn Ihnen dies nicht gelingt, so kann es eine Farbe, einen Klang, eine bestimmte Form annehmen, sich als ein Bild, ein Symbol zeigen oder als eine Metapher von sich selbst erzählen. Hören Sie aufmerksam zu. Vermitteln Sie dem Symptom das Gefühl, dazuzugehören und in seiner positiven Absicht erkannt worden zu sein.

3. Lassen Sie das Symptom nun, da Sie es in seiner vertrauten Umgebung aufgespürt und besucht haben, eine Gestalt annehmen und aus Ihrem Körper heraustreten. Es kann auf dem Stuhl Ihnen gegenüber Platz nehmen. Sie sind mit dem Symptom auf du und du. Sie unterhalten sich über alte Geschichten – Herkunft, liebgewonnene Gewohnheiten, Vorlieben, Abneigungen. Sie fragen das Symptom ein paar Dinge, die Sie immer schon wissen wollten, und lassen es dann zu Wort kommen:

– Wann wird es besser? Wann muß es nicht arbeiten, sondern hat Ferien?
– In welchen Situationen fühlt es sich besonders herausgefordert, Flagge zu zeigen?
– Wann wird es schlechter, wann ist es im vollen Einsatz?
– Wie sind die Arbeitsbedingungen?
– Gibt es Arbeitsverträge und Konditionen? Gibt es Loyalitäten?
– Gibt es bei den Verträgen versteckte Klauseln?
– Handelt es im Auftrag eines Dritten?
– Was sind seine besonderen Fähigkeiten? Worauf ist es stolz?
– Was ist sein besonderer Wert?
– Was ist seine Identität als Teilpersönlichkeit?
– Für welche Zugehörigkeit sorgt dieser Teil?

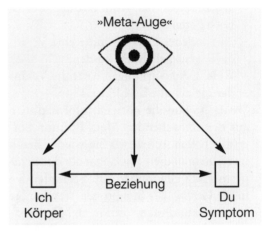

4. Und nun, nachdem Sie sich für die Informationen bedankt haben, machen Sie eine Zäsur in dem Gespräch, um die Wahrnehmungspositionen zu wechseln. Sie nehmen eine Position des Dazwischen ein, und um einen besseren Überblick zu bekommen, steigen Sie aus Ihrem Körper heraus, schweben nach oben, sitzen auf einer Wolke und betrachten die Verhältnisse von oben. Wenn Ihnen die Vorstellung mit der Wolke nicht behagt, können Sie auch eine Kamera oder ein körperloses Auge

sein, das von oben herabblickt. Sie können es das »schwebende Meta-Auge« nennen und sich vom Adler seinen kreisenden Höhenflug und seinen scharfen Blick ausleihen. Meist stellt sich die geeignete Vorstellung in dem Augenblick ein, da Sie sich entschieden haben, aus dem Körper heraus und nach oben zu schweben, und Sie müssen sich keine weiteren Gedanken darüber machen. Aus dieser Meta-Position aus betrachten Sie nun Ihren Körper und das Symptom. Stellen Sie sich aus der Meta-Position folgende Fragen:
- Was verbindet die beiden? Wie ist die Beziehung zwischen beiden?
- Was ist ihr geheimes Abkommen? (z. B. sekundärer Gewinn als gemeinsamer Profit)
- Worüber sind sie sich einig? Wo liegen die Meinungsverschiedenheiten?
- Wo zeichnen sich Konflikte ab? Wer ist noch beteiligt?
- Auf welcher Ebene könnte eine Veränderung ausgehandelt werden?
- Welche Auswirkungen hätte die Veränderung auf alle Beteiligten?

5. Wenn Sie nun die nötigen Informationen aus der schwebenden Meta-Position eingeholt haben, schweben Sie wieder herab und hinein in die Position, in der das Symptom Platz genommen hat. Schlüpfen Sie in die Gestalt des Symptoms. Wenden Sie sich nun aus dieser Position, der Du-Position, dem Ich zu, und stellen Sie ihm folgende Fragen:
- Wer ist dieses Ich, das mir da gegenüber ist?
- Was tut dieses Ich für mich? Wie geht es mit mir um?
- Was wünsche ich mir als Symptom von diesem Ich?
- Was soll auf keinen Fall geschehen? Was möchte ich auf alle Fälle verhindern?

6. Gehen Sie nun wieder in die schwebende Meta-Position, und betrachten Sie die beiden da unten. Was ist Ihr Eindruck von oben aus gesehen? Was geschieht zwischen den beiden? Hören Sie zu, was die beiden sich zu sagen haben. Wiederholen Sie die Fragen von Schritt 4. Bedanken Sie sich bei dem Ich-Teil und dem Symptom-Teil für die Interaktion, die stattfinden konnte, und für ihre Bereitschaft, miteinander Kontakt aufzunehmen, zu kommunizieren.

7. Schweben Sie nun als Ich in Ihren Körper zurück, lassen Sie das Ich-Gefühl den Körper ausfüllen. Schauen Sie aus der Ich-Position das Du an, mit dem Sie es zu tun haben. Danken Sie dem Symptom, daß es mit Ihnen kommuniziert hat und Ihnen viele Informationen als Geschenk hat zukommen lassen. Wie Sie damit umgehen, ist Ihre Sache. Nehmen Sie sich Zeit für die Auswertung und Integration, und entwickeln Sie eine Haltung von Respekt und achtsamer Dankbarkeit – in Ihrem eigenen Interesse.

8. Abschließend können Sie sich fragen:
- Wessen Interesse wird beachtet?
- Auf welche Ebene bezieht sich das Interesse?
- Welches Interesse könnte noch bedeutender werden?
- Was geschieht mit dem alten Interesse?
- Wie wirkt es sich aus, im Interesse aller Beteiligten zu entscheiden und zu handeln?
- Wie ist es, ein Gefühl für die Wechselwirkungen des Miteinander zu entwickeln?

Schließen Sie die Übung ab, indem Sie sich überlegen, wohin dieses Interesse, das im Interesse aller ist, führen soll/kann/darf? Geben Sie sich selbst die Erlaubnis, sich von diesem (neuen) Interesse führen zu lassen.

Trauerarbeit

Diese Übung ist vor allem dann zu empfehlen, wenn Trauer als chronischer Zustand das Leben überschattet, das Wohlbefinden stört, den Lebenswillen beeinträchtigt und eventuell sogar psychosomatische Störungen hervorruft. Sie können den Prozeß mit Boden-Ankern und Zetteln selbst machen. Sie können die einzelnen Prozeß-Instruktionen aber auch auf Tonband sprechen und in einer ruhigen, meditativen Haltung abhören. Dabei kann das Bewußtsein sich entspannen und es dem Unbewußten überlassen werden, den heilenden Prozeß anzuregen. Alles geschieht von selbst, nichts muß dazu gedacht, argumentiert und bewiesen werden. Es werden »Orte« eingerichtet, die für eine innere Erörterung wichtig sind.

Die Trauerarbeit vollzieht sich in 8 Schritten. Als Einleitung ein paar einstimmende Worte:

Überlasse es deinem Unbewußten, die Heilung der Schmerzen, der Trauer und die Aufarbeitung des Verlusts zu vollziehen, so daß dein Bewußtsein die inneren Vorgänge, die sich ohne dein Zutun entwickeln und gestalten werden, das Wunderbare der Heilung, die Gnade, die durch nichts erzwungen werden kann, wirklich annehmen kann. Überlasse dich der Weisheit deines Unbewußten, das sich selbst so organisiert, daß es zu deinem Besten ist. Gib deinem Unbewußten und deinem Leben eine Chance!

1. Du bist nun ganz bei dir selbst (in der Ich-Position). Lasse dein Unbewußtes über die Erfahrungen, die du in deinem Leben gemacht hast, hinwegschweifen und ertasten, wo Stellen der Trauer, des Verlustgefühls und emotionalen Schmerzes sind. Dies können Verluste in der zwischenmenschlichen Beziehung sein, aber auch Verluste, die einen tiefen Wunsch oder einen Lebenstraum betreffen. Nimm dir vor, jetzt nur eine dieser Stellen zu heilen. Lasse dein Unbewußtes diese Stelle anpeilen und fokussieren, so daß dir die Trauer, der Schmerz, das Verlustgefühl zu Bewußtsein kommt. Gib der Trauer einen Ort. Versetze dich nur soweit in den Zustand der Trauer hinein, wie du sie brauchst, um das Wesen dieser Erfahrung zu erfassen. Was hörst du, siehst du, fühlst du? Gibt es einen Geruch, einen Geschmack zu der Erfahrung? Gibt es bestimmte feine Unterschiede, die diese Erfahrung besonders und einmalig werden ließ?

2. Scheide nun die »schlechte« Erfahrung von den »guten Zeiten«, und verankere sie an verschiedenen Orten. Notiere die Eigenschaften der »schlechten« Erfahrung ebenso wie die der »guten Zeiten« auf zwei verschiedenen Zetteln, und lege sie an entsprechenden Orten nieder. Es kann nämlich sein, daß das Besondere der »schlechten Erfahrung« das Verlustgefühl, die Trauer und den Schmerz noch erhöhen, wenn du sie mit dem Glanz der »guten Zeiten« ausstattest und sie dadurch noch anziehender machst. Es kann auch sein, daß du diese attraktive Ausstattung unbewußt schon vollzogen hast und so deiner Trauer eine starke Anziehungskraft verleihst. Nimm diese unbewußten Vorgänge wahr, würdige sie und gib dir selbst die Erlaubnis, die Repräsentation deiner Erfahrung zu modifizieren, ohne daß ihr Wert und ihre Botschaft »umsonst« gewesen ist. Lasse die Trauer in all ihrer Bedeutsamkeit und Wirksamkeit zu, gib ihr Ausdruck, um dann fortschreiten zu können. Erst wenn dies geschehen ist und du die innere Erlaubnis fühlst, dich weiterentwickeln zu dürfen, lege das Verlustgefühl beiseite, wie eine Spielkarte, die du nicht mehr ausspielen möchtest. Kehre zur Ich-Position zurück.

3. Hole dir in dein Bewußtsein eine Person, die nicht mehr in deinem Leben ist und bei

der du trotzdem ein gutes Gefühl hast, so daß ihre innere Anwesenheit in deinem Bewußtsein sich unterstützend, nährend, heilend und versöhnend auswirkt. Diese Person kann eine frühe Bezugsperson sein oder ein Vorbild, ein Lehrer, ein Mentor. Lasse die für diese Person typische, wohltuende Ausstrahlung dein Bewußtsein ausfüllen und lasse das Besondere an der Ausstrahlung hervortreten. Achte darauf, daß diese positive Erinnerung, dieser Eindruck oder das Gefühl, das du hast, wenn du in diese Person denkst, die Stimme, die du hörst, dieses Abbild dich ganz erfüllt, so daß sie sich auf den weiteren Verlauf deiner Trauerarbeit auswirken kann. Gib diesem Andenken einen Ort, an den du dich jetzt begibst. Dann gehe wieder zurück zur Ich-Position.

4. Von dort aus wendest du dich wieder der dunklen Schattenstelle zu, die du verarbeiten möchtest. Du erlaubst dir, an die guten Zeiten jener Erfahrung, die schlecht geendet hat, zu denken. Es können all die Bereicherungen sein, die du mit einer Person erlebt hast, obwohl du sie schließlich verloren hast. Es können die Inspirationen sein, die dir ein Wunschtraum vermittelt hat, obwohl du ihn nicht realisieren konntest. Denke an einen besonders guten Moment, an einen spezifischen Augenblick, vielleicht an einen Höhepunkt, der dir besonders im Gedächtnis geblieben ist. Lasse dich dabei nicht von deinem Verlustgefühl überwältigen, sondern bleibe fokussiert auf das gute Gefühl, das jener Augenblick in dir erzeugt hat. Lasse dieses Gute zu einer Essenz werden, löse sie aus dem Kontext der »schlechten« Erfahrung heraus und mache sie dir zu eigen, indem du sie in die Ich-Position überträgst. Von dort überträgst du diese Essenz auf die Gestalt der zweiten Person, die als Projektionsfläche dient. So geht die Essenz des Guten der »schlechten« (traurigen, schmerzvollen) Erfahrung über in die gute Gestalt der positiven Bezugsperson und kann im Zusammenhang mit ihr im Gedächtnis bewahrt werden. Geh zurück zur Ich-Position.

5. Blicke nun noch einmal mit Gelassenheit und Achtung auf die Beziehung zu dem Menschen oder auf das Ziel zurück, das in Verlust oder Enttäuschung geendet hat. Konzentriere dich nun auf die Beziehung und den Prozeß, der sich zwischen den Beteiligten abgespielt hat. Achte auf das, was es dir damals wertvoll gemacht hat, so daß du diese Beziehung leben und diesen Prozeß durchleben wolltest. Was war es, was es dir als wertvoll genug erscheinen ließ, welche Werte kannst du jetzt erkennen, die damals wichtig für dich waren, wert genug, um unter allem Umständen und unter allen (oder fast allen) Bedingungen gelebt zu werden? Trenne diese Werte von dem Ende der Beziehung und des Prozesses und lasse sie dir als Schätze zu Bewußtsein kommen.

6. Finde nun einen Ort für die Möglichkeit, diese Werte zu verwirklichen. Dieser Ort kann ein Platz in deinem Bewußtsein sein. Du kannst aber auch einen Platz in deinem Zimmer finden, den du für diese Möglichkeit reservieren möchtest. Es kann ein bequemer Sessel oder eine Couch sein – immer wenn du dich dorthin setzt, bist du in Kontakt mit der Möglichkeit, die Werte, die du aus den vergangenen Erfahrungen geschöpft hast, auch im jetzigen Leben zu verwirklichen. Dieser Ort ist grundsätzlich verschieden von dem Ort der Tauer, dem Ort der »schlechten« Erfahrung und auch von dem Ort, an dem du das Andenken an deine positive Bezugsperson aufbewahrst. Nenne ihn »Ort der offenen Möglichkeiten«. Die Möglichkeiten können sich in der Zukunft realisieren, wenn du ihnen die Chance dazu gibst. Transferiere an diesen Ort der offenen Möglichkeiten nun die Werte und die Essenz des besonderen Erlebens, alles, worauf es dir also ankommt

und was dir wichtig ist. An diesem Ort gestaltest du nun ein Zukunftsbild, in dem sich diese Werte und Qualitäten verwirklichen können, mit anderen Menschen, unter anderen Umständen, unter anderen Voraussetzungen – aber die Essenz bleibt die gleiche. Wenn du dazu übergehst, diese Zukunftsvorstellung Gestalt annehmen zu lassen, dann achte darauf, daß sie vage und verschwommen bleibt, weil ein zu genau definierter Wunsch dich nur beschränken würde. Lasse hingegen die Werte hindurchscheinen und den Vordergrund der Bühne, auf der sich deine Zukunft abspielen wird, in ihrem Licht erscheinen. Lasse auch die Figuren auf der Bühne nicht deutlich, sondern verschleiert oder wie in einem Dunst auftreten – lasse alles offen, so daß alles möglich ist. Damit läßt du dir alles offen und entscheidest nicht schon im Vorfeld etwas, was sich hinterher als nebensächlich herausstellen könnte. Lasse alle Fixierungen los und konzentriere dich auf das Licht, in dem die Zukunft erscheinen soll, vielleicht auch die Qualität der Geräuschkulisse, der Musik, oder konzentriere dich auf das Körpergefühl, das du dabei haben möchtest.

7. Und nun mache am »Ort der offenen Möglichkeiten« in rascher Reihenfolge ein paar Schnappschüsse von deinen Zukunftsträumen, wobei eine vage, aber positive Zukunftsvorstellung in seiner strahlenden Form die Matrix all dieser Bilder ist. Vervielfältige diese, so daß die Vorstellung als Bild auf viele Bilderkarten gebannt wird, so daß du viele gute Karten besitzt, und nicht nur eine einzige, auf die du alles setzt. Gib nun die Karten dieses Spiels, von dem du weißt, daß es die Essenz all dessen beinhaltet, was dir wertvoll und wichtig ist, schließlich aus – verteile, verstreue die Karten im ganzen All, so daß deine Botschaft überall hingetragen wird und das Universum mitspielen kann.

8. Sei dir bewußt, wie du deine eigene Zukunft gestaltest, indem du dein Potential aus den alten Bindungen herauslöst und in neue Formen einbindest, wobei du ein breites Spektrum möglicher Selbstverwirklichungen zuläßt.

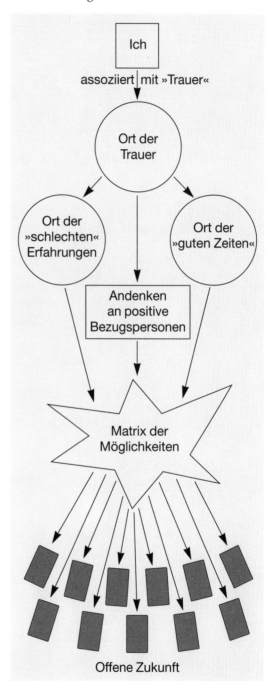

Glossar

Als-ob-Rahmen: ist eine wichtige Interventionsstrategie im NLP. Eine Situation, ein Zustand oder ein Ereignis wird so behandelt, als ob es schon eingetreten, schon wahr geworden wäre. Indem mental über problematische Hindernisse hinweggegangen werden kann und sofort die erwünschten Lösungen bzw. Ziele und Visionen im Vordergrund der Betrachtung stehen, wird ein kreatives Umgehen mit Problemen angeregt, das von Sachzwängen und eingeschränkter Sichtweise befreit ist.

Analog und digital: Informationen können auf verschiedene Arten abgebildet werden, nämlich analog und digital. Analoge Abbildung geschieht in Form einer direkten und konkreten Entsprechung. Digitale Abbilder hingegen sind schon das Ergebnis einer weiteren Informationsverarbeitung, die über die unmittelbare Wahrnehmung hinausgeht. Sie sind also abstrakt (wörtlich: abgezogen, entfernt) und nehmen die Form einer Übersetzung an, sei es in Sprache, Zeichensprache oder in Zahlen. Analog im Gegensatz zu digital meint also: nicht übersetzt, nicht symbolisch, sondern wörtlich zitiert oder Eins zu Eins abgebildet.

Analoge Markierung: kann durch Körpersprache (Gesten, Gebärden, Haltung, Handbewegung, Bewegung des ganzen Körpers) und durch Modulation der Stimme geschehen. So wird z.B. in Trance-Induktionen gerne mit tiefer Stimme gesprochen, wenn es um Informationen geht, die in der Tiefe des Unbewußten gespeichert sind.

Anker: sind auslösende Reize für bestimmte innere Reaktionen. Anker werden bestimmt durch das Reiz-Reaktions-Muster, das der Lerntheorie zugrunde liegt, und stellen Konditionierungen dar. Das NLP utilisiert die Konditionierbarkeit des Menschen, indem es durch die NLP-Fertigkeit des Ankerns bewußt und gezielt bestimmte (erwünschte, positive) Reaktionen (Zustände/Physiologien) erzeugt und dann wie ein Programm installiert. Dieses kann bei Bedarf abgerufen und ausgelöst werden. Unwillkürliche Anker können in allen fünf Sinneskanälen gespeichert sein, als visuelle, auditive, kinästhetische, olfaktorische und gustatorische Reize. Das bewußte Ankern benutzt jedoch meist nur den kinästhetischen Kanal, indem es den positiven Zustand, in den sich ein Mensch willentlich versetzt hat, mit einer Berührung verbindet. Diese Berührung nennt man: einen Anker setzen. Ein solcher Anker wird ausgelöst, wenn dieselbe Körperstelle wieder berührt wird. Durch das Berühren stellt sich der positive geankerte Zustand ein.

Ankerverschmelzen: ist eine NLP-Technik, bei der verschiedene im Unbewußten verankerte Erfahrungen (positive und negative) miteinander verschmolzen und dadurch ausgeglichen werden. Diese Technik dient der Rebalancierung. Der erwünschte Endzustand ist Ausgeglichenheit, Gelassenheit und Versöhnung. (Ein anderer Ausdruck dafür ist: Integration zweier dissoziierter Zustände/Physiologien oder Konfusions-Technik.)

Ambivalenz (wörtlich: Zweideutigkeit): ist dann gegeben, wenn eine Person sich zwischen zwei Wahlmöglichkeiten hin und her gerissen fühlt. Im NLP wird Ambivalenz durch Verhandlung behoben, in dem die zwei Pole miteinander in Verbindung gebracht werden. Beide Pole kommunizieren über unbewußte Handbewegungen (Handlevitationen) miteinander.

Arbeitsvereinbarung: bezeichnet eine Absprache zwischen Coach und Klient, die das Ziel und den Rahmen der Beratung festlegt.

ASC (Abkürzung für *Altered States of Consciousness*): ist ein Begriff aus der Ethnologie, Kulturanthropologie und Psychologie. Er bezeichnet »veränderte Bewußtseinszustände«, die nicht-alltäglich und außerordentlich sind. Es sind Zustände der Trance, der Besessenheit, der Ekstase oder der Vision. Besonders Charles Tart hat sich eingehend mit den ASC befaßt und diese Zustände für die westliche Psychologie definiert.

Assoziiert (wörtlich: verknüpft): bezeichnet einen Modus (eine Art und Weise) der Wahrnehmung, der durch eine besonders intensive Qualität des Erlebens gekennzeichnet ist. Alles wird hautnah, ohne Abstand und unmittelbar, ohne Übersetzung, Abbild oder Reflexion, sozusagen Eins zu Eins erlebt. Assoziiert sind wir ganz in einem Erlebnis »drin«, wir erleben es »am eigenen Leibe«, sehen es »mit eigenen Augen«, hören es »mit eigenen Ohren« (siehe dissoziiert).

Arbeitshypothesen: sind Vorannahmen, unter denen eine bestimmte Arbeit begonnen bzw. durchgeführt wird. (Hyothese heißt wörtlich Vorannahme, Unterstellung; *hypo* = vor, unter.) Das Endergebnis muß jedoch noch unter anderen Kriterien geprüft werden, da die hypothetische Sicht der Dinge fraglich bleibt. Eine besondere Spielart der Arbeitshypothese, die sich am Ende nicht hinterfragt, ist die der *self fulfilling prophecy* (der selbsterfüllenden Prophezeiung). Diese Prophezeiung arbeitet ihrer Erfüllung zu.

Auditiv: heißt: das Hören betreffend. Menschen, deren Wahrnehmung überwiegend auditiv organisiert ist, sind besonders sensibel für Geräusche/Klänge/Töne, für Rhythmus/Tempo und Qualität einer Stimme (analog) und/oder für Sprache, also Worte, Sätze, Inhalt des Gesprochenen, auch für Reime, Metaphern und Mottos (digital). Typisch für uns Menschen ist der sogenannte innere Dialog, das andauernde »Geplapper« im Kopf, das gerne alles kommentiert. Bei dem auditiv-digitalen Typ ist der innere Kommentator besonders stark ausgebildet. Dieser Typ neigt dazu, jede Erfahrung in Sprache zu übersetzen, indem er sie kommentiert.

Augenbewegungsmuster (*Eye Accessing Cues*): sind Muster, die sich an Bewegungen und Stellungen der Augäpfel erkennen lassen. Sie deuten die Strategien der Informationsverarbeitung und Speicherung von Daten im Hirn an.

Auto-Pilot: heißt ein automatischer Mechanismus der Selbststeuerung. Im NLP bezeichnet es jene unbewußte Ausrichtung, die hinter allen vordergründigen Motiven dasjenige Motivationsmuster auffindet, das am meisten bewirkt. Der Auto-Pilot kann auch auf ein »Meta-Ziel« (das Ziel hinter den Zielen) eingestellt werden bzw. beim Auffinden des Meta-Problems (das Problem hinter dem Problem) helfen.

Axiome (abgeleitet aus dem altgriechischen Verb *axioein* = würdigen, verlangen und *axios* = würdig, wert; *aktios* = ein entsprechendes Gewicht habend, wichtig): heißt soviel wie: ohne Beweis anerkannter Grundsatz. Im NLP geht es um die Grundannahmen, die als Glaubenssätze oder, besser, als Arbeitshypothesen von jedem NLP-Anwender im Laufes seiner Praxis geprüft und durch eigene Erfahrungen verifiziert werden müssen.

Backtrack (engl.; wörtlich: zurückverfolgen, zurückgehen auf der gleichen Spur = *track*): bedeutet, sprachliche Aussagen wiederholen oder zusammenfassen, indem man Schlüsselwörter und den Tonfall des Gesprächspartners/Klienten benutzt (wörtliche Zitate).

Beliefs: sind Glaubenssätze, aber nicht im herkömmlichen Sinne innerhalb eines religiösen Systems. Es sind Vorannahmen, die wir unbewußt über die Welt und das Leben machen. *Beliefs* haben ihren Ursprung oft in dem Umfeld (Familie, Gesellschaft), in dem wir aufwachsen und dessen Glaubenssätze wir ungeprüft übernommen haben. Sie bestimmen unser Denken und Handeln, sie bilden die Basis unserer neurologischen Programme und liefern somit bedeutsame Motive. Sie sind die Basis unserer Motivation. *Beliefs* können sich verändern oder bewußt verändert werden.

Bewußtsein: geht laut neurologischer Definition aus den elektrochemischen Reaktionen der Hirnzellen hervor, die auf den Informationen aufbauen, die unsere Sinne als Reize aufgenommen haben. Wahrnehmung, Verstehen, Erfahrung, Erinnerung sind Bewußtseinsfunktionen, die sich wiederum mit Gedanken über Vergangenheit, Zukunft und Gegenwart verknüpfen und zu neuen Bewußtseinsergebnissen kommen. So formen sich Bewußtseinsinhalte aus. Denken ist der Prozeß der Organisation und Strukturierung, der sich auf die Bewußtseinsinhalte bezieht und sie weiterverarbeitet, verändert, manipuliert, meist ohne sich dessen bewußt zu sein. Denken entsteht durch Wahrnehmung, aber Wahrnehmung entsteht auch durch Denken – wir denken, was wir wahrnehmen (können/wollen/sollen).

Chaining (von engl. *chain* = Kette; also wörtlich Verkettung): ist eine Art der Prozeß-Instruktion, bei der jener Prozeß angeregt werden soll, der vom Negativen zum Positiven führt, und da dies unwillkürlich und unbewußt geschehen soll, in Form einer Art unbewußter Folgerung geschieht. *Chaining* beruht auf der Verknüpfung konditionierender Reflexe oder Lerninhalte, die stufenweise die Besserung (Optimierung) fortsetzen, bis das Ziel (Optimum) erreicht wird.

Change History: ist eine NLP-Technik, durch die eine Veränderung der persönlichen Geschichte bewirkt werden soll, vor allem wenn belastende, einschränkende oder traumatische Erlebnisse vorliegen. Dies ist möglich, da die Vergangenheit nicht »real«, sondern als innere Landkarte im Unbewußten gespeichert ist und eine veränderte Einstellung zur eigenen Vergangenheit das gegenwärtige Erleben ebenso wie das zukünftige Verhalten bestimmt.

Chunking: leitet sich ab von *chunk* = kleines Stückchen, wie etwa einer Karotte, die in Scheiben geschnitten wurde. Geht es um die Aufteilung einer Ganzheit (Karotte) in kleine Teile, spricht man von *chunking down*. Soll nicht das Detail im Vordergrund stehen, sondern ein Teil auf die übergeordnete Ganzheit hinweisen, spricht man von *chunking up*. *Chunking* ist verbunden mit einem Wechsel der logischen Ebene. Beim *chunking down* geht es um Konkretisierung, Spezifizierung (das Beispiel, das Besondere, das Detail); beim *chunking up* geht es um Abstraktion (das Allgemeine, der Oberbegriff). Wenn komplexe Inhalte oder komplexes Verhalten gelernt werden sollen, empfiehlt es sich, in kleinen Schritten vorzugehen, also *chunking down* einzusetzen. Wenn es darum geht, übergeordnete Zusammenhänge oder auch den Sinn hinter einer Absicht, einem Wunsch oder einem Ziel zu erfassen, also den Horizont zu erweitern, ist *chunking up* eine gute Methode. *Chunking down* heißt, daß man sich auf eine spezifischere und konkretere Ebene der Information begibt.

Coach (wörtlich: Kutscher): ist in dem Kontext der Beratung jener kompetente Begleiter innerer Such- und Entscheidungsprozesse, der dem Klienten einen souveränen Umgang mit Problemen, Konflikten, aber auch mit

Intuition und Kreativität ermöglicht. Der Coach analysiert nicht und erteilt auch keine Ratschläge, sondern stellt gezielt Fragen, die den Klienten anregen, von einem problemorientierten, ressourcearmen Zustand in einen Zustand der Zielorientierung und des Zugangs zu den eigenen Ressourcen überzuwechseln.

Dialektik: ist eine philosophische Ausrichtung und Arbeitsmethode, die von Georg Wilhelm Friedrich Hegel systematisiert wurde. Die Ausgangsposition (These) wird durch eine gegensätzliche Behauptung oder den Gegenpol des Denkens (Antithese) in Frage bzw. in ein Spannungsverhältnis gestellt, um so in der Synthese zu einer neuen Erkenntnis zu gelangen. Es ist nach Hegel die Weise des Geistes, »zu sich selbst zu kommen«.

Defokussierter Blick: Die Sehschärfe ist auf »unendlich« eingestellt (in Trance-Zuständen).

Dialog (vom altgriechischen *dia-legesthai* = sich unterreden): ist die einfachste wechselwirkende Beziehung, nämlich ein Austausch zwischen zwei Beteiligten, und vollzieht sich gewöhnlich auf sprachlicher Ebene. Es läßt sich jedoch auch auf anderen Ebenen kommunizieren, nämlich durch Körpersprache, durch Signale, die wir aussenden, durch bildliche Darstellungen, Symbole, Medien. Wie Watzlawick sagt: »Wir können nicht nicht kommunizieren.« Wir sind ständig im Dialog, und wenn nicht mit äußeren Partnern, dann mit dem eigenen Unbewußten. So gibt es den externen und den internen Dialog. Die dialogische Sichtweise in der systemischen Therapie wird von DeShazer charakterisiert als etwas, das das Dazwischen beachtet – die Bedeutung einer Botschaft ist nicht ausschließlich durch das Senden (Sprechen) oder Empfangen (Hören) bestimmt, sondern entsteht dazwischen. Zum Dialog gehören aus systemischer Sicht immer drei Elemente: Sender, Empfänger und das Umfeld (Kontext/Medium), in dem sich die Kommunikation abspielt. (*dia-legesthai* könnte auch verstanden werden als ein Reden/Schreiben/Lesen, das sich im Dazwischen – *dia* – vollzieht.)

Dissoziiert: bedeutet: sich in einem Zustand des Abgetrenntseins zu befinden. Dissoziieren ist eine NLP-Technik, bei der bewußt aus dem assoziierten Zustand ausgestiegen wird, um Abstand vom Erleben zu gewinnen und um sich selbst von außen zu betrachten. Der direkte Kontakt zum Geschehen ist also unterbrochen, es wird nicht »hautnah und am eigenen Leibe«, sondern aus der Ferne erlebt, manchmal sogar, als hätte es nichts mit einem selbst zu tun. Dissoziierung kann als Schutz vor überwältigenden Erfahrungen gelernt werden und dient zur Vermeidung von Schmerz. Es ist auch eine wichtige Fähigkeit, abstrahieren und sich auf die Position des neutralen, unbeteiligten Beobachters zurückziehen zu können (Meta-Ebene). Dissoziiert sind wir »nicht ganz da«, d. h. nicht mit der ganzen Persönlichkeit anwesend, wir sehen uns von außen, hören uns sprechen etc. Umgangssprachliche Metaphern für den dissoziierten Zustand sind: »ausgestiegen«, »ausgeklinkt«, »draußen«.

Divergentes Denken (*lateral thinking* – ein Begriff von Edward de Bono): bezeichnet die Fähigkeit, Dinge aus einer neuen, ungewohnten Perspektive zu betrachten . »Divergent« verweist auf die kreative (synthetisierende, nicht-analytische) nicht kausal-lineare Weise des Denkens, wie sie von der rechten Hirnhälfte praktiziert wird, im Unterschied zum logischen folgerichtigen Denken der linken Hemisphäre.

Dritte Position (siehe Wahrnehmungspositionen): vermittelt die Perspektive eines unvoreingenommenen und unparteiischen Beobachters, der dem beobachteten Prozeß gegenüber jedoch wohlwollend aufgeschlossen ist. Durch seine emotionale Beteiligung

(Wohlwollen, Wertschätzung, Empathie) hat er Zugang zu wichtigen Informationen, die den Prozeß ebenso wie die Beteiligten betreffen. Dies ist die Position, die ein Therapeut oder Supervisor einnimmt. Sie wird auch 1. Meta-Position genannt.

DNS (Desoxyribonukleinsäure): Ein Begriff aus der Biochemie. Er kann als Metapher für die entscheidende Auswirkung des Zusammenwirkens von Elementen stehen, denn in der DNS sind alle Erbinformationen des Menschen gespeichert, wobei sie sich aus nur 6 Elementen zusammensetzt, die für sich genommen »leblose« chemische Verbindungen sind. DNS wird als Metapher für holistische (d.h. ganzheitliche) Systeme verwendet, da alle Teile nur durch ihr Zusammenwirken funktionieren.

Double-Bind (Doppelbindung): ist ein Begriff, der von Gregory Bateson geprägt und von Watzlawick weiterentwickelt wurde. Er bezeichnet eine Kommunikationsform, die widersprüchlich ist, wenn z.B. jemand etwas sagt, durch seine Körpersprache aber das Gegenteil ausdrückt.

Downtime: leichter Trancezustand, wie er im Alltag häufig vorkommt und in dem die Aufmerkamkeit nach innen, auf die eigenen Gedanken und Gefühle gerichtet ist. Es ist ein Zustand verminderter Aufnahmefähigkeit, der sich störend oder behindernd auswirken kann. Metaphern dafür sind: »unter einer Glasglocke«, »benebelt«, »Brett vorm Kopf«.

Emergenz: ist ein Begriff aus dem Konnektivismus (der Lehre von den angemessenen Verbindungen, wobei es sich zunächst um neuronale Verbindungen im Gehirn handelt), der bedeutet, daß bei Bildung eines Netzwerkes innerhalb eines kooperierenden Systems gewisse Eigenschaften und Phänomene spontan in Erscheinung treten (emergieren). Es braucht also weder einen externen Antreiber (z.B. den Willen) noch eine zentrale Verarbeitungseinheit (z.B. das willensgesteuerte Ich-Bewußtsein). Emergenz ist eine Eigenschaft, die sich aus den Wechselwirkungen innerhalb eines Prozesses ergibt und nur durch das Zusammenwirken aller Beteiligten entsteht.

Entre-deux (aus dem französischen, wörtlich: Zwischen-Zwei): ist ein Begriff des Phänomenologen Merleau-Ponty, mit dem ein Mittlerer Weg beschrieben wird. Gemeint ist der Zwischenbereich, der sich in der Phänomenologie als Alternative zur strengen Subjekt-Objekt-Spaltung bietet: Die Welt ist unabtrennbar vom Subjekt, von einem Subjekt jedoch, das selbst nichts anderes ist als ein Entwurf der Welt, und das Subjekt ist untrennbar von der Welt, doch von einer Welt, die es selbst entwirft. Dieser Zusammenhang der Wechselwirkung ist die Basis der Kognitionswissenschaften und eines systemischen Denkens. In der Therapie entwickelt sich das systemische Konzept des Zwischen-Bewußten.

Endlosschleife: ist eine *Test-Operate-Test-Exit*-Schleife, die nicht zu einem Ergebnis führt, sondern ausweglos immer um sich selbst kreist (circulus viciosus, Teufelskreis).

Epistemologie (Erkenntnistheorie, ein Zweig der Kognitionswissenschaften): befaßt sich mit der Frage, wie oder woher wir wissen, was wir wissen.

Erste Position: ist eine der Wahrnehmungspositionen und vermittelt die Perspektive aus dem eigenen Ich-Erleben. Sie gibt das Gefühl, einen eigenen Standpunkt zu haben und von dort aus die Situation zu erleben, zu deuten und zu beurteilen.

Feedback: ist ein Begriff aus der Kybernetik und bedeutet Rücksteuerung oder Rückmeldung. Es bezeichnet einen Mechanismus der Aussteuerung, über den ein System verfügt, um Informationen über Störungen, die das systembedingende Gleichgewicht gefährden, so zu vernetzen, daß als Reaktion auf diese Informationen Regelungen getroffen werden, die das Gleichgewicht wiederherstellen. Im Kontext menschlicher Kommunikation wird Feedback als Rückmeldung übersetzt und ist jenes Element, das über Gleichgewicht/Ordnung oder Ungleichgewicht/Störung informiert. Durch solche Informationen sind wir bewußt oder unbewußt im Austausch mit unserer Umwelt und unseren Lebensbedingungen im weitesten Sinn. Feedback ist bei Lernprozessen von größter Wichtigkeit, da erst durch Feedback Selbstorganisation möglich wird. Je besser ich informiert bin, desto besser kann ich lernen und lernend eine optimale Lösung von Problemen der Anpassung finden.

Feedback-Referenz: heißt: sich auf Feedback beziehen. Dabei kann dieses Feedback durch eigene Kriterien bestimmt sein (Eigenreferenz) oder von der Beurteilung anderer abhängen (Fremdreferenz). Die Eigenreferenz wird dann zur Selbstreferenz, wenn viele Feedback-Schleifen das eigene Feedback immer wieder reflektieren. Selbstreferenz setzt also die Fähigkeit zur Reflexion voraus. Selbstreferentielle Systeme sind Systeme, die sich auf sich selbst beziehen.

Feedbackschleife *(loop):* ist ein Kreislauf (Regelkreis), der durch Feedback bestimmt ist.

Flexibilität (wörtlich: Biegsamkeit): wird oft in der Metapher des Bambusrohrs, das dem Sturm nachgibt, abgebildet. Es ist eine wichtige Anpassungsleistung, die in der Natur von selbst geschieht. Beim Menschen ist es die Fähigkeit, entsprechend den Verhältnissen unter einer Auswahl von Verhaltensmöglichkeiten die für ihn beste zu wählen. Die Bandbreite von Möglichkeiten (Optionen) erhöht die Chance, sich flexibel und damit angemessen verhalten zu können.

Fragen: sind im NLP wichtige Werkzeuge, sowohl um innere Suchprozesse auszulösen und in Trance zu führen als auch den Fokus des Bewußtseins auszurichten und zu lenken. Fragen können *Pacing* und *Leading* induzieren und dienen der Informationsgewinnung. Wer fragt, sitzt am Hebel der Wahrheitsfindung. Fragen wirken suggestiv, insofern sie als sprachliche Aussagen eine bestimmte Wirklichkeit (innere Landkarte) bestimmen.

Fraktal: ist ein Begriff aus der Chaostheorie und eine Metapher für kleinste Teile, die das Große spiegeln und alle Informationen enthalten.

Fremdgefühle: sind Gefühle, die wir von jemand anderem übernommen haben. Besonders in der systemischen Familientherapie können Fremdgefühle als wertvolle Informationen Wichtiges über den Zusammenhalt des Gesamtgefüges aussagen.

Future-Pace (wörtlich: der Schritt in die Zukunft): bedeutet, sich bewußt auf eine Zukunft einzustellen, die zunächst nur als Möglichkeit in der Imagination existiert: der Brückenschlag oder Schritt in die Zukunft, das mentale Erproben einer erwünschten Situation soll sicherstellen, daß das gewünschte Verhalten auf natürliche Weise und automatisch eintreten wird. Diese Reise in die Zukunft ist außerdem unerläßlich, wenn die Konsequenzen einer die Zukunft betreffenden Intervention getestet werden sollen (siehe Öko-Check).

Gewißheit: ist das, was für ein Indivdiuum eine absolute Tatsache geworden ist. Im allgemeinen bedarf es mehrerer Verifikationen, um Wissen als Erfahrung von Wirklichkeit (und nicht Täuschung) gelten zu lassen. Erst wenn diese Überprüfungen abgeschlossen sind, kann das Wissen in die Gesamtperspektive integriert werden.

Glaubenssatz/Glaube *(belief):* sind geistig-emotionale Haltungen, in denen Gewißheiten und Ungewißheiten sich je nach ihrer Dichte und Beständigkeit mischen.

Glaubenssysteme *(belief-system):* sind Systeme, die Glaubenssätze integrieren und zu einer übergeordneten, abgeschlossenen Einheit zusammenfügen. Je mehr Menschen sich bestimmten Glaubenssystemen anschließen und diese durch ihr Mitdenken aufrechterhalten, desto mächtiger werden sie.

Hemisphären-Synchronisation: ist eine Synchronisation der beiden Gehirnhälften, die unterschiedliche Funktionen haben und erst in ihrer Synthese synergetische Ergebnisse erzielen.

Identität: bezieht sich im NLP auf unseren Sinn dafür, wer wir sind, und stellt eine der logischen Ebenen dar. Unser Identitätssinn organisiert unsere Glaubenssätze, Fähigkeiten und Verhaltensweisen zu einem einzigen System.

Ideomotorische Bewegungen: sind kleine, unwillkürliche Bewegungen des Körpers. Sie können als Ausdruck von und Hinweis auf unbewußte Prozesse gedeutet werden. Sie treten meist auf, wenn Zwischenergebnisse im Prozeß der unbewußten Informationsverarbeitung auftauchen, bevor diese sich als Körpergefühl oder als Emotion melden.

Impasse (engl. = Sackgasse): meint im psychotherapeutischen Kontext (z.B. in der systemischen Familientherapie) den Punkt, an dem Verwirrung entsteht und der Klient nicht mehr weiter weiß.

Implizit und explizit: bezeichnen den Modus der Informationsvermittlung durch verbale Formulierung (siehe Meta-Modell/Tiefen- und Oberflächenstruktur). Explizit (wörtlich: erklärt) heißt: die Information wird ausdrücklich vermittelt. Implizit (wörtlich: eingeschlossen) heißt: angedeutet. Das Verständnis wird als selbstverständlich vorausgesetzt.

Imprints: sind prägende Erfahrungen und Schlüsselerlebnisse. Sie beeinflussen unser Erleben und damit unsere Reaktionen und unser Verhalten noch lange nach dem Ursprungserlebnis. Sie bestimmen die Wahrnehmungsfilter und Meta-Programme, also das Modell der Welt, in dem sich ein Mensch seine Wirklichkeit abbildet.

Information (aus dem Lateinischen *in-formare* = prägen, bilden, eine Form geben): ist eine Nachricht, Botschaft, Auskunft oder Belehrung. Jedes Feedback ist eine wertvolle Information.

Informationsverlust: tritt bei sprachlicher Informationsvermittlung zwangsläufig auf, weil Sprache nicht dazu geeignet ist, Information in ihrem ganzen Inhalt übertragen zu können. Das liegt an der Struktur der Sprache selbst. Mit dem Meta-Modell wird im NLP die fehlende Information durch Fragen eingeholt.

Innere Landkarte: ist eine Metapher für das Modell der Welt, in dem ein Mensch sich sein Bild von der Wirklichkeit macht.

Innerer Dialog: läuft auf dem digital-auditiven Sinneskanal intern ab, meist unbemerkt und kontinuierlich. In vielen Meditationspraktiken geht es darum, dieses innere »Radio« abzustellen. Man spricht auch oft von einem inneren Kontrolleur, Kritiker oder Kommentator, weil die innere Stimme in vielen Fällen Kommentare – meist der kritischen, nörgelnden, unzufriedenen oder sonstwie störenden Art – abgibt. Der innere Kommentator kann zu einem inneren Beobachter und Zeugen umgemodelt werden, indem er die Funktion erhält, Wachsamkeit zu üben. So können sich andere Teile der Persönlichkeit ungestört anderen Funktionen zuwenden.

Installieren: bedeutet, eine Vorrichtung, eine Anlage oder ähnliches anschließen, einrichten, einbauen. Im NLP spricht man von Ressourcen, Programmen, Mustern und Modellen, die installiert, d.h. zugänglich bzw. verfügbar und nutzbar gemacht werden.

Integration: wird im NLP vor allem als Prozeß der Integration von dissoziierten Teilen der Persönlichkeit, von dissoziierten Physiologien und als Rebalancierung von Erfahrungen bezeichnet. Das Ankerverschmelzen ist eine besondere NLP-Technik, Integration herbeizuführen.

Interferenz: bezeichnet im NLP Hindernisse. Nach Dilts gibt es sieben Arten von Interferenzen, die sich zwischen die Person und ihr Ziel stellen können: 1. Konfusion (es fehlt an Klarheit über das Ziel), 2. Festgefahrensein (es fehlt an Überblick), 3. Katastrophen-Bewußtsein (alte Traumata wirken in die gegenwärtige Lebenseinstellung hinein), 4. Unangemessene Kriterien (Vergleich mit anderen, Fremdreferenz), 5. Inkongruenz (durch unbewußte Bindungen und Verpflichtungen, durch Sekundärgewinn), 6. Teufelskreise durch festgefahrene Verhaltensweisen (kalibrierte Schleifen) und 7. Zweifel, die das Selbstvertrauen untergraben (negative Glaubenssätze).

Interpersonell (oder intersubjektiv): ist ein Vorgang, der sich zwischen Personen (oder Subjekten) abspielt.

Intervention: bezeichnet im NLP einen Eingriff, der von außen erfolgt (durch den Therapeuten, Coach, Berater) und das Verändern psychischer Strukturen bezweckt. Die meisten Interventionen beziehen sich auf eingefahrene Gewohnheiten, die unterbrochen werden sollen, um neue Verhaltensformen zu ermöglichen (Muster-Unterbrechung). Interventionen sollten allerdings nur bei gutem Rapport und aufgrund einer Vereinbarung vorgenommen werden, da sie sonst als Unverständnis, Verletzung, Kontaktabbruch und Schock erlebt werden können. Man kann sich selbst bestimmte Interventionen »verschreiben«. Eine besonders effektive Selbstverschreibung ist das Stop, das einen innehalten läßt, wenn die Macht der Gewohnheit wieder die Alltagstrance bewirkt.

Intention: wird im deutschen NLP mit Absicht übersetzt. Die *Core-Intention* ist die Kernabsicht. Varela definiert Intention als absichtsvolles Tun: »Die Intention ist ein außerordentlich wichtiger Prozeß, welcher bewirkt, daß das Bewußtsein mit seinen mentalen Faktoren von Moment zu Moment aktiviert und gestützt wird. Intention ist die Weise, auf die sich die Neigung zu absichtsvollem Tun in jedem Moment manifestiert, weshalb manche Schulen der meditativen Achtsamkeitsübung dazu auffordern, die Aktivitäten so zu verlangsamen, daß die Intentionen, die den Handlungen vorausgehen, bewußt werden können.« Varela fährt fort: »Aus dem Ichgefühl heraus zu tun, was man möchte, also absichtsvolles Tun zu realisieren, gilt in dem System der Achtsamkeitsübung, der meditativen Sammlung und Selbstfindung jedoch als das unfreiste Handeln, denn es ist durch Zyklen der Konditionierung an die Vergangenheit gekettet. Es führt in Zukunft zu weiterer Versklavung durch Gewöhnung und Gewohnheitsmuster. Zunehmend freier zu werden, bedeutet, nicht durch Anhaften und egoistische Willensakte konditioniert zu sein, sondern sich der Bedingungen (Konditionierungen) und besonderen Möglichkeiten einer Situation gewahr, und zu einem in diesem Sinne uneingeschränkten Handeln fähig zu werden. Diese Offenheit und Sensitivität umfaßt nicht nur die unmittelbare Sphäre der eigenen Wahrnehmung. Sie befähigen auch dazu, andere zu respektieren und mitfühlende Einsicht zu entwickeln.« (aus: Der Mittlere Weg der Erkenntnis, S. 171)

Intrapersonell (oder intrasubjektiv): ist ein Vorgang, der sich in einer Person (oder in einem Subjekt, im subjektiven Erleben) selbst abspielt.

Interventionsmuster oder -format: bezeichnet im NLP die Reihenfolge verschiedener Interventionsschritte.

Intuition: leitet sich ab vom lateinischen *intueri* = hinein-schauen. Intutio wird im Mittelalter aus dem Latein als »unmittelbare Anschauung« übersetzt. Intuition heißt nicht »irgend so ein Gefühl«, das auf persönlichen Projektionen, Verzerrungen und Phantasien beruht, sondern bezeichnet (vor allem im NLP) einen kognitiven Vorgang, also einen Vorgang des Erkennens, wenngleich dies ohne langwierige Überlegungen geschieht und sich spontan, mit einem Mal, als ein einziges Bild oder als eine gesamtheitliche Einsicht, präsentiert. (Deshalb die Vorstellung, es handle sich um eine »Eingebung«.) Im NLP kann Intuition gezielt geübt werden, indem die »Weisheit des Unbewußten« beauftragt wird, alle schon vorhandenen Informationen zu verarbeiten, die fehlenden Informationen zu beschaffen, indem die dazu nötigen Ressourcen organisiert werden, so daß diese komplexen Vorgänge sich unter der Bewußtseinsschwelle abspielen können, ohne daß das Ich mit seiner rationalen Logik und dem gesunden Menschenverstand dazwischenfunkt. Natürlich gehört zu einem Intuitionstraining auch die Reinigung der Wahrnehmung, damit diese soweit wie möglich nicht durch die persönlichen Filter der Selektion beeinflußt wird.

Kalibrierte Schleifen: sind unbewußte Kommunikationsmuster, bei denen in einer fortlaufenden Interaktion Verhaltenshinweise eines Menschen spezifische Reaktionen eines anderen Menschen auslösen. Es sind also Muster, die sich eingeschliffen haben und für die ein ganz bestimmtes Verhalten, bestimmte ideomotorische Bewegungen und Physiologien typisch sind. Sie wirken als Reize, die eine typische Reaktion hervorrufen. Besonders in langen Partner- und Paarbeziehungen bilden sich gerne solche Teufelskreise, wobei das unbewußte Verhaltensmuster des einen eine unbewußte Reaktion des anderen hervorruft und die weitere Entwicklung von Kontakt und Kommunikation (wieder) in eine (negative) Richtung geht, ohne daß es einen aktuellen Anlaß dafür gäbe und ohne daß es beiden bewußt wäre, wie es (wieder) dazu kommen konnte.

Kinästhetisch: heißt: bezogen auf den kinästhetischen Sinneskanal, der verschiedene Gefühle vermitteln kann, nämlich: taktile (durch äußere Berührung), proprio-rezeptive, viszerale (durch Wahrnehmung von inneren Vorgängen und Bewegungen bedingte) und emotionale (Gemütsbewegungen, Stimmungen, Beweggründe). Außerdem wird noch der Gleichgewichtssinn dazugerechnet, der für die Orientierung eines Menschen im Raum verantwortlich ist.

Konditionieren: ist möglich durch die Tatsache, daß ein Stimulus (Reiz) sich mit einer spezifischen Reaktion verbindet. Lernen durch Konditionierung vollzieht sich unbewußt, da aufgrund der Wiederholung desselben Reizes automatisch dieselbe Reaktion erfolgt.

Kongruenz: besteht dann, wenn alle inneren Glaubenssätze, Strategien und Verhaltensweisen vollständig in Übereinstimmung und daraufhin orientiert sind, ein erwünschtes Ziel zu erreichen. Man spricht von der Kongruenz eines Menschen, wenn seine Ausstrahlung darauf schließen läßt, daß er mit sich eins ist.

Kontakt (wörtlich: Berührung): ist insbesondere als sozialer Kontakt bedeutungsgebend im Leben eines Menschen – so sieht es zumindest der soziale Konstruktionismus. »Mit zunehmendem sozialem Kontakt nehmen wir die anderen sozusagen in uns auf. Wir nehmen einzelne Abschnitte und Teile ihres Lebens mit uns mit. Tatsächlich werden wir in zunehmendem Maße von anderen Menschen 'besetzt'. Jeder von uns wird zunehmend eine bunte Mischung von Potentialen, wobei jedes Potential eine oder mehrere Beziehungen, auf die wir uns einlassen, darstellt. Bedeutungsgebung besteht in einem

Prozeß ständiger Entfaltung, ist niemals festgelegt und immer abhängig von der Form des gemeinsamen Tanzes. Wir schaffen durch soziale Kontakte gemeinsam die Realität, aber es ist immer eine Realität ohne Anker, immer offen für eine Umwandlung – in der nächsten Konversation. Es ist niemals ganz klar, welches Spiel wir spielen.« (Ken Gergen, Übersetzung englischer Texte über Konstruktionismus)

Kontext: nennt man den Rahmen, in dem sich ein bestimmtes Geschehen ereignet. Dieser Rahmen entscheidet oft darüber, wie eine bestimmte Erfahrung oder ein Ereignis interpretiert wird. Kontext ist wörtlich genommen der Zusammenhang, innerhalb dessen ein Text Sinn macht, er ist der Rahmen einer sprachlichen Einheit, außerdem der inhaltliche Gedanken- und Sinnzusammenhang, in dem eine Äußerung steht. Dies schließt den Sach- und Situationszusammenhang ein, innerhalb dessen eine Äußerung verstanden werden soll.

Kriterien (von *kriterion* = der Unterschied): sind im NLP die Werte und Standards, die ein Mensch benutzt, um Entscheidungen zu treffen und Urteile zu fällen.

Leading (wörtlich: leiten, führen): bedeutet das Verändern des eigenen Verhaltens, um durch *Pacing* (Folgen) einen guten Rapport (Verbindung) herzustellen und dann erst unmerklich die Führung zu übernehmen, ohne daß dem anderen dies bewußt wird. *Leading* ist im NLP nicht ohne *Pacing* (wörtlich: in den gleichen Schritt verfallen, den Gleichschritt hervorrufen), also nicht ohne Einfühlung und Angleichung an den anderen möglich.

Lead System (Leitsystem): Das Repräsentationssystem, in dem jemand vorwiegend seine wahrgenommenen Informationen abspeichert und wieder abrufen kann. Manche Menschen erinnern sich vorwiegend an Bilder, andere an Sätze, wieder andere an Körperempfindungen – je nach ihrem Leitsystem.

Lerntypen (nach Myers-Briggs): unterscheiden sich in ihrer Lernmotivation. Manche lernen, weil sie das Warum interessiert (Diskussion der Ursachen, Auswirkungen), andere interessiert das Was (Bedürfnis nach detaillierten Informationen, Darstellungen, Literaturangaben, Hinweise auf weitere Möglichkeiten der Vertiefung des Wissens), das Wie (Orientierung an Praxis und Prozeß des Vorgehens, Vorliebe für Experimente, Übungen, eigene Erfahrung) oder das Wofür (Orientierung am übergeordneten Sinn und Zweck, am Nutzen).

Matching (anpassen, angleichen): ist das gekonnte Übernehmen bestimmter Verhaltensweisen eines anderen Menschen, z. B. des Atemrhythmus, der Sprachmelodie, der Klangfarbe der Stimme und des Sprechtempos, bestimmter Gesten, der Haltung oder des Gesichtsausdrucks. Durch diese Angleichung wird die Möglichkeit von Rapport hergestellt. Ein *Mismatch* hingegen ist ein augenscheinlicher Kontrast, der disharmonisch sowohl auf die Betroffenen als auch auf die Beobachter wirkt. Das *Mismatching* kann aber auch bewußt als Musterunterbrechung oder Kontaktabbruch eingesetzt werden (siehe *Mismatching*).

Meta-Ebene: abgeleitet von dem Präfix *meta* (altgriechisch) = dahinter liegend, bedeutet eine Wahrnehmungsposition, die es erlaubt, etwas mit innerlichem Abstand und von außen zu sehen. Die Meta-Ebene ist die Ebene, die sich hinter der Ebene assoziierten Erlebens bzw. Handelns für den eröffnet, der einen Schritt zurücktritt und das Geschehen aus einer anderen (distanzierten) Perspektive betrachtet. Beispiel: Der Maler tritt einen Schritt zurück, um sein Bild zu betrachten. Es gibt die 1. Meta-Position (der Beobachter ist bewußt und aktiv am Prozeß beteiligt. Er »partizipiert«, daher wird diese Beobachtung partizipierende Beobachtung genannt) und die 2. Meta-Position, von der aus sich eine scheinbare Neutralität der Nicht-Partizipation und »Objektivität« ergibt. Beispiel: Der Kunsthändler besucht den Maler im Atelier und betrachtet das Bild, das eben entsteht. Er ist bei der Entstehung des Bildes nicht beteiligt und beurteilt es ohne eigenes Interesse »objektiv«. Im NLP wird aus dem Bewußtsein heraus gehandelt, daß alles Erleben immer subjektiv bzw. intersubjektiv ist, es also keine Objektivität in diesem Sinne gibt.

Meta-Gefühle: werden innere Zustände genannt, die nicht aufgrund einer emotionalen Reaktion, sondern durch das Nachdenken über diese, z.B. durch Einsicht und willentliche Entscheidung zustande kommen – Mut, Gelassenheit, Dankbarkeit, Versöhnung, Demut, Bescheidenheit, Mitgefühl. Es ist in der NLP-Arbeit deshalb wichtig, Emotionen als Körpergefühle von Meta-Gefühlen als kognitive Produktionen zu unterscheiden. Meta-Gefühle können natürlich auch »negative« Interpretationen von Körpergefühlen sein und Glaubenssätze bilden bzw. bestätigen. Beispiel: Erregung wird als berechtigte Wut gedeutet und führt zur Rache.

Meta-Cognition (engl.): Wissen über die Entstehungsbedingungen von Wissen; zusätzlich zu einer Fähigkeit gibt es das Wissen darüber, wie diese Fähigkeit anderen beigebracht werden kann.

Meta-Outcome: Das Ergebnis, das sich aus einem vorhergehenden Ergebnis ergibt. Oft wird *outcome* (Ergebnis) mit Ziel gleichgesetzt, so daß es um das Ziel geht, das hinter dem Ziel steht. Beispiel: Jemand hat das Ziel, eine Prüfung zu bestehen, um eine bestimmte Stelle zu bekommen. Das eigentliche Ziel ist nicht das Bestehen der Prüfung, sondern die Anstellung. Diese Art von Zielvorstellung kann sich aber von der Kernabsicht insofern unterscheiden, als das Ergebnis rational berechnet wird, die Intention hingegen auf Emotionen und Gefühlen des Hingezogenseins beruhen kann. Intentionen gehen den Handlungsimpulsen voraus. Das Meta-Outcome hingegen ist das, was unter dem Strich als Ergebnis eines bestimmten Verhaltens herauskommt, sich also als Konsequenz ergibt.

Meta-Response: ist die Reaktion auf eine (vergangene) Reaktion. Beispiel: Ich erlebe Glück. Dieses Glück wird getrübt durch den Gedanken, daß auf Glück wieder Leid folgen könnte. Diese Reaktion auf die Erinnerung an ein vergangenes Erlebnis (leidvolle Reaktion) verleidet mir das (jetzige) Glück. *Meta-Response* wird auch das Reden über ein Gefühl genannt, statt es zu spüren.

Meta-Modell: Ein von Bandler und Grinder entwickeltes Modell, das Sprachmuster identifiziert, die die Bedeutung von Mitteilungen vernebeln, und zwar durch Verzerrung, Tilgung und Generalisierung. Das Modell bietet einen Fragenkatalog an, mit dem die Oberflächenstruktur sprachlicher Aussagen durch Spezifizierung hinterfragt und so die Informationen, die in die Tiefenstruktur eingebunden sind, explizit gemacht werden können.

Meta-Programme: gehören zu der Art der geistigen Informationsverarbeitung und sind Programme, die darüber entscheiden, wie wir unsere Erfahrungen sortieren *(sorting styles)*.

Metapher (wörtlich: Abbild, oder das Bild hinter *(meta)* dem Bild): ist ein Ausdruck, der im NLP für eine Art der mentalen Verarbeitung steht. Dabei wird die Ebene des unmittelbaren Erlebens verlassen und auf eine andere Ebene gegangen, auf der das Thema in Form von Parabeln, Vergleichen, Symbolen und Geschichten behandelt wird.

Mismatching: ist das bewußte Unterbrechen von Rapport in einer Kommunikationssituation, um dem Geschehen eine neue Richtung zu geben bzw. es zu beenden oder zu unterbrechen.

Modell der Welt: ist die Gesamtsumme aller Verhaltensregeln und Leitlinien des Handelns eines Individuums.

Modell (engl. *model*): ist nicht nur ein Beispiel, von dem man lernen kann, sondern auch die Beschreibung, wie etwas Bestimmtes funktioniert. Das schließt nicht ein, daß man wissen muß, wieso es funktioniert. Ein Modell kann auch ein Abbild im Sinne einer Landkarte sein.

Modellieren (engl. *modeling*): ist das Lernen am Beispiel; im NLP wird das Modellieren als Strategie angewandt, um herauszufinden, wie jemand etwas macht. Dabei wird die Reihenfolge internaler Repräsentationen und Verhaltensweisen auf der Mikro- wie auch der Makro-Ebene elizitiert, die Aufschluß darüber geben, wie etwa z. B. eine Aufgabe bewältigt, eine Leistung vollbracht, eine Ressource aktiviert oder eine Fähigkeit genutzt wird. Wenn die Komponenten der Strategie (Glaubenssätze, Verhaltensschritte, äußere Bedingungen etc.) erkannt werden, ist es möglich, fremdes Verhalten nachzuvollziehen bzw. selbst auszuführen. *Modeling* heißt im NLP der Prozeß des Beobachtens und Abbildens (mapping) der erfolgreichen Verhaltensweisen anderer Menschen. Viele Techniken des NLP beruhen auf dem Modellieren erfolgreicher Therapeuten.

Moment of Excellence (engl. = ein Augenblick von außerordentlichem Glücksgefühl oder von einer außerordentlichen Leistung, von einem Spitzenerlebnis – engl. *peak experience*): bezeichnet einen Augenblick, in dem ein Mensch in einem äußerst ressourcevollen Zustand ist. Durch eine gleichnamige Übung ist es möglich, einen solchen wünschenswerten Zustand kontrolliert herbeizurufen, indem Ressourcen aktiviert und geankert werden.

MultiMind: ist eine von Robert Ornstein entwickelte Theorie, um die Fähigkeit einer normal funktionierenden Persönlichkeit herauszufinden. Im Gegensatz zu einer multiplen Persönlichkeit, bei der eine Person von verschiedenen Teilpersönlichkeiten besetzt, geradezu besessen ist, oft ohne daß die Teile voneinander wissen oder in Beziehung zueinander stehen, ist der »MultiMind« (wörtlich Viel-Geist, entsprechend den zwei oder mehr Seelen in der Brust) in der Lage, viele verschiedene Teile zu integrieren und auch bei bewußten bzw. unbewußten Konflikten sich als Bewußtsein nicht aufzulösen (siehe Teile-Modell).

Mythos: wird im Kontext der narrativen Psychologie als jene verbale Äußerung gehandhabt, die die persönliche Identität oder auch die übergeordnete Zugehörigkeit als Glaubenssystem installiert. Der Mythos (wörtlich: Wort, Rede, Erzählung, Fabel, Sage) kann aber auch als Geschenk des Unbewußten an das Bewußtsein behandelt und genutzt werden, um ähnlich wie in Symbolen und Metaphern Informationen in komprimierter Form zu vermitteln. Ein gemeinsamer Mythos kann ein Team untereinander verbinden. Auch die Persönlichkeit des einzelnen kann gestärkt werden, wenn er für sich einen Mythos entwickeln kann. Beispiel: Ein Mensch macht die Erfahrung, eine schwierige Situation bewältigt zu haben. Daraus zieht er den Schluß, daß dies öfter bzw. immer wieder möglich ist. Er entwickelt einen Heldenmythos, in dem er selbst der Protagonist ist.

Negation: ist eine verbal ausgedrückte Verneinung, der die sprachliche Formulierung von »nicht«, »kein«, »nie«, »ohne« und dem Präfix »un-« entspricht. Negationen sind Abstraktionen, die vom Unbewußten nicht verstanden werden. Der Wunsch »nie wieder zu rauchen« kommt im Unbewußten als Bild »rauchen« an. Die Abstraktion »nie wieder« muß vom Bewußtsein nachträglich hinzugefügt werden, etwa als Durchstreichung, wie bei einem Verbotsschild. In einem wohlgeformten Ziel sollten deshalb keine Negationen vorkommen, um das Unbewußte eindeutig zu informieren.

No-State: ist ein Zustand der Ablehnung und Verschlossenheit.

Öko-Check: Auch wenn das Bewußtsein sich für eine positive Veränderung entschieden hat, mag es sein, daß einige unbewußte Persönlichkeitsanteile die Innovation bekämpfen, weil jeder Mensch, ebenso wie jedes Team und jede funktionierende Organisation, ein selbsterhaltendes System verkörpert. Veränderung, vor allem radikale Veränderung (Transformation) bedeutet zunächst Ungleichgewicht. Die Herausforderung besteht darin, durch Integration aller Teile des Systems eine neue Integrität zu schaffen, die wieder in sich eine Ordnung und ein neues Gleichgewicht darstellt. Der Öko-Check testet die neue Ordnung auf ihre Verträglichkeit hin – ist sie auf das Umfeld und den Lebenszusammenhang der Person abgestimmt? Ist sie wirklich zum Wohl aller Beteiligten? Ist sie auch auf den (zukünftigen) Kontext bezogen (siehe Future-Pace)? Die neue Ordnung muß nicht erst realisiert werden, um getestet werden zu können. Auch ein Ziel, ein Wunsch, eine Lösung kann darauf getestet werden, wie sich ihre Realisation auswirkt. Der Öko-Check ist ein äußerst wichtiger Bestandteil aller Veränderungsstrategien. Nur so wird Stabilität und Kontinuität des Systems garantiert.

Olfaktorisch: Das Riechen und den Geruchssinn betreffend.

One-Trial-Learning: Lernen, das durch eine einmalige Erfahrung erfolgt (z. B. eine phobische Reaktion).

Overlapping: bezeichnet die Überführung von einem Repräsentationssystem in das andere, d. h. wenn sich der Klient bislang im visuellem Sinneskanal aufgehalten hat, wird ihm durch die auditiv-orientierte oder kinästhetische Sprache des Coaches eine Erweiterung seiner Wahrnehmungsbreite angeboten, die ihn mitunter auch verwirren kann.

Overload (wörtlich: überladen): bezeichnet die wissenschaftlich erforschte Tatsache, daß unsere Wahrnehmung nur sehr wenige Reize, nämlich zwischen 2 und 7, gleichzeitig aufnehmen und verarbeiten kann. Überladung/Überflutung wird jener Zustand genannt, in dem die Wahrnehmung nicht fähig ist, wie gewohnt durch die Wahrnehmungsfilter auszuwählen, und das System der Verarbeitung zusammenbricht. Dieser Zustand kann gezielt ausgelöst werden und führt in Trance.

Pacing (von engl. *pace* = Schritt): bezeichnet ein Verhalten, in dem ein Lebewesen sich einem anderen angleicht, seine eigenen Schwingungen in Resonanz mit den fremden oder neuen in Einklang bringt. So wird Resonanz und Harmonie erzeugt, wobei dies unbewußt oder bewußt geschehen kann. Im NLP ist das *Pacing* mit der Technik des *Leadings*, des Führens, verbunden. Das *Pacing* sollte allerdings sehr subtil und dezent geschehen, weil eine allzu offensichtliche Angleichung auch mißverstanden und das Gegenteil, nämlich Mißtrauen und Distanzierung bewirken kann. *Pacing*, im Gegensatz zum *Matching*, verlangt einen auf längere Zeit aufrechterhaltenen Rapport, um die Wirkung voll entfalten zu lassen. So erst entsteht ein Kontinuum, eine Atmosphäre der Resonanz.

Paradox: widersinnig, Widerspruch; (abgeleitet aus dem griechischen = unerwartet, sonderbar, gebildet aus dem Präfix *para* = gegen/neben und *doxa* = Meinung) bezeichnet in der klassischen Logik das Verhältnis zweier Aussagen, die sich gegenseitig ausschließen, weil nicht beide gleichzeitig wahr sein können. In der systemischen Therapie wird der Tatsache Rechnung getragen, daß offenbar psychische Wirklichkeit paradox strukturiert ist, weil sie sich zwischen unvereinbar erscheinenden Polen oder Gegensätzen abspielt. Unsere Sprache und damit unser Denken ist nicht nur durch Unterschiede, sondern auch durch Gegensätze geprägt, so daß ständig Paradoxe entstehen müssen. Dazu bemerkt Gregory Bateson, daß es eine schlechte Naturgeschichte wäre, von den geistigen Prozessen und menschlichen Kommunikationsgewohnheiten zu erwarten, daß sie dem Ideal der Logikers entsprechen. (Geist und Natur)

Parental-Time-Line: ist die Zeitlinie, die sich über Generationen erstreckt. Es wird damit gearbeitet, wenn negative Glaubenssätze über Generationen in einer Familie weitergegeben wurden und nun verändert werden sollen.

Parts Party (entwickelt von der amerikanischen Familientherapeutin Virginia Satir, im deutschen NLP auch als Teile-Modell bezeichnet): ist eine Technik, die alle Teilpersönlichkeiten der Person anspricht und sie zu einer Party (oder auch Konferenz) einlädt. Das Ziel ist, durch Kontaktaufnahme, Verhandlung der diversen Intentionen und Interessen Aussöhnung und Integration zu bewirken.

Peripherer Blick: ist ein defokussierter Blick, oft auch »Panorama-Blick/Rundum-Blick/360-Grad-Blick« genannt. Wenn ich mit »weichen Augen« schaue, erschließt sich mir ein viel größeres Blickfeld, wobei ich auch Dinge und Bewegungen am Rande des Blickfeldes wahrnehmen kann. Diese Fähigkeit haben z.B. Insekten, deshalb wird von Insekten-Augen-Blick gesprochen. Der periphere Blick stellt sich spontan bei Trance-Zuständen ein, in denen der Mensch leicht abwesend aussieht, so als würde er durch sein Gegenüber hindurchschauen. Gleichzeitig aber ist die Aufnahmefähigkeit erhöht. Der periphere Blick kann bewußt geübt werden und wirkt sich äußerst entspannend auf die Augenmuskeln und damit positiv auf die Sehstärke aus.

Personal Power: ist die Überzeugungskraft eines Menschen aufgrund seiner persönlichen kongruenten Ausstrahlung.

Phobie (von altgriech. *phobos* = Angst): ist eine besondere Form der heftigen Angst, wobei ein bestimmter angstauslösender Reiz fest mit einer Angstreaktion gekoppelt ist. Die phobische Konditionierung ist ein Beispiel des one-trial-learning: eine einzige Erfahrung genügt, um das Reiz-Reaktions-Muster fest zu installieren.

Phobietechniken: stellen im NLP therapeutische Interventionen dar, mittels derer die Konditionierung durch Entkoppelung von Reiz und Reaktion aufgehoben werden soll. Insbesondere der visuelle Reiz soll von der kinästhetischen Reaktion entkoppelt werden. Deshalb wird kurz von der V/K-Dissoziation gesprochen.

Physiologie (nicht zu verwechseln mit Physiognomie): wird im NLP ein körperlicher Zustand genannt, wobei es verschiedene Physiologien gibt, die sich klar von einander unterschieden, je nachdem, in welchem Zustand ein Mensch ist. Physiologie ist eine von außen erkennbare gesamtkörperliche Reaktion, die vor allem Vorgänge des Organismus betrifft (Haltung/Gesten gehören zur Körpersprache). Das schließt ein: Veränderung von Hautfarbe, Spannungszustand der Haut, Muskeltonus, Atemfrequenz, minimale Muskeleinstellungen, ideomotorische Minimalbewegungen.

Polarity-Response (siehe *Meta-Response*): ist eine inhaltliche Umkehrung eines vorhergehenden Schrittes einer Strategie. Jemand denkt an etwas, was Lust bereitet hat, und fühlt die Lust, seine innere Stimme sagt jedoch: »So viel Lust kann man nur einmal empfinden« – die Lust vergeht daraufhin.

Polarity-Response kann auch heißen: über etwas reden, und dabei etwas anderes fühlen.

Positive Absicht: ist jene ursprüngliche Absicht, auf die sich jede Verhaltensweise, jedes Symptom und jeder Widerstand zurückführen läßt. In der Technik des Kontext-*Reframing* wird dazu das aktuelle (unerwünschte) Verhalten (das Symptom, der Widerstand, die Blockade) von der zunächst hypothetisch angenommenen »positiven Absicht« getrennt. Die Hypothese der positiven Absicht, die hinter jedem noch so störenden oder sogar »bösen« Verhalten steht, besagt entsprechend den Grundannahmen des NLP, daß jedes Verhalten zur Zeit seiner Entstehung die bestmögliche und intelligenteste Lösung war, die sich damals für den Menschen bot. Eine weitere Grundannahme besagt, daß ein Mensch ein Verhalten »verbessern« wird, sobald er die Möglichkeit »besserer«, d.h. adäquaterer Lösungen angeboten bekommt.

Präsenz: ist ein Zustand des Gegenwärtigseins, in dem die volle geistige Aufmerksamkeit im Hier und Jetzt eine große Flexibilität und Weite sowohl im Erleben als auch im Verhalten ermöglicht, da sich die Person aller vorhandenen Wahlmöglichkeiten bewußt ist bzw. Zugang zu ihnen hat.

Pragmatische Paradoxien (Begriff von Watzlawick in Ableitung von der Double-Bind-Theorie nach Bateson): sind Widersprüche, die zur menschlichen Existenz gehören und in deren Spannungsfeld ein Mensch sich verwirklicht. Der Trieb oder Wille zum Überleben oder zur Selbstbewahrung tritt beispielsweise in Widerspruch mit der Notwendigkeit oder Sehnsucht nach Hingabe an einen größeren Zusammenhang. Pragmatische Paradoxien sind Widersprüche, in die ein Bewußtsein geraten kann, wenn es sich zwischen zwei gleich starken, aber gegenseitig ausschließenden Gegensätzen befindet. Entscheidung wird unmöglich, insofern als beides gleich gut oder gleich schlecht ist, und kein Unterschied gemacht werden kann. In dieser unerträglichen Spannung entstehen Alternativen, die irgendwann zu einer Entscheidung führen, deren Wirkung sich jedoch erst erweisen muß. Watzlawick zitiert C.G. Jung, der das Heraustreten aus einer paradox verstrickten Beziehungsstruktur (Selbstbewahrung versus Hingabe) als eine transzendente Funktion bezeichnet, die im Aushalten der energiegeladenen Spannung zwischen zwei gegensätzlichen Polen ein lebendiges Drittes erzeugt.

Programm: heißt im NLP ein System von einem oder mehreren neuronalen Schaltkreisen, die die Aufgabe haben, Befindlichkeiten und Verhaltensweisen zu steuern.

Programmieren: heißt: mit einem systematischen Plan oder einer Liste von Instruktionen ein System in die Lage versetzen, ein Problem nach diesen Anweisungen zu bearbeiten.

Projektion: bezeichnet eine psychische Funktion, in der die innere Landkarte auf die Realität übertragen wird. Resultat: die innere Realität wird mit der äußeren verwechselt.

Prozeßinstruktionen: sind Instruktionen, die einen Prozeß (der Neuprogrammierung, Neuorganisation, Veränderungsarbeit) betreffen. Sie sollten möglichst klar, eindeutig und nicht in Frageform gegeben werden, um das Unbewußte optimal zu erreichen. Die Wirkung der Instruktionen ist von der inneren Einstellung der instruierenden Person abhängig. Sie muß glauben, daß die Erfüllung durch die Person, an die die Instruktion gerichtet ist, möglich ist. Im Konstruktivismus (z.B. bei Heinz von Foerster) geht es um die Entscheidung für einen solchen Glauben, der die Konstruktion eines gemeinsamen Prozesses ermöglicht. Beispiel: Ein guter Lehrer hält es für möglich, daß seine Schüler etwas lernen und schließlich sogar mehr wissen als er selbst.

Prozeß-orientiert: heißt eine Therapie oder Vorgehensweise, wenn das Wie (die formale Struktur des Prozesses/des Procedere) stärker betont wird als das Was (die Inhalte und Themen). Prozeß-orientierte Therapien betonen auch die Tatsache, daß alles Lebendige nie festgelegt und ein für allemal abgeschlossen, also perfektioniert werden kann bzw. soll. Ebenso wird die Bedeutungsgebung immer wieder neu formuliert. Dadurch wird »Etikettierung« (z.B. durch eine Diagnose dem Patienten ein Etikett verpassen) als ein Nebeneffekt von Verdinglichung (der Prozeß des Krankseins wird zum Ding »Krankheit«) vermieden.

Psychogeografie: Mit Raum- und Boden-Ankern werden innere Programme nach außen gebracht und als »Orte« (Markierung durch Zettel) ausgelegt, so daß sich eine Abbildung der inneren Landschaft im äußeren Raum ergibt. Durch diese Veräußerungen wird es möglich, die inneren Zustände zu verankern und zu orten, und somit im wahrsten Sinne des Wortes zu erörtern.

Rapport: wird der Kommunikationsfluß zwischen Persönlichkeitsanteilen (internal) oder Gesprächspartnern (external) genannt. Rapport läßt sich durch den Prozeß des Kalibrierens (wörtlich: Eichen) erreichen, bei dem sich zwei Menschen aufeinander abstimmen bzw. aufeinander einschwingen. Im Alltag geschieht das Kalibrieren ganz natürlich und unwillkürlich.

Raum-Anker (oder Boden-Anker): werden durch Gegenstände auf dem Boden oder im Raum markiert, z.B. durch Stühle, Kissen, Steine oder Zettel. Sie helfen, die Landkarte der Psychogeografie im Übungsraum abzubilden und, im wörtlichen Sinne, begehbar, also mit allen Sinnen erfahrbar zu machen.

Realitätstunnel: bezeichnet die Tatsache, daß jeder Mensch seine eigene Welt als Modell im Kopf hat, wobei bestimmte Gruppen, die sich durch Gemeinsamkeiten gebildet haben, einen Realitätstunnel teilen, während sie sich von anderen unterscheiden. Man könnte auch von Weltbildern sprechen, die durch Wahrnehmungsfilter bestimmt sind.

Referenzsystem: ist das System (siehe Repräsentationssystem), in dem jemand testet, ob eine abgerufene Information wahr ist oder nicht. Deshalb ist es wichtig, das Referenzsystem eines Menschen zu kennen, den man überzeugen will bzw. dessen Vertrauen man gewinnen möchte.

Reframing (wörtlich: Neurahmung, von engl. *frame* = Rahmen, im Deutschen übersetzt als Umdeuten): bezeichnet den Prozeß eines Bedeutungswandels, der kontrolliert oder unwillkürlich hervorgerufen werden kann. Dabei wird die ursprüngliche Bedeutung, die auf der vegetativen, unbewußten Ebene als Repräsentation abgespeichert worden war, durch eine andere, neue und positiv besetzte Repräsentation ersetzt. Der alte Inhalt ist der gleiche, aber er »erscheint in einem neuen Licht«. Witze bedienen sich häufig des Rahmenwechsels.

Regression (wörtlich: Rückschreiten): kann einerseits Rückfall (in schon überwundene Entwicklungsphasen), andererseits bewußtes Zurückgehen in die Vergangenheit bedeuten.

Re-Imprinting: ist eine NLP-Technik, mit der negative Erfahrungen und Prägungen *(imprints)* geheilt, also neu organisiert werden können.

Reinheit (des Zustandes/der Sinne): Ein Zustand wird dann als rein bezeichnet, wenn er nicht von den Repräsentationen anderer Zustände überlagert ist. So kann der Zustand der Freude durch eine andere begleitende Erinnerung oder Assoziation getrübt werden. Sinneskanäle können durch Wahrnehmungsübungen gereinigt werden, um eine ungetrübte und frische Erlebensweise zu ermöglichen.

Repräsentation: geschieht durch innere Bilder, Töne und Gefühle, die, unbewußt oder bewußt, die Welt in einem Modell der inneren Landkarte abbilden und dadurch sowohl das Erleben als auch das Verhalten einer Person beeinflussen.

Repräsentationssysteme: sind durch die fünf Sinnesmodalitäten, die der Mensch zur externen Wahrnehmung und zur internen Weiterverarbeitung verwendet, bedingt. Zu den fünf sinnesspezifischen Repräsentationssystemen kommt noch die Oberflächenstruktur der Sprache hinzu.

Resonanz (wörtlich: Widerklang): bezeichnet in der Physik das Phänomen, wenn Frequenzen von anregender und angeregter Schwingung in einem harmonischen Verhältnis zueinander sind. In diesem Zustand ist eine optimale Wechselwirkung zwischen Systemen möglich. Deshalb wird der Begriff als Metapher für das Harmonieren in zwischenmenschlichen Beziehungen gebraucht. Ist man auf die Eigenfrequenz des anderen eingestimmt, so ist es leicht, Harmonie zu erzielen, d.h. im Gleichklang zu schwingen. Wichtig ist, daß im Zustand der Resonanz eine starke Rückkoppelung zum anregenden System (Berater, Lehrer, Führungskraft, Erzieher) besteht, d.h. daß alle Bemühungen, die das anregende System in Richtung Resonanz unternimmt, allen Betroffenen zur Resonanz verhilft.

Response: ist eine Antwort in Form einer Reaktion. Das *stimulus-response*-Muster entspricht dem Reiz-Reaktions-Modell aus der Verhaltenstherapie. *Responsible = Response-able* (engl. = verantwortlich) heißt wörtlich: fähig zu reagieren.

Requisitenvielfalt: bedeutet im NLP die wichtige Fähigkeit, flexibel verschiedene Mittel einsetzen und die Ebenen oder Systeme der Interventionen wechseln zu können.

Ressourcen (wörtlich: Kraftquellen): heißen im NLP diejenigen Hilfsmittel, die zur Erreichung von Zielen und zur Befriedigung von Wünschen nötig sind. Oft sind Ressourcen schon vorhanden, aber noch nicht bewußt. Das können Informationen, Einsichten, aber auch schlummernde Fähigkeiten oder bisher nicht genutzte Potentiale sein. Manchmal müssen aber Ressourcen auch eingeholt werden, z.B. in Form von Informationen oder Verhaltensweisen, die gelernt werden können. Ein ressourcevoller Zustand bedeutet im NLP ein Zustand, in dem der Klient sich seines Wertes und seines Potentials ebenso wie seiner Entwicklungsmöglichkeiten bewußt ist. Dies ist die beste Voraussetzung und Ausgangslage für Veränderungsarbeit.

Ritual: ist eine bedeutungsgeladene Handlungssequenz mit Symbolcharakter. Je nach dem Kontext, in dem die Handlung sich vollzieht – dem religiösen, sozialen oder therapeutischen –, wird durch das Ritual der Übergang in eine neue Daseinsform der oder des Beteiligten verwirklicht. Es geht also um die Inszenierung transformativer Vorgänge und Durchgänge. Die *rites of passage* sind Rituale besonderer Art, die den Übergang von einer Altersstufe in die nächste gestalten. Im NLP können wir die Übungen auch zu Ritualen umfunktionieren und damit den Wert ihrer Aussage, ihre Wirksamkeit erhöhen.

Scanning: ist eine Methode der Untersuchung durch den Scanner – ein Gerät, das mit einem Licht- oder Elektronenstrahl ein Objekt (z.B. den menschlichen Körper) punktmäßig »abtastet« und als Information erfaßt. Scanning ist allgemein eine Art des minutiösen Abfragens und Erfassens von Informationen. Man spricht z.B. in Körpertherapien von Body-Scan als einer Erfassung von Informationen, die durch den Körper vermittelt werden.

Schnellschaltung (Klick-Technik nach Monroe, dem *Swish*-Muster ähnlich): ist eine Methode, das Bewußtsein des Menschen ohne räumlich-zeitliche Einschränkungen von einem Ort zum anderen zu bewegen. Das Bewußtsein wird wie ein Gummiband gedehnt, auf das Ziel gerichtet und dann losgelassen, so daß es dorthin schnellt, wohin sich das Bewußtsein richtet. Dadurch wird die neue Bewußtseinsstelle angeklickt.

S.C.O.R.E.: ist ein Veränderungsmodell von Robert Dilts und steht für: *Symptoms-Causes-Outcome-Ressources-Effects*. Diese Elemente sind das Minimum an Information, die für das Erfassen eines Problems und seiner möglichen Veränderung notwendig sind.

Separator (engl. *separate* = trennen): ist entweder ein plötzlicher Reiz oder eine bewußt eingesetzte Aktion bzw. Intervention der Unterbrechung zwischen zwei Situationen oder Zuständen. Durch einen Separator kann ich mich selbst (oder andere) aus einer Alltags-Trance herauslösen. Ein Separator wirkt als Musterunterbrechung, d.h. eine automatisch ablaufende Handlung wird unterbrochen. Der Lehrer klatscht in die Hände, um die schwätzenden Kinder darauf aufmerksam zu machen, daß der Unterricht beginnt.

Sekundärer Gewinn: ist jener versteckte Vorteil, der aus einem bestimmten Problemverhalten erwächst und das Problem aufrechterhält.

Shuttle Diplomacy: Diplomatie des Hin und Her, auch Köfferchen-Diplomatie genannt (durch Henry Kissinger bekannt geworden), bezeichnet im NLP den Vorgang, verschiedene, unter Umständen widersprüchliche Persönlichkeitsanteile miteinander verhandeln zu lassen.

States (wörtlich: Zustände): bezeichnen verschiedene Bewußtseinszustände mit ihren entsprechenden Physiologien, die im NLP beachtet bzw. eingesetzt werden. Dazu gehört der *Stuck-State* (festgefahren), der *Problem-State*, der *Separator-State* (im Hier und Jetzt, aus der Trance), der *Target-State* (Ziel) und der *Ressource-State*.

Strategien: sind hier nicht im militaristischen Sinne zu verstehen, sondern bezeichnen blitzschnelle und unbewußte Vorgehensweisen, die im Gehirn bei der Verarbeitung von Informationen ablaufen. Sie betreffen Prozesse des Denkens, Erinnerns, Bewertens und Auswertens und der Entscheidung (siehe Repräsentationssysteme). Das bewußte Denken verfügt lediglich über die Ergebnisse, die daraus erfolgen.

Submodalitäten (Abkürzung: SM): sind Subsysteme der Sinneskanäle (V.A.K.O.G). Das Gehirn nimmt nämlich innerhalb eines Sinnes kontinuierlich submodale Einstellungen vor, »dreht an den Schaltknöpfen und Reglern« entsprechend der Bedeutung, die das sinnlich vermittelte Erlebnis hat. Dies ist eine vegetative Aktivität, die unwillkürlich geschieht, die wir uns aber bewußt machen bzw. sogar steuern können. Veränderungen der submodalen Einstellungen können unwillkürlich und unbemerkt die Deutung und Einordnung eines Erlebnisses modifizieren.

Subselbst (oder Niederes Selbst, *Lower Self*): ist jener Teil des Unbewußten, der durch evolutionäre frühe Erfahrungen des gefährdeten Überlebens alles durch den Filter der Instinkte und Triebe sowohl wahrnimmt als auch speichert. Es wird deshalb auch animalisches Selbst oder Tier-Selbst genannt. Dieses Subselbst hat Zugang zu unseren tiefsten Wünschen und primären Bedürfnissen.

Synästhesien: sind Repräsentationen eines Erlebnisses in verschiedenen Sinneskanälen zugleich, wobei der sprachliche Ausdruck dies abbildet (z.B. Quietschrosa, schreiendes Gelb). Besonders intensive Erlebnisse werden synästhetisch gespeichert. Ebenso kann die Intensität des Erlebens bewußt erhöht werden, wenn alle Sinneskanäle gleichzeitig angesprochen sind. Dies ist besonders wichtig bei der Gestaltung von Festen, Ritualen und Zeremonien.

Syntax: bezeichnet, bezogen auf Sprache, die Art und Weise, in der in einem Satz sich einzelne Worte zu einem grammatisch korrekten Satz ordnen. Im NLP geht es um ein miteinander verbundenes und geordnetes System, wobei die Reihenfolge die Ordnung konstituiert. Geordnet werden internale und externale Ereignisse, die sich in einer bestimmten Weise aneinanderreihen.

Systemisch: ist eine Wortneubildung, nicht zu verwechseln mit systematisch! Systemisches Denken leitet sich ab von der Kybernetik und der Systemtheorie und bringt in einem System (z.B. einem gesellschaftlichen System wie in einer Familie) alles mit allem in Verbindung, wobei die komplexen zirkulären Wechselbeziehungen (d.h. Regelkreisläufe, die durch Feedback gesteuert sind) die einfachen Kausalitätsverhältnisse sprengen. Im systemischen Denken spielen die Gesetze der autonomen Selbstorganisation eines Systems eine entscheidende Rolle. Im therapeutischen Kontext wird diese Eigenschaft auf das Unbewußte und das Zwischenbewußte übertragen.

Tasking (von engl. *task* = Aufgabe): bezeichnet eine Technik, bei der dem Klienten eine Aufgabe gestellt bzw. »verschrieben« wird, die sein Verhaltensrepertoire erweitert, indem er etwas tut, was er sonst nie tun würde. Natürlich kann eine solche »Verschreibung« auch selbst initiiert sein und zur einer geistigen Übung werden.

Teile-Arbeit (siehe *Parts Party*): bezeichnet im NLP eine metaphorische Art, über unabhängige Verhaltensprogramme und -strategien zu sprechen bzw. mit ihnen zu arbeiten. Teile als persönliche Programme der Verarbeitung von Erfahrungen entwickeln oft eine Art Persönlichkeit oder Persona, die zu ihrem Erkennungsmerkmal wird. Teile haben wichtige Funktionen und sind für bestimmte Lebensbereiche zuständig.

Tiefen- und Oberflächenstruktur: ist die Eigenart sprachlicher Äußerung, nicht alle Informationen abzubilden, so daß auf der Oberfläche nur markante Signale erscheinen, während in der Tiefe eine Fülle unausgesprochener Informationen die Basis dazu bildet. Informationsvermittlung beruht auf Konsensus und setzt diesen gleichzeitig voraus. Mit dem Meta-Modell werden Fragen auf gezielte Weise so gestellt, daß das im verborgenen zugrundeliegende Wissen aufgedeckt werden kann. Diese Verständnisfragen sind für Prozesse der Klärung, Zielfindung, Entscheidung und Versöhnung unerläßlich.

Tilgung (engl. *deletion*): ist ein Vorgang des Ausblendens bzw. Löschens bestimmter Informationen, der unbewußt bei der Entstehung und Gestaltung der inneren Landkarte geschieht. Ich nehme nur wahr, was mich interessiert, worauf ich fixiert und fokussiert bin. Im Meta-Modell heben entsprechende Fragen die Tilgung auf. So wird zusätzliche Information (zurück)gewonnen.

Time-Line (wörtlich: Zeitlinie): ist eine Metapher, die die Abbildung der Zeit im Gehirn bzw. in der inneren Landkarte eines Menschen erfaßt. Erst durch die Abbildung von Zeit »haben« wir eine Vergangenheit und eine Zukunft und können beides in der Gegenwart integrieren. Zeitbewußtsein macht Lernen und Planen möglich. Auf der *Time-Line* ordnen wir Bilder, Geräusche, Gefühle, alle unsere Erfahrungen, die wir speichern, an. Die Anordnung ist individuell gestaltet (»*in-time*« und »*through-time*«).

T.O.T.E.: bedeutet *Test-Operate-Test-Exit* und ist als kybernetische Schleife ein selbststeuernder Regelkreis. Er beschreibt eine grundlegende Form der Strategie für verschiedene Verhaltensprogramme.

Tracking (engl. *track* = Spur): heißt: eine Spur oder Bahn, die die Reihenfolge eines strategischen Vorgehens ausmacht, zurückgehen, um herauszufinden, was bisher gemacht worden ist, wo die Person in ihrem Prozeß gerade steht und was der nächste Schritt sein könnte.

Trance (abgeleitet vom lateinischen Verb *transire* = hinübergehen): wurde früher als »schlafähnlicher Zustand« definiert, ebenso wie sich das Wort Hypnose ursprünglich von dem altgriechischen *hypnos* = Schlaf herleitet. Dadurch wird mit Trance die Nähe zum Tod und zum Ausschalten der bewußten Anteilnahme am Leben assoziiert. Im NLP ist Trance jener Zustand des Kontakts und der Kommunikation mit dem Unbewußten. Es ist unter Umständen ein fruchtbarer und lebensnotwendiger Zustand, in dem die kreativen Fähigkeiten und die Kräfte der Selbstheilung aktiviert werden. Trance-Zustände werden durch Hypnose bzw. Selbsthypnose gesteuert.

Transderivationale Suche: bezeichnet jenen inneren Prozeß des Durchsuchens der gespeicherten Erinnerungen und geistigen Repräsentationen, um die Referenzerfahrung zu finden, auf die sich ein derzeitiges Verhalten oder eine Reaktion bezieht, bzw. aus der sie entstanden ist.

Trauma (von altgriechisch Wunde): ist in der Medizin und Psychologie die fachsprachliche Bezeichnung für verletzende Erfahrungen, die eine starke seelische Erschütterung verbunden mit Schock hervorgerufen haben. Häufig bewirkt der Zensor zum Schutz der psychischen Integrität eine Ausblendung, Abspaltung und Verdrängung der traumatischen Erfahrung, die auf diese Weise gepuffert wird.

Tunnelvision: ist die durch Fokussierung verengte Sichtweise eines Menschen, der z. B. ganz auf ein Ziel konzentriert ist. Dabei werden Wahrnehmungen, die nicht unmittelbar mit dem Vorgang der Zielfindung oder Wunscherfüllung zu tun haben, ausgeblendet.

Unbewußt: ist alles, was zum gegenwärtigen Zeitpunkt nicht im Bewußtsein ist.

Das Unbewußte: wird im NLP anders beschrieben als etwa in dem psychodynamischen Persönlichkeitsmodell der freudianischen Schule. Im NLP ist das Unbewußte ein Hort des Wissens und der Weisheit, dort schlummern die Ressourcen und warten die Einsichten darauf, entdeckt und ins Bewußtsein geholt zu werden. Der Zugang zum Unbewußten (siehe Trance) ist eine wichtige Fähigkeit, die geschult werden kann. Das Unbewußte besteht aus verschiedenen Teilen, die früher als die »zwei Seelen in der Brust« (wie in Goethes Faust) beschrieben wurden. Alle Teile haben eine positive Absicht, auch wenn diese nicht immer für das Bewußtsein als solche erkennbar ist. Sie wird auch nicht im Verhalten direkt deutlich, denn das Verhalten kann durchaus der gegenwärtigen Situation, in der es auftritt, unangemessen und nicht das bestmögliche sein. Absicht und Verhalten müssen also nicht übereinstimmen, können aber angeglichen werden, indem das Bewußtsein neue, bessere Verhaltensformen vorschlägt und die alten, schlechteren dadurch ersetzt. Nur das Unbewußte hat die Macht, selbstregulierend und autonom (unwillkürlich) zu wirken, das Bewußtsein ist auf den Willen angewiesen und dadurch immer schon in der schwächeren Position. Das Unbewußte entwickelt eine Eigendynamik, die wir die Weisheit des Organismus nennen und die sich in den Selbstheilungskräften zeigt. Das Unbewußte ist immer ökologisch auf Ausgleich und Ausgewogenheit ausgerichtet.

Unbewußte Schleifen: gehören zur »Suchautomatik des Gehirns« (siehe transderivationale Suche).

Umbrella-Technik (von *umbrella* = Schirm): bezeichnet ein Vorgehen, das das Gemeinsame betont und verschiedene Aussagen unter einem Oberdach (Schirm) verbindet, also eine integrative Funktion hat. Im Management spricht man auch von *T-Shape* als der Form, die interdisziplinär verschiedene Wissensbereiche vereint.

Up-Time-Anker: ist ein Anker für den Hier- und Jetzt-Zustand, in dem sich die gesamte Aufmerksamkeit nach außen richten kann. *Down-Time* hingegen ist ein Zustand der Innengerichtetheit, der sich nicht für Aufgaben der Darstellung (Performance) eignet (abgelenkt, in Gedanken versunken, zerstreut).

Ursache-Wirkung-Bezug: ist eine Vorannahme, die eine bestimmte Aktion oder ein Verhalten einer Person in kausalen Zusammenhang mit dem von einer anderen Person erlebten inneren Zustand bringt, d.h. bedingt (X macht, daß Y ist. Beispiel: Du machst mich wahnsinnig).

Utilisieren (Eindeutschung von engl. *utilize* = gebrauchen, verwenden): bedeutet im NLP das Aufgreifen von Informationen, auch wenn sie stören, und das Einbinden in den gegebenen Kontext. Eine Technik der Utilisation ist das Reframing. Eine andere der Umgang mit Symptomen, die für unbewußte Persönlichkeitsanteile stehen.

V.A.K.O.G.: steht für Visuell-Auditiv-Kinästhetisch-Olfaktorisch-Gustatorisch und deutet die für das NLP typische Instrumentalisierung der sinnesspezifischen Wahrnehmungskanäle an.

Validieren (wörtlich: die Gültigkeit bestätigen): Validierte, d.h. als gültig anerkannte Informationen geben Sicherheit und schaffen die Basis für das Gefühl, angenommen zu werden. Die Wahrnehmungen anderer zu validieren (und nicht in Frage zu stellen, zu bezweifeln, verändern zu wollen und umzudeuten) ist eine äußerst effektive, wirksame Art, einen Mensch dort abzuholen, wo er gerade steht (siehe *Pacing*).

Variable: ist ein Begriff für mögliche Veränderungen, die durch Optionen, d.h. Auswahlmöglichkeiten, bedingt sind bzw. diese voraussetzen. Im Kontext der Veränderungen, die einem Menschen widerfahren können (in bezug auf Umwelt, Verhalten, Fähigkeiten, Glaubenssätze, Identität, Zugehörigkeit) sind Varibale diejenigen Faktoren, die eine Reaktion erzwingen und eine Veränderung einleiten können, wenn eine besondere Aufmerksamkeit sich dafür entwickelt hat, geeignete Reaktionen entworfen und durchgespielt wurden und entsprechende Optionen (»gute Karten, das As im Ärmel«) zur Verfügung stehen. Gewöhnlich werden Variable als Zufälle bezeichnet, wobei das Leben dem Zufall überlassen werden kann oder Variable als Momente der entscheidenden Weichenstellung erkannt und genutzt werden.

Verhandlungsmodell (siehe Konfliktmanagement): bezeichnet eine Interventionsstrategie, die widersprüchliche, sich einander ausschließende oder miteinander im Streit liegende (konfligierende) Teile der Persönlichkeit oder der beteiligten Parteien zur Integration und Aussöhnung führt. Die positiven Absichten, die hinter den konfligierenden Verhaltensmustern stehen, können dazu beitragen, Integration auf der Ebene des *Win-Win* (jeder der Beteiligten ist ein Gewinner, es gibt keine Verlierer) zu ermöglichen.

Versöhnung: hat mit Integration zu tun und erzeugt eine Physiologie der Entspannung. Versöhnung ist vor allem im Kontext der Familientherapie (Virginia Satir) und des Konfliktmanagements im weitesten Sinne wichtig. Versöhnung sollte am Ende eines bewußten oder unbewußten Integrationsprozesses stehen, um die »Gestalt« abzuschließen.

Verzerrung (engl. *distortion*): gehört zu den Gestaltungsprozessen bei der Erstellung der inneren Landkarte. Der Realitätstunnel bestimmt mein Weltbild, und ich nehme nur wahr, was ich wahrhaben will (selektive Wahrnehmung). Im sprachlichen Verhalten (siehe Meta-Modell) drückt sich Verzerrung durch Vorannahmen und Vorurteile aus, z. B. in Form von Glaubenssätzen, Sprichworten und Zitaten. Verzerrung ist allerdings auch ein kreativer Gestaltungsprozeß, ohne den kein individueller Stil, keine Kunst entstehen könnte. Es geht hier vor allem um den richtigen bzw. bewußten Einsatz der Weltgestaltung durch Verzerrung, um nicht als Störung oder Behinderung den Austausch mit der Umwelt zu irrtieren.

Visuell: betrifft den Sinneskanal des Sehens und die optisch vermittelte Wahrnehmung. Beim visuellen Typ sind die inneren Daten in visueller Form (Bilder, Filme, Wunschbilder, Visionen) sortiert und über visuelle Prozeßworte repräsentiert ebenso wie zugänglich.

Vipassana: ist eine Meditationstechnik, die heute in der Theravada-Tradition des Buddhismus angewandt wird, die aber auch vielen Menschen aus dem Westen als Einstieg in die geistige Disziplin der Meditation dient. Ihr Ziel ist es, den Geist zu beruhigen und Einsicht zu wecken, und dies geschieht, indem der Geist sich selbst dabei beobachtet, wie er ständig neue Objekte im Wechsel produziert, um sich beschäftigen zu können. Im Dazwischen eröffnet sich die Leere, die von dem Zyklus der Konditionierungen befreit. Durch Achtsamkeit kann der Meditierende die Impulse erkennen, die wie Kitt die Verkettung von Denken und Erleben (Leiden) bzw. Handeln gewährleisten.

Vorannahmen: sind Glaubenssätze, die bewußt oder unbewußt das Verhalten einer Person beeinflussen. Sie werden linguistisch definiert als Sätze, die einen oder mehrere andere Sätze als wahr voraussetzen, damit sie selbst sinnvoll sind.

Walt-Disney-Technik: bezeichnet im NLP eine kreative Vorgehensweise, die mit Hilfe von drei kooperierenden Teilen (der Träumer, der Denker/Kritiker und der Handelnde) systematisch Fähigkeiten entwickelt. Diese Technik geht zurück auf Walt Disney, der in drei separaten Räume arbeitete und so eine gegenseitige Störung der »inneren Abteilungen« verhinderte. Unnötig zu sagen, daß Walt Disney durch seine grenzenlose Kreativität und durch seinen millionenschweren Erfolg beeindruckt.

Wahlmöglichkeiten: sollen durch NLP-Techniken erweitert werden, so daß sich die Umweltvariablen (z.B. Sachzwänge) in Entscheidungsvariablen (Optionen) verwandeln können. Heinz von Foersters konstruktivistischer Imperativ: »Handle stets so, daß mehrere Wahlmöglichkeiten entstehen.« (Mitschrift eines Seminars)

Wahrnehmung: geschieht über die Sinne (V.A.K.O.G.). Wir nehmen allerdings die Welt nicht direkt und unmittelbar wahr, sondern projizieren unsere innere Landkarte auf die aktuellen Sinneseindrücke. Die Wahrnehmung innerhalb der alltäglichen Bewußtseinszustände ist also immer schon vermittelt, auch wenn sie noch so unvermittelt auf uns einzuwirken scheint.

Wahrnehmungsfilter (siehe Meta-Programme): sind individuell geprägte Arten, selektiv wahrzunehmen und so die Wahrnehmung schon im voraus auszusortieren (*sorting styles*). Sie sind gegeben durch individuelle Prägungen (*imprints*), durch Erfahrungen, Vorstellungen, Vorurteile, Meinungen, Ideen, Glaubens- und Sprachmuster, durch alles, was das persönliche Modell von Wirklichkeit und Welt formt.

Wahrnehmungskanäle siehe V.A.K.O.G oder Sinneskanäle

Wahrnehmungsposition: ist die Betrachtungsweise oder der Standpunkt, den das Subjekt zu einem anderen Subjekt oder einem Objekt oder einer Situation einnimmt. Die 1. Position entspricht der ich-zentrierten

Wahrnehmung, die 2. Position der Einfühlung in den anderen, die 3. Position kann entweder (assoziiert, d.h. identifiziert) von einem (involvierten, engagierten, beteiligten) Wir-Gefühl ausgehen, einen wohlwollenden Beobachter (des Prozesses) bedeuten oder auch eine Position in der Meta-Ebene andeuten. Die 4. Position ist eine neutrale, interesselose Betrachtungsweise von der Meta-Ebene aus (Beispiel: zufälliger Augenzeuge).

Wahrnehmungstypen (siehe V.A.K.O.G.): Man unterscheidet drei Wahrnehmungstypen: der visuelle, der auditive und der kinästhetische Typ. Der visuelle Typ zeichnet sich oft durch Ästhetik aus, der auditive Typ durch Nüchternheit, vor allem wenn er sprachbezogen, also begrifflich Informationen verarbeitet (auditiv-digital), und der kinästhetische Typ achtet auf das körperliche Wohlgefühl.

Win-Win-Modell: heißt ein Modell, das aus dem Konflikt-Management stammt. In ihm gibt es nur Gewinner und keine Verlierer, d.h. in der Konfliktbewältigung wird ein Ergebnis angestrebt, bei dem alle Beteiligten profitieren. Dies heißt nicht, sich auf einen (faulen) Kompromiß zu einigen, sondern so lange innere Suchprozesse zu durchlaufen und von der kreativen Weisheit des Unbewußten Gebrauch zu machen, bis sich eine Lösung findet, die allen entgegenkommt.

Wohlgeformt (engl. *wellformed*): bezieht sich im NLP auf die Formulierung von Zielen, die mit Hilfe von verschiedenen Methoden (z.B. Meta-Modell) herausgearbeitet wird. Ähnlich wie beim Problem kommt es auch beim Ziel auf eine präzise Definition an (siehe »Die Kunst des Wünschens« von Thies Stahl). Wohlgeformte Ziele (statt emotional überladenen Sehnsüchten, nebulösen Visionen und unerfüllbaren Wünschen) sind wichtig im Leben, da sie eine starke Sogwirkung entwickeln, indem sie unbewußte Kräfte aktivieren.

Yes-Set: ist eine bejahende Stimmung, die ich durch gezieltes Fragen hervorrufen kann. Die Fragen sind so gestellt, daß sie bejaht werden müssen. Häufig sind es Aussagen, die der allgemeinen Wahrnehmung entsprechen, auch Allerweltwahrheiten oder Allgemeinplätze. Man kann nur dazu nicken, ideomotorische Bewegungen zeigen an, ob der Rapport hergestellt wurde (siehe *Pacing*). Nach einer Abfolge von solchen Fragen kann das *Leading* einsetzen, indem ich eine suggestive Frage oder Aussage anfüge, die auf das Ziel ausgerichtet ist.

Yes-State: ist ein Zustand, in dem ich ja sage, erkennbar durch eine Physiologie der Anerkennung, Offenheit, Bereitschaft, etwas anzunehmen.

Zeit: kann als ein in sich geschlossenes System betrachtet werden, wobei Vergangenheit, Gegenwart und Zukunft in einer Wechselwirkung zueinander stehen. Wenn ich mein Bild von der Zukunft verändere, verändert sich die Art und Weise, wie meine Vergangenheit auf mich in der Gegenwart einwirkt. Wenn ich das Bild meiner Vergangenheit verändere, ändert sich mein Zukunftsbild und ebenfalls mein Zustand in der Gegenwart.

Zensor: hat Wächter-Funktion und beachtet unter allen Umständen die persönliche Ökologie. Er läßt deshalb bestimmte Inhalte nicht ins Bewußtsein, wenn nur so die persönliche Integrität gewahrt werden kann. Erst wenn die Persönlichkeit bereit und belastbar ist, auch mit Konfliktstoff oder einer Reizüberflutung umgehen zu können, läßt der Zensor bestimmte Informationen vom Unbewußten, in dem sie gespeichert sind, ins Bewußtsein aufsteigen.

Ziel: Nicht nur der Weg ist das Ziel, sondern auch umgekehrt: das Ziel ist der Weg, insofern als Zielfindung schon den halben Weg auf der Suche nach der Lösung beinhaltet. Kriterien für ein »wohlgeformtes« Ziel klären im Vorfeld ab, worin die eigentliche Aufgabe besteht, und leiten den Prozeß der Lösung ein. Bedingungen für die Wohlgeformtheit sind: 1. das Ziel muß positiv formuliert sein, 2. das Ziel muß aufgrund sinnlich wahrnehmbarer Evidenzen definiert und evaluiert werden können, 3. das Ziel muß von einem Menschen durch seine eigenen Aktionen (eigeninitiativ) erreicht und aufrechterhalten werden können (also nicht durch höhere Mächte bestimmt oder vom Zufall abhängig sein), 4. das Ziel muß so beschaffen sein, daß die gute Absicht hinter dem unerwünschten Verhalten, das ersetzt werden soll, erhalten bleibt (Intentionserhaltung) und 5. das Ziel muß so kontextualisiert werden, daß es ökologisch ist (siehe Öko-Check).

Ziele verzahnen (*dove tailing*): heißt das Verfahren des Verbindens und Aufeinander-Abstimmens unterschiedlicher Ziele, durch das Lösungen optimiert werden. Das ist die Basis von *Win-Win*-Verhandlungen.

Zirkuläres Fragen: ist eine Art des Fragens, die als Methode der Informationsbeschaffung im Rahmen der systemischen Familientherapie verwandt wird. Dabei wird davon ausgegangen, daß alle Beteiligten in einem Beziehungssystem »Bescheid wissen«, jeder auf seine Art. Alle Perspektiven zusammengenommen ergeben ein gesamtheitliches Bild, das wie ein Hologramm strukturiert ist. Durch zirkuläres Fragen werden die Familienmitglieder angeregt, in Wechselbezügen und Mustern der Wechselwirkung zu denken, die das eigene Wissen und Verhalten in den großen Rahmen des gemeinsamen Beziehungszusammenhangs stellen. Zirkuläres Fragen ist eine geistige Disziplin, die sich auf andere Systeme übertragen läßt, besonders auch auf die Persönlichkeit, die im Teile-Modell als ein System für sich gedacht wird, wobei die Persönlichkeitsanteile die Teilhaber oder Teilnehmer sind. Zirkuläres Fragen kann auch dahingehend angewendet werden, die Zeit mit ihren Unterteilungen von Vergangenheit, Gegenwart und Zukunft als ein System zu sehen, innerhalb dessen Wechselwirkungen bestehen. (z.B. Was werden Sie morgen über das Heute denken, wenn sich Ihre Einstellung zu dem, was damals passierte, jetzt verändern sollte?)

Zitate: sind linguistische Muster, in denen eine Botschaft unpersönlich und anonym ausgedrückt wird, als sei sie von jemand anderem, der zitiert wird.

Zurück in die Zukunft: ist nicht nur ein Slogan für Science-Fiction-Filme, sondern beruht auf der Tatsache, daß in der Abbildung von Wirklichkeit im Gehirn nicht unterschieden werden kann, was wir für gewöhnlich als äußere objektive Wirklichkeit erachten und was wir phantasiert oder geträumt haben. Die Unterscheidung wird erst durch Denken ermittelt, ebenso die Unterscheidung zwischen Vergangenheit und Zukunft. Zunächst existiert Kausalität nicht – sie wird hinzugedacht. Bewußtsein jedoch entsteht zunächst durch Spuren, die auf elektrochemischen Veränderungen in der Hirnrinde beruhen und die als Reize weitergeleitet werden. Wie die Reize verarbeitet werden, hängt davon ab, in welches Modell der Wirklichkeit das Ergebnis der Informationsverarbeitung passen soll. Mit Hilfe von Selbstdisziplin kann also zunächst die innere Wirklichkeit und dann das äußere Verhalten (als Reaktion auf die selbstgeschaffenen Reize) verändert werden. Wir können lernen, unsere Zukunft selbst zu bestimmen, indem wir lernen, unsere eigene Wirklichkeit gemäß unseren Wünschen und Zielen zu gestalten.

Zustand (engl.: *state):* bedeutet die Gesamtsumme aller neurologischen und körperlichen Prozesse in einem Individuum zu einem bestimmten Zeitpunkt. Das kann eine Körperbefindlichkeit, eine Stimmung und ein vorherrschendes Gefühl sein. All das beeinflußt unsere Fähigkeiten ebenso wie die Interpretationen von Erfahrungen.

Literatur

Alt, Jürgen August: Wenn Sinn knapp wird. Über das gelingende Leben in einer entzauberten Welt, Frankfurt a. M. 1997

Andreas, Connirae und Steve: Gewußt Wie, Paderborn 1993

Andreas, Connirae und Steve: Mit Herz und Verstand. NLP für alle Fälle, Paderborn 1997[3]

Andreas, Connirae und Steve: Der Weg zur inneren Quelle. Core-Transformation in der Praxis. Neue Dimensionen des NLP, Paderborn 1997[2]

Bandler, Richard / Grinder, John: Metasprache und Psychotherapie. Struktur der Magie, Band 1, Paderborn 1984[2]

Bandler, Richard: Time for a Change. Neue NLP-Techniken & Transformationen für die Zukunft, Paderborn 1995

Bandler, Richard: Unbändige Motivation. Angewandte Neurodynamik, Paderborn 1997

Bateson, Gregory: Geist und Natur. Eine notwendige Einheit, Frankfurt a. M. 1982

Besser-Siegmund, Cora / Siegmung, Harry: Coach Yourself. Persönlichkeitskultur für Führungskräfte, Düsseldorf 1991

Bloch, Ernst: Zwischenwelten in der Philosophiegeschichte. In: Leipziger Vorlesungen, Frankfurt a. M. 1977

Burr, Vivien: An Introduction to Social Constructionism, London 1995

Cameron-Bandler, Leslie / Gordon, David / Lebeau, Michael: Muster-Lösungen. Lösungsmuster für alltägliche Probleme, Paderborn 1997

Castaneda, Carlos: Das Feuer von innen, Frankfurt a. M. 1984

Chomsky, Noam: Sprache und Geist, Frankfurt a. M. 1970

Chomsky, Noam: Strukturen der Syntax, Den Haag 1973

Claxton, Guy: Die Macht der Selbsttäuschung, München 1997

Cleary, Thomas: Vier Wege zum Erfolg. Eine praktische fernöstliche Lebensphilosophie, München 1996

Descombes, Vincent: Das Selbe und das Andere. Fünfundvierzig Jahre Philosophie in Frankreich, Frankfurt a. M. 1981

Dilts, Robert B.: Strukturen subjektiver Erfahrung. Ihre Erforschung und Veränderung durch NLP, Paderborn 1984

Dilts, Robert B.: Die Veränderung von Glaubenssystemen. NLP und Glaubensarbeit, Paderborn 1993

Dilts, Robert B.: Von der Vision zur Aktion. Visionäre Führungskunst, Paderborn 1998

Dilts, Robert B.: Einstein. Geniale Denkstrukturen und NLP, Paderborn 1994

Dilts, Robert B./Dilts, Robert W. / Epstein, Todd: Know how für Träumer, Paderborn 1994

Downing, George: Körper und Wort in der Psychotherapie. Leitlinien für die Praxis, München 1994

Eccles, John: Wie das Gehirn sich selbst steuert, München 1994

Erickson, Milton: Gesammelte Schriften, hrsg. von Ernesto Rossi, Heidelberg 1995

Farelly, Frank: Provokative Therapie, Hamburg 1986

Fatzer, Gerhard: Ganzheitliches Lernen. Humanistische Pädagogik und Organisationsentwicklung, Paderborn 1987

Fischer, Hans Rudi: Sprache und Lebensform. Wittgenstein über Freud und die Geisteskrankheit, Heidelberg 1991

Fries, Gerhard / Gruber, Roland / Leistikow, Jürgen / Buchner, Dietrich / Lasko, Wolf: Der erleuchtete Bio-Computer. NLP-Betriebshandbuch, Paderborn 1994

Foerster, Heinz von: Der Anfang von Himmel und Erde hat keinen Namen. Eine Selbsterschaffung in 7 Tagen, Wien 1998

Gilligan, Stephen: Therapeutische Trance. Das Prinzip Kooperation in der Ericksonschen Hypnotherapie, Heidelberg 1991

Goleman, Daniel: Emotionale Intelligenz, München 1996

Gordon, David: Therapeutische Metaphern, Paderborn 1995[5]

Grinder, John / Bandler, Richard: Therapie in Trance, Stuttgart 1984

Grochowiak, Klaus: Das NLP Practitioner Handbuch, Paderborn 1996

Haley, Jay: Direktive Familientherapie. Strategien für die Lösung von Problemen, München 1985

Haley, Jay: Gemeinsamer Nenner Interaktion. Strategien der Psychotherapie, München 1987

Hayward, Jeremy W.: Die Erforschung der Innenwelt. Neue Wege zum wissenschaftlichen Verständnis von Wahrnehmung, Erkennen und Bewußtsein, München 1990

Heinze, Roderich / Vohmann-Heinze, Sabine: NLP – mehr Wohlbefinden und Gesundheit, München 1996

Hoffman Kay: Das Arbeitsbuch zur Trance, München 1996

Hoffman, Kay: Ganzheit des Lebens. System, Prozesse. Theorie und Praxis, Inning 1995

Hoffman, Kay: Traumzeiten. Neuordnungen des Lebens durch Tanz, Trance und Ritual, Inning 1997

Hoffman, Kay / Gerken-Haberzettl, Ursula: NLP und spirituelle Dimensionen. BodyMind Experimente und Time-Line-Arbeit, Paderborn 1998

Hoffman, Kay / Haberzettl, Martin / Schneider, Maria: BodyMindManagement. Paderborn 1996

Hofstadter, Douglas R.: Gödel, Escher, Bach. Ein endloses geflochtenes Band, Stuttgart 1985

Hofstätter, Peter R.: Das Fischer Lexikon Psychologie, Frankfurt a. M. 1966

Husserl, Edmund, ausgewählt und vorgestellt von Uwe C. Steiner, München 1997

Isert, Bernd: Die Kunst schöpferischer Kommunikation, Paderborn 1996

James, Tad / Woodsmall, Wyatt: Time Line. NLP-Konzepte zur Grundstruktur der Persönlichkeit, Paderborn 1991

Jochims, Inke: NLP für Profis, Paderborn 1996

Johnstone, Keith: Improvisation und Theater, Berlin 1993

Kutschera, Gundl: Tanz zwischen Bewußtsein und Unbewußtsein, NLP Arbeits- und Übungsbuch, Paderborn 1994

Korzybski, Alfred: Science and Sanity, New York 1941

Lay, Rupert: Weisheit für Unweise, München 1998

Legen, Peter / Zerlauth, Thomas: Die acht edlen Übungen. Bewußte Körpererfahrung in Trance, Paderborn 1997

Legewie, Heiner / Ehlers, Wolfram: Knaurs moderne Psychologie, München 1979

Madelung, Eva: Kurztherapien. Neue Wege zur Lebensgestaltung, München 1996

Maturana, Humberto R. / Varela, Francisco: Der Baum der Erkenntnis. Die biologischen Wurzeln menschlichen Erkennens, München 1987[2]

Maturana, Humberto R.: Was ist Erkennen? München 1994

Minsky, Marvin: Mentopolis, Stuttgart 1990

Mohl, Alexa: Der Wächter am Zauberwald. Therapeutische und pädagogische Metaphern, Paderborn 1997

Nerin, William F.: Familienkonstruktion in Aktion. Virginia Satirs Methode in der Praxis, Paderborn 1989

O'Connor, Joseph / Seymour, John: Neurolinguistisches Programmieren: Gelungene Kommunikation und persönliche Entfaltung, Freiburg 1992

Robbins, Anthony: Grenzenlose Energie. Das Power Prinzip, München 1991

Rückerl, Thomas: NLP in Stichworten. Ein Überblick für Einsteiger und Fortgeschrittene, Paderborn 1994

Satir, Virginia: Selbstwert und Kommunikation. Familientherapie für Berater und zur Selbsthilfe, München 1996[12]

Satir, Virginia: Kommunikation – Selbstwert – Kongruenz. Konzepte und Perspektiven familientherapeutischer Praxis, Paderborn 1993[4]

Satir, Virginia: Familienbehandlung, Kommunikation und Beziehung in Theorie, Erleben und Therapie, Freiburg 1986[6]

Schulze, Petra: Das Meta-Modell der Sprache, Bergen 1989

Schlippe, Arist von / Schweitzer, Jochen: Lehrbuch der systemischen Therapie und Beratung, Göttingen, Zürich 1996

Schweitzer, Jochen / Retzer, Arnold / Fischer, Hans Rudi (Hrsg.): Systemische Praxis und Postmoderne, Frankfurt a. M. 1992

Segal, Lynn: Das 18. Kamel oder die Erfindung der Welt. Zum Konstruktivismus Heinz von Foersters, München 1988

Shazer, Steve de: Wege der erfolgreichen Kurztherapie, Stuttgart 1989

Siegel, Stanley / Lowe, Ed: Der Patient, der seinen Therapeuten heilte. Einblicke in die Psychotherapie, München 1995

Simonton, Carl: Wieder gesund werden. Eine Anleitung zur Aktivierung der Selbstheilungskräfte für Krebspatienten und ihre Angehörigen, Reinbek 1988

Stahl, Thies: Triffst du 'nen Frosch unterwegs. NLP für die Praxis, Paderborn 1993[5]

Stahl, Thies: Neurolinguistisches Programmieren, Mannheim 1992

Tomm, Karl: Die Fragen des Beobachters. Schritte zu einer Kybernetik zweiter Ordnung in der systemischen Therapie, Heidelberg 1994

Varela, Francisco: Ethisches Können, Frankfurt a. M. 1994

Varela, Francisco / Thompson, Evan / Rosch, Eleanor: Der Mittlere Weg der Erkenntnis. Der Brückenschlag zwischen Ich und Welt in der Kognitionswissenschaft, München 1992

Watzlawick, Paul / Beavin, John / Jackson, D.: Menschliche Kommunikation. Formen, Störungen, Paradoxien, Bern 1990[8]

Watzlawick, Paul: Lösungen, Bern 1974

Watzlawick, Paul: Die erfundene Wirklichkeit, München 1985
Weiss, Thomas: Familientherapie ohne Familie. Kurztherapie mit Einzelpatienten, München 1994[4]
Willi, Jürg: Ko-Evolution. Die Kunst gemeinsamen Wachsens, Reinbek 1989
Wittgenstein, Ludwig, ausgewählt und vorgestellt von Thomas H. Macho, München 1996
Whitehead, Afred North: Prozeß und Realität. Entwurf einer Kosmologie, Frankfurt a. M. 1977

Die Autorin

Kay Hoffman, 1949 in Basel geboren, aufgewachsen zwischen den Kulturen Amerikas und Europas, studierte zunächst Musik, insbesondere Komposition, dann Philosophie mit dem Schwerpunkt Semantik, um schließlich in Italien als Textildesignerin zu arbeiten. Zurück in Deutschland widmete sie sich ihrer Liebe zum Tanz und machte einen Beruf daraus. Als Gruppenleiterin führte sie Menschen zu ihrer individuellen Beweglichkeit. Daraus entwickelte sich die Beschäftigung mit verschiedenen Arten von Trance-Zuständen, die sich als geeignete Mittel in Therapie und Selbsterfahrung erwiesen. Auf Reisen nach Brasilien, Kuba, Westafrika und Marokko vertiefte Kay Hoffman ihre Trance-Studien. Sie erlernte dann die Hypnotherapie nach Milton Erickson. 1996 ließ sie sich zur NLP-Trainerin ausbilden und verbindet nun in ihren eigenen Lehrgängen ihre praktischen Erfahrungen mit dem theoretischen Wissen der Kybernetik, der systemischen Therapie und dem Konstruktivismus.

Kay Hoffman ist als Autorin, Referentin und Trainerin an Instituten für Psychotherapie, Organisationsberatung und Management-Training tätig.

Im Rahmen der Erwachsenenbildung führt sie berufsbegleitende Fortbildungen durch, die das Erleben von Trance und den Einsatz von NLP-Techniken als persönlichen Gewinn im modernen Alltag vermitteln. Bei Interesse wenden Sie sich bitte an:

Kay Hoffman
Freischützstraße 110/803
81927 München
Telefon: 0 89 / 95 23 36
Fax: 0 89 / 95 24 46
e-mail: kay.hoffman@t-online.de